NEUSEELAND

terra magica

Fotos: Max Schmid
Text: Gunter Mühl
Gestaltung Umschlag: Wolfgang Heinzel
Lektorat: Heinrich Vonarburg

©2001 by Reich Verlag / terra magica
Luzern/Switzerland
Alle Rechte vorbehalten
Printed in EU
ISBN 3-7243-0371-8

Terra magica ist seit 1948 eine international geschützte
Handelsmarke und ein eingetragenes Warenzeichen ®
des Belser Reich Verlags AG.

Bild Vorsatz vorne
Mt. Cook (3 754 m) mit Lake Mueller und Hartpolsterpflanzen im Mt. Cook National Park

Bild Seite nach Vorsatz vorne
**Flechten und Moose mit Darran Mountains
im Hintergrund. Fjordland National Park**

Bild rechts
Motukiekie Rocks an der Tasman See-Küste nördlich von Greymouth

Bild nach Seite 208
**Lake Pukaki mit den höchsten Erhebungen der neuseeländischen Alpen.
Mt. Sefton links 3 157 m, Mt. Cook Mitte 3 754 m, Mt. Tasman rechts 3 497 m**

Vorsatz hinten und Umschlagsbild
Gebirgslandschaft südlich von Homer Saddle im Fjordland National Park

terra magica

NEUSEELAND

MAX SCHMID · GUNTER MÜHL

terra magica
SPEKTRUM

Textinhalt

Paradies mit ganz normalem Alltag 5

Die Inselgruppe – Geographie, Geologie und Klima 7
   Das Wetter 9

**Entwickelt in langer Abgeschiedenheit:
Flora und Fauna** 14
   Pflanzenwelt 14

Tierwelt – Einheimisches und Exotisches 26
   Fliegende und nichtfliegende Gefiederte:
   1. Kiwi & Moa 27
   2. Papagei & Ralle 29
   3. Pinguin & Albatros 32
   Säugetiere 34
   Reptilien und Amphibien
   Wirbellose und Insekten 35

Mensch und Inseln
Die Geschichte Neuseelands 37
   Die Besiedlung Aotearoas 37
   Aotearoa – das Land der Maori 40
   Die klassische Kunst und Kultur der Maori 44
   Die ersten Europäer 49
   Aus Aotearoa wird Neuseeland 60
   Das weiße Neuseeland –
   Land der Schafe und Reformen 76

Kiwis sind nicht nur Vögel und Obst!
Die Bevölkerung Neuseelands 89
   «Kiwi Culture» 98
   Kerle da, führende Frauen dort 98
   Die nationale Obsession: Sport 104
   Das neuseeländische Englisch 110
   Kulinarisches 110
   Auch ein aufstrebendes Weinland 117
   Wein und Bier – eine Geschichte von
   Genuss und Prohibition 122
   Polyglotte Offenheit und
   insulare Beschränktheit 128
   Kunst auf den Inseln 128

**Herzlich willkommen in Neuseeland
unter einem der ungezählten Wasserfälle**

   Literatur auf den Inseln 140
   Filmschaffen auf den Inseln – seit 1898 148
   Musik bei unseren Gegenfüßlern 148

Eine neuseeländische Inselreise 150
   Die Nordinsel – Schwarze Magie in
   den Kernlanden der Maori 150
   Die Südinsel – Natur pur 172
   Die Chatham Islands 196
   Stewart Island und
   die Subantarktischen Inseln 201

Zeittafel 203
Karte 206/207
Register 208

terra magica

Paradies mit ganz normalem Alltag

Neuseeland, das Paradies am anderen Ende der Welt, das Land der Schafe und saftigen grünen Weiden, der goldgelben Strände und türkisgrünen Gewässer, der erhabenen Alpen mit ihren Gletschern und zauberhaften Seen, des märchenhaften, dichten Regenwaldes und nicht zuletzt der einzigartigen Tierwelt. Das alles und noch viel mehr ist Neuseeland, zumindest wenn man der Tourismuswerbung Glauben schenkt. Aber so, wie die Kameraeinstellung in der Eröffnungssequenz des gefeierten neuseeländischen Films *Die letzte Kriegerin* zuerst ein idyllisches Werbeplakat mit der beeindruckenden neuseeländischen Landschaft zeigt und sich der Bildausschnitt dann erweitert und die großstädtisch heruntergekommene Umgebung des Plakats mit einbezieht, so ist Neuseeland natürlich nicht nur das saubere und grüne Naturparadies, als das es in der Werbung verkauft wird, sondern wie jedes andere Land ein Land mit Licht und Schatten, schillernd in seinem Facettenreichtum.

Auch am anderen Ende der Welt gibt es einen ganz normalen Alltag mit ganz normalen Problemen sowie einigen, die aus der ganz spezifischen Geschichte Neuseelands gewachsen sind. Dabei haben viele Probleme ja beileibe nicht nur ihre eben problematische Seite, sondern sie verleihen dem Ganzen auch eine gewisse Lebendigkeit, machen das Land interessant. In Neuseeland eine idyllische europäische Gesellschaft ohne die Schattenseiten europäischer Zivilisation zu errichten, daran sind schon die englischen Sozialromantiker gescheitert, die die meisten der heutigen größeren Städte des Landes zu eben diesem Zwecke gründeten.

So ist eine Betrachtung Neuseelands immer ein Balanceakt zwischen den Klischees und den Verallgemeinerungen, die sich schon seit langer Zeit in europäischen Köpfen im Hinblick auf das Dasein im Pazifik einschließlich Neuseelands eingenistet haben, und der Darstellung einer Realität, die diesen Klischees widerspricht und sich aufgrund der Vielfalt des Lebens und des Alltags gegen jegliche verallgemeinernden Äußerungen sperrt. In der Tat wird man immer irgendwem unrecht tun, wenn man etwas über «die Neuseeländer» sagt, da das Gesagte nie für alle unter dem Sammelbegriff zusammengefassten Menschen gilt und etwas als «typisch neuseeländisch» Bezeichnetes für den Betrachter oft nur dadurch «typisch» wird, dass es sich vom Gewohnten unterscheidet.

Und doch wird durch diese einschränkenden Bemerkungen natürlich nicht in Zweifel gezogen, dass die natürliche Schönheit und Vielfalt des Landes auf unserem Planeten keinen Vergleich zu scheuen braucht und dass sich seine Bewohner in den allermeisten Fällen besonders dem Besucher von einer offenen Freundlichkeit zeigen, die den Mitteleuropäern leider viel zu oft verloren gegangen scheint. Die Gastfreundschaft und Hilfsbereitschaft der «Kiwis» ist fürwahr sprichwörtlich, und das hat seine Berechtigung in der Realität. Natürlich wird dieses Phänomen von der Tourismuswerbung dann wiederum als Klischee ausgeschlachtet, und im ganz normalen Alltag gibt es wie überall natürlich auch in Neuseeland genügend schwarze Schafe, die dem Klischee ganz eindeutig nicht entsprechen. Denn schließlich ist Neuseeland zwar in vielen Dingen ein ganz besonderes Land, in vielen Dingen jedoch auch ein ganz normales Land, das im Zuge der Globalisierung vielleicht immer mehr von seinen Eigenheiten verliert.

Wenn man so will, dann begann für die Maori, die Ureinwohner des Landes, die Globalisierung schon vor langer Zeit mit den ersten Kontakten mit den Weißen, in deren Folge sich die Kultur und das Dasein der Maori auf fundamentale Weise veränderten. Noch heute ist die gesellschaftliche Struktur und die Politik Neuseelands von dieser Begegnung der zwei Kulturen geprägt, obwohl sich seitdem natürlich viel getan hat und Neuseeland heute ja nicht mehr lediglich bi-, sondern multikulturell ist.

Trotz der vielen Aussöhnungs- und Wiedergutmachungsbemühungen trägt Neuseeland wie viele postkoloniale Gesellschaften weiterhin an seiner Vergangenheit, seiner Kolonialgeschichte. Auf der positiven Seite bedeutet das aber auch, dass man in Neuseeland nicht nur eine vielfältige Natur, sondern auch eine sehr interessante Mischung von Menschen und Kulturen vorfindet: Maori und Europäischstämmige, Einwanderer von den pazifischen Inseln, Asiaten, überhaupt Menschen aus aller Herren Länder, die alle ein Stück ihrer Kultur mitgebracht und den Alltag im Lande somit bunter gestaltet haben.

Als klassisches Einwandererland – schon die Maori wanderten ja schließlich vor nur 800 bis 1 000 Jahren ein und besiedelten ein unbewohntes Land – verfügt Neuseeland über ei-

terra magica

Delphin-Alltag an einer Fjordküste im Südwesten der Südinsel

ne ethnische Vielfalt, die sich zwar nicht mit der Australiens oder der USA messen kann, die aber das Bild von einem «Britannien in der Südsee» immer mehr veraltet erscheinen lässt. Das moderne Neuseeland ist nicht mehr in erster Linie am ehemaligen Mutterland orientiert, sondern wendet seinen Blick verstärkt nach Asien, in den Pazifikraum und auf den europäischen Kontinent, ist aber in seinem mehrheitlichen Festhalten an den traditionellen Bindungen zu Großbritannien sicherlich insgesamt konservativer als zum Beispiel Nachbar Australien.

Das Land befindet sich also in einem Prozess fundamentaler Veränderungen. Während die Zahl der vielen Schafe, für die Neuseeland so bekannt ist und die als eines der Symbole des Landes gelten, von 1980 bis 2000 um mehr als ein Drittel abgenommen hat, wächst die Zahl der menschlichen Einwohner Neuseelands weiter, und es bleibt abzusehen, wie man mit dieser wachsenden Zahl von Menschen, auch der der Besucher, umgehen wird. An vielen Orten regt sich immer öfter Widerstand dagegen, dass mehr und mehr Natur für die Bebauung oder für die touristische Erschließung geopfert wird, damit durch die attraktiven Verheißungen eines Paradieses dasselbe nicht zerstört wird. Aber hoffentlich muss man sich erst dann ernsthaft Sorgen um das Land machen, wenn sich das Verhältnis der Zahl der Schafe und der Menschen vollends umgekehrt hat.

terra magica

Die Inselgruppe
Geographie, Geologie und Klima

Neuseeland besteht im Wesentlichen aus drei östlich von Australien im Südpazifik gelegenen Inseln, die zusammen etwa so groß sind wie das italienische Festland. Die beiden nördlichen dieser Inseln, die Nord- und Südinsel, sind mit einer Fläche von 114 693 beziehungsweise 149 866 Quadratkilometer erheblich größer als die dritte Insel im Bunde, die Stewart Island, die gerade einmal 1 746 Quadratkilometer groß ist. Von Norden nach Süden dehnt sich die Inselgruppe zwischen dem 34. und dem 47. südlichen Breitengrad über eine Länge von etwa 1 600 Kilometer aus; auf Europa übertragen, läge Neuseeland grob zwischen den Breitengraden Münchens und Kretas.

Zu Neuseeland gehört außerdem noch eine Reihe weiterer kleinerer Inseln: die 860 Kilometer östlich der Südinsel gelegenen Chatham Islands, die Kermadec Islands, knapp 1 000 Kilometer nordöstlich der Nordinsel gelegen, sowie die fünf unbewohnten Inselgruppen der Subantarktischen Inseln, die Snares, Auckland, Campbell, Bounty und Antipodes Islands. Zudem verwaltet Neuseeland die Tokelauinseln sowie die Ross Dependency in der Antarktis als überseeische Territorien. Die Südseeinseln Niue und Cook Islands sind mit Neuseeland assoziierte Gebiete mit Selbstverwaltung, die außen- und verteidigungspolitisch von Neuseeland vertreten werden und deren Einwohner neuseeländische Staatsbürger sind.

Angesichts seiner relativ kleinen Fläche überrascht Neuseeland mit einer großen Vielfalt von Landschaftsformen und Naturphänomenen, was einer der Gründe dafür ist, dass das Land in den vergangenen Jahren zu einem sehr beliebten Reiseziel geworden ist. Das beginnt an den Küsten der drei Inseln, an denen man von goldenen Sandstränden an türkis schimmernden Gewässern über ausgedehnte Flussmündungsgebiete bis hin zu schroffen Steilküsten sowie Sunden und Fjorden alles findet, was Liebhaber reizender und beeindruckender Küstenlandschaften erfreut. Die Gewässer an der fast 10 000 Kilometer langen Küste werden von einer Vielzahl von Meerestieren bevölkert, wie Delphinen, Robben, Pinguinen und zahlreichen Wat- und Seevögeln, und auch Wale sind keine seltenen Gäste.

Weiter im Landesinneren erweist sich das Land zumeist sehr bergig; größere Ebenen bilden im Großen und Ganzen eher die Ausnahme. Mit den majestätischen Gipfeln der *Southern Alps*, der Neuseeländischen Alpen, von denen der Aoraki/Mount Cook mit 3 754 Meter der höchste ist, sowie mit den sich von den Hochlagen herunterziehenden Gletschern ist die Südinsel die eindeutig beeindruckendere der beiden Hauptinseln. Aber auch die Nordinsel verfügt über einige faszinierende Gebirgslandschaften sowie, nicht zu vergessen, die erhaben über der Landschaft thronenden Vulkane.

Eng mit dem Phänomen des Vulkanismus verbunden sind die anderen geothermischen Erscheinungen auf der Nordinsel, die eine weitere Attraktion für Besucher darstellen und sich besonders um die Stadt Rotorua herum konzentrieren. Ansonsten zeigt sich die Nordinsel zumeist sanft bis steil hügelig, geprägt von der weiterhin stark verbreiteten Weidewirtschaft mit den Unmengen an Schafen, die schon seit langem ein Markenzeichen Neuseelands sind. Diese werden jedoch immer mehr von Rinderherden und anderen Formen der Landnutzung wie etwa Forstwirtschaft und Weinanbau verdrängt.

Nicht zuletzt werden viele Reisende von der einzigartigen Flora und Fauna des Landes angelockt, die sich auf unzähligen Spazier- und Wanderwegen erkunden lässt, von denen einige inzwischen bei Wanderfreunden auf der ganzen Welt wegen ihrer landschaftlichen Schönheit bekannt sind. Vom Regenwald an der Westküste der Südinsel bis zu den steilen Flanken der mächtigen Vulkankegel auf der Nordinsel bieten sich dem Besucher hier Erlebnisse, für die man sonst normalerweise gleich mehrere Länder bereisen muss.

Einen Großteil der exklusiven Flora und Fauna verdankt Neuseeland seiner isolierten Lage im Pazifik. Hier haben sich Arten entwickelt, die es anderswo nicht gibt, und anderseits gibt es in Neuseeland viele Tiere und Pflanzen nicht, die sonst weit verbreitet sind, oder diese wurden erst mit der Ankunft der Menschen eingeführt, zunächst durch die von den polynesischen Inseln kommenden Vorfahren der Maori und dann schließlich in weitaus größerem Umfang durch die

terra magica

Europäer. Doch war Neuseeland allerdings geographisch nicht immer so isoliert vom Rest der Welt, wie das heute der Fall ist. Einst gehörten die neuseeländischen Landmassen zum urzeitlichen Superkontinent Gondwanaland, einer riesigen Erdkrustenscholle, die auf der südlichen Erdhalbkugel lag und die heutigen Landmassen Afrikas, Südamerikas, Australiens, des indischen Subkontinents und der Antarktis umfasste.

Vor zirka 150 Millionen Jahren begann Gondwanaland dann auseinander zu brechen. In der Meeressenke am Rande des späteren Australiens sammelten sich über Millionen von Jahren von Flüssen ausgewaschene Sedimente, die dann vor etwa 140 bis 120 Millionen Jahren als ein Teil des Meeresbodens in der so genannten Rangitata-Orogenese angehoben wurden, wodurch eine urneuseeländische Landmasse entstand, die sich vom heutigen Neukaledonien bis hinunter zur subantarktischen Campbell Island zog und noch mit Australien und der Antarktis verbunden war. In der Folgezeit sank dieses Urneuseeland unter seiner eigenen Last langsam wieder ab und löste sich vor etwa 80 Millionen Jahren gänzlich von dem, was vom ursprünglichen Gondwanaland noch übrig geblieben war.

Dort, wo die Landmasse des Urneuseelands auf der pazifischen Erdkrustenplatte von den anderen Kontinenten Richtung Osten wegdriftete, gelangte flüssiges Magma an die Oberfläche und erstarrte dort zu neuem Meeresboden, wodurch die Tasmansee entstand. Vor 70 Millionen Jahren war Neuseeland dann von Ozean umgeben und geographisch isoliert. Gleichzeitig wurden die Kräfte der Gebirgsauffaltung, die Berge geschaffen hatten, die höher als die des heutigen Himalaja waren, durch die der Erosion abgelöst, so dass schließlich eine flache, niedrige Landschaft entstand, von der auch noch im heutigen Neuseeland Überreste zu finden sind.

Vor etwa 30 Millionen Jahren befand sind dann der größte Teil der Rangitata-Landmasse, des Urneuseelands, unter Wasser, so dass nur noch wenige Restinseln übrig blieben, auf denen wiederum seichte Seen entstanden, auf deren Grund sich Kalkstein zu bilden begann, der die älteren Gesteinsschichten überlagerte. Die Restinseln hatten zudem ihre ungefähre heutige Position erreicht; unterhalb der neuseeländischen Landmasse stießen die indoaustralische und die pazifische Kontinentalplatte aneinander. Dadurch begann eine neue Phase der Gebirgsauffaltung, die Kaikoura-Orogenese, die das Neuseeland, wie wir es heute kennen, hervorgebracht hat und die auch weiterhin andauert.

Südlich der Cook Strait, die die Nord- und Südinsel voneinander trennt, schob sich die pazifische Platte über die indoaustralische, wodurch die Southern Alps entstanden, die dort am höchsten und breitesten sind, wo das Überlappen der beiden Platten am größten ist, nämlich in ihrem südlichen Abschnitt. Nördlich der Cook Strait versinkt die pazifische Kontinentalscholle unter der indoaustralischen. In etwa 85 Kilometer Tiefe schmelzen die versinkenden Gesteinsmassen zu glutflüssigem Magma, das dann als Lava an die Oberfläche dringen kann und das zu dem besonders die Nordinsel prägenden Naturphänomen des Vulkanismus führt. Neuseeland ist insgesamt durch seine geologische Instabilität geprägt, die in verschiedenen geoaktiven Erscheinungen zum Ausdruck kommt wie etwa den Erdbeben, die in Neuseeland auch heute noch ein recht alltägliches Vorkommnis sind.

Die Auffaltung der Gebirge ging relativ schnell vonstatten, wodurch sich die Steilheit der Gebirgslandschaften erklärt. In den vergangenen fünf Millionen Jahren wurden die Berge Neuseelands durchschnittlich alle 100 Jahre um einen Meter angehoben; in den Southern Alps liegt der Wert derzeit bei etwa fünf bis sieben Metern pro 1 000 Jahre. Den gewaltigen Hebungskräften der Natur entsprechend ist Neuseeland heute recht bergig: Ein Drittel der Landesfläche ist Hochgebirge, die Hälfte wird von Steilhängen mit über 28 Grad Neigung eingenommen, was dem Land aus der Luft in weiten Landstrichen ein recht zerknautschtes Aussehen verleiht. Den Auffaltungskräften entgegen wirkten die Naturgewalten von Sonne, Wind und Wasser, jedoch konnte die Erosion mit der Geschwindigkeit der Auffaltung nicht Schritt halten. Von aus dem Gebirge ausgewaschenem Gestein bildeten sich Schwemmlandebenen wie zum Beispiel die Canterbury Plains im Osten der Südinsel.

Die letzten etwa zwei Millionen Jahre der geologischen Geschichte Neuseelands waren dann von starken Klimaschwankungen geprägt. Es gab verschiedene Eiszeiten, während denen große Teile des Landes vergletschert waren und der Wasserspiegel sank, wodurch sich die Landfläche Neuseelands vergrößerte und zum Beispiel die Cook Strait trocken lag, so dass es eine Landverbindung zwischen den Inseln gab. Besonders die Südinsel ist stark von der Bearbeitung der Landschaft durch die Gletscher geprägt, bei der zum Beispiel die U-förmigen Trogtäler des Fjordlands wie auch die Mulden auf der Ostseite der Alpen geschaffen wurden. Diese füllten sich nach dem Rückzug des Eises mit Wasser, das durch die vom Eis gebildeten Endmoränen am Abfließen ge-

terra magica

hindert wurde und die heute reizende Seen bilden. Vor ungefähr 10 000 bis 15 000 Jahren schmolzen die Gletscher infolge der Erwärmung des Klimas ein letztes Mal ab, der Wasserspiegel stieg wieder, und Täler an den Küsten wie etwa die Marlborough Sounds wurden überflutet.

Natürlich ist die Natur immer noch am Werk. Wind und Wetter arbeiten beständig an Bergen und Küsten, Flüsse tragen weiterhin Geröll und Gesteinspartikel in die Ebenen und ins Meer, und Sonne und Frost erodieren die Gipfel der Bergriesen. Aber auch die für die Landschaft und die in ihr lebenden Menschen weit gefährlicheren Naturgewalten sind noch nicht zur Ruhe gekommen; immer wieder sind Erdbeben zu verzeichnen, meist nur recht schwache, aber noch 1931 legte ein Erdbeben die Stadt Napier auf der Nordinsel in Schutt und Asche; sie wurde dann als Art-déco-Stadt wiederaufgebaut.

Sicherung gegen Erdbeben ist ein wichtiger Bestandteil neuseeländischer Bauvorschriften und auch ein Grund dafür, dass man Wohnhäuser weiterhin bevorzugt aus Holz baut, das gegenüber Stein flexibler ist. Und viele Seismologen warnen besonders die Einwohner der Hauptstadt des Landes, Wellington, das besonders gefährdet auf mehreren Verwerfungslinien liegt, vor dem großen Erdbeben, dem «Big One», das mit Sicherheit verheerende Folgen hätte. Dazu kommen Vulkanausbrüche, zuletzt des Mount Ruapehu vor einigen Jahren, und dass es an vielen Stellen dampft und brodelt, führt zusätzlich vor Augen, wie geologisch jung und instabil dieses Land ist.

Farbenspiel in einem der Krater des Vulkans Tarawera, der 1886 die Umgebung von Rotorua verwüstete. Nordinsel

Das Wetter

Aufgrund seiner Insellage im Südpazifik verfügt Neuseeland über ein Meeresklima; nirgends ist man sehr weit vom Meer entfernt – kein Punkt Neuseelands liegt weiter als 130 Kilometer von der Küste. Das hat zur Folge, dass das Wetter auf den Inseln des Landes sehr wechselhaft ist. Gleichzeitig werden durch die verschiedenen Höhenzüge Mikroklimate geschaffen, die bezüglich des Wetters ausgeprägte Unterschiede aufweisen können.

Für europäische Besucher ist natürlich besonders auffallend, dass die Jahreszeiten in Neuseeland denen in Europa genau entgegengesetzt sind. Wenn sich in Mitteleuropa der Weihnachtsmann durch Schnee und Eis quält, dann schwitzt Father Christmas unter seinem dicken Mantel, und die Neuseeländer feiern Weihnachten mit einem Barbecue am Strand oder verzehren trotz sommerlicher Wärme die traditionellen europäischen Weihnachtsgerichte, die ja auf die kalte Jahreszeit abgestimmt sind. Und umgekehrt frieren die Neuseeländer in ihren zumeist nicht isolierten und oft nur schwer zu beheizenden Häusern, wenn die Europäer die Strände des Mittelmeers bevölkern.

Allerdings sind die vier Jahreszeiten in Neuseeland nicht so stark ausgeprägt wie in Mitteleuropa; im Süden des Landes sind die Unterschiede zwischen den Jahreszeiten größer als im subtropischen Norden. Im Sommer, der etwa von Mitte Dezember bis Anfang März dauert, kann es auf beiden Hauptinseln bis zu 30 °C warm werden; jedoch sind die Abende trotzdem oft relativ kühl. Im Herbst (Mitte März bis Mitte Juni) ist das Wetter recht ausgeglichen, und es gibt lange Sonnenperioden. Die Winter (Mitte Juni bis Mitte September) sind insgesamt milder als in Mitteleuropa, besonders in den Küstenregionen der Nordinsel; dort, wo die beiden Inseln ihre breiteste Ausdehnung aufweisen, also auf dem vulkanischen Plateau der Nordinsel und in Central Otago im Süden der Südinsel, ist das Klima am kontinentalsten, so dass die Winter hier am kältesten und die Temperaturunterschiede insgesamt am größten sind.

In den Alpen – dem neuseeländischen Namesvetter unserer europäischen Alpen – und den anderen Gebirgszügen des Landes fällt im Winter dann Schnee, seltener auch an den südlichen Küsten, wo Frost allerdings wiederum keine Seltenheit ist. Während es im Winter im hohen Norden viel regnet, gibt es an der regenreichen Westküste der Südinsel zu dieser Jahreszeit vergleichsweise wenig Niederschläge, und die verschneite Alpenkette bietet an den vielen sonnigen, klaren Tagen dann ein ganz besonders beeindruckendes Bild. Übrigens muss man auch im Sommer in den Bergen durchaus mit Schneefällen rechnen. Der Frühling von Mitte September bis Mitte Dezember schließlich zeichnet sich durch sehr wechselhaftes Wetter aus, wobei es besonders im Westen sehr regnerisch ist.

Dadurch, dass ein großer Teil des Landes nicht weit von der Küste entfernt liegt, weht vielerorts fast immer eine leichte Brise. In den Gebieten östlich der Alpen sind besonders die warmen nordwestlichen Fallwinde berüchtigt, die «nor'westers», die zum Beispiel die Einwohner von Christchurch besonders im Frühjahr plagen und Kopfschmerzen und Gereiztheit verursachen, aber auch für die Farmer ein Problem darstellen, da sie die Weiden austrocknen. Andere für starke Winde bekannte Orte sind etwa Wellington, die «Windy City», das aufgrund seiner Lage an der Cook Strait häufig von stürmischen Winden heimgesucht wird, und die Gebiete ganz im Süden Neuseelands wie etwa die Foveaux Strait zwischen der Südinsel und Stewart Island, wo die Winde der «roaring forties», der wilden vierziger Breitengrade, oft die See aufwühlen und eine Überfahrt zuweilen nicht gerade zu einer gemütlichen Kaffeefahrt machen.

Verwöhnt wird Neuseeland allerdings von der Sonne – die Sonnenstundenzahlen liegen allgemein sehr hoch. Auf der Nordinsel zeichnen sich besonders die östlichen Küstenregionen Bay of Plenty und Hawke's Bay durch viel Sonne

Bild rechts
**Bowen Falls im Milford Sound,
Fjordland National Park. Südinsel**

terra magica

terra magica

«Craters of the Moon», ein von Solfataren buchstäblich ausgekochter Flecken Erde bei Wairakei. Nordinsel

aus; an der Spitze liegt die Stadt Napier mit 2 600 Stunden pro Jahr – doppelt so viel wie in Hamburg. Nicht umsonst ist die Hawke's Bay eines der wichtigsten Weinanbaugebiete Neuseelands. Auf der Südinsel nehmen weitere bedeutende Weinanbaugebiete die Spitzenpositionen ein, nämlich die Gebiete um Blenheim und Nelson im Norden der Südinsel mit etwa 2 400 Sonnenstunden.

Am seltensten zeigt sich die Sonne in den Hochgebirgslagen der Alpen, im Fjordland und ganz im Süden der Südinsel. In allen übrigen Regionen der beiden Hauptinseln beträgt die Sonnenstundenzahl 1 800 bis 2 000, entsprechend weniger in Hochlagen. Allerdings hat die Sonne nicht nur ihr Gutes – in den Sommermonaten ist die Sonneneinstrahlung aufgrund der Zerstörung der Ozonschicht über Australien, Neuseeland und der Antarktis eine leicht zu unterschätzende Gefahr; schnell holt man sich einen Sonnenbrand, da die Sonne wegen der normalerweise wehenden Winde zudem nicht so stark erscheint.

Die in den Wetterberichten im Fernsehen und in den Zeitungen angegebenen «burn times» von manchmal nur zehn Minuten deuten an, wie stark die Ultraviolett-Einstrahlung besonders im Sommer ist, und die hohe Rate an Hautkrebserkrankungen spricht natürlich Bände. Die Leute in Neuseeland sind sich gewohnt, einen großen Teil der Freizeit im Freien zu verbringen und viele tun sich schwer damit, sich den neuen Gegebenheiten anzupassen. Denn im Gegensatz

Agrarlandschaft bei Waiouru mit dem Vulkan Ruapehu (2 797 m). Nordinsel

zu den Kiwivögeln, die sich nur nachts heraus trauen, lieben die menschlichen «Kiwis» das Leben in der sonnigen, freien Natur.

Was die Niederschläge betrifft, so sind diese auf der Nordinsel relativ gleichmäßig verteilt. Sie liegen bei etwa 750 bis 1 500 Millimeter, wobei die jährliche Niederschlagsmenge in einigen Bergregionen über 2 000 Millimeter steigen kann. Auf der Südinsel sieht das Bild dagegen ganz anders aus: hier bilden die Alpen an der Westküste eine steil aufragende Wetterbarriere. Die sehr feuchten, von Westen von der Tasmansee her kommenden Luftmassen müssen an den Alpen aufsteigen, kühlen sich dadurch ab und entladen Niederschläge in Form von Regen und Schnee. Die Folge davon ist, dass es an der Westküste jährliche Niederschlagsmengen von über 4 000 Millimeter gibt, was der Küstenregion wunderschön üppige, gemäßigte Regenwälder beschert.

Das Fjordland im Südwesten der Südinsel ist mit 8 000 Millimeter Regen – das sind 8 000 Liter Wasser pro Quadratmeter – pro Jahr eines der regenreichsten Gebiete der Erde. Auf der Ostseite der Alpen, in deren Regenschatten, ist es dagegen erheblich trockener: je weiter man sich von der Hochgebirgskette entfernt, desto weniger Regen fällt, in Christchurch an der Ostküste fallen dann nur noch 670 Millimeter. Besonders trocken ist das kontinental geprägte Central Otago, wo nur 250 Millimeter Niederschläge im Jahr zu verzeichnen sind.

terra magica

Entwickelt in langer Abgeschiedenheit: Flora und Fauna

Als sich die Landmasse, aus der sich später Neuseeland entwickeln sollte, vom urzeitlichen Megakontinent Gondwanaland löste, verfügte sie über dieselbe Flora und Fauna wie der Rest des Kontinents. Die wichtigsten Pflanzen waren Farne und Koniferen, zu den Tieren gehörten die Brückenechse Tuatara, mindestens zwei Dinosaurierarten, mehrere Froscharten sowie die Vorläufer der Langfühlerschrecke Weta und der Laufvögel Kiwi und Moa.

Zur Zeit der Ablösung von Gondwanaland entwickelten sich blühende Pflanzen. Südbuchen *(Nothofagus)*, die es auch in Australien und Südamerika gibt, fanden über noch bestehende Landverbindungen ihren Weg nach Neuseeland. Als sich aber die Beuteltiere entwickelten, war Neuseeland schon von Australien getrennt und vom Ozean umgeben. Eine Zeit lang konnten nach der Trennung noch verschiedene Vögel und Samen nach Neuseeland gelange – fliegend oder schwimmend. So kamen damals vielleicht die Vorfahren der neuseeländischen Zaunkönige und Lappenvögel wie auch die Kurzschwanz-Fledermaus, eine der beiden einzigen einheimischen Landsäugetierarten Neuseelands, ins Land. Als dann vor etwa 60 Millionen Jahren die Tasmansee ihre heutige Breite erreichte, gab es solche zufälligen Kolonisationen nur noch äußerst selten.

Aus dieser Entwicklung und der damit einhergehenden langen Abgeschiedenheit Neuseelands vom Rest der Welt ergibt sich das Bild einer einzigartigen Flora und Fauna mit beispielsweise vielen örtlich begrenzten Pflanzen- und Tierarten, Arten also, die nur in Neuseeland vorkommen, von denen die bekannteste sicherlich das Wappentier Neuseelands ist, der flugunfähige Kiwi. Bei den Pflanzen kommen zum Beispiel 85 Prozent der Blütenpflanzen nur in Neuseeland vor. Da Neuseeland größtenteils von einem Meeresklima geprägt ist, sind die allermeisten einheimischen Bäume und Sträucher immergrün. Und auffallend ist im Weiteren, dass viele Pflanzen recht groß sind, die Blüten dagegen eher klein und unauffällig. Neuseeland ist insgesamt im Vergleich zu anderen Ländern nicht sehr artenreich, dafür aber ökologisch recht vielfältig.

Pflanzenwelt

Die Vegetation, die man heutzutage in Neuseeland vorfindet, ist in weiten Teilen ein Produkt menschlicher Eingriffe in die Natur. Vor gut 1 000 Jahren, also bevor die ersten Menschen nach Neuseeland kamen, waren etwa 80 Prozent des Landes von Wäldern bedeckt, immergrünen Regenwäldern, die auf den von einem oft feuchten gemäßigten Meeresklima beherrschten Inseln die natürliche Vegetation darstellten. Heute bedecken diese außertropischen Regenwälder nur noch ungefähr 22 Prozent der Landfläche. Zuerst die polynesischen Siedler und dann die europäischen Kolonisten dezimierten die Urwälder, um das Land anderweitig nutzbar zu machen, und in den Jahrhunderten der polynesischen Besiedlung kam es zu riesigen Waldbränden, deren Ursachen nur zum Teil geklärt scheinen. So sind also die für Neuseeland heute so typischen Landschaftsbilder mit ihren sattgrünen Weideflächen und den darauf grasenden Schafen vergleichsweise moderne Erscheinungen.

Die in Neuseeland vorkommenden Waldtypen werden durch die in ihnen vorherrschenden Baumarten sowie zusätzlich in Hochland- und Tieflandwald unterschieden, wobei der Tieflandwald etwa bis zu einer Höhe von 900 Metern wächst, weiter im Süden zum Teil nur bis etwa 400 Meter. Die Wälder verfügen über einen komplexen stockwerkartigen Aufbau, der durch seine Artenvielfalt und seinen dichten Bewuchs überrascht und vielerorts eher an tropische als an gemäßigte Wälder erinnert.

Dieses dschungelartige Erscheinungsbild insbesondere der Tieflandregenwälder entsteht durch ein Gewirr aus Baum-

Bilder rechts und nächste Doppelseite
- **Küstenurwald am Fuße der Paparoa-Kette mit fein verästelten Rimu-Bäumen. Südinsel**
- **Farnbaumurwald im Haast River Valley. Südinsel**
- **Moosgewächse in den untersten Etagen des Regenurwaldes**
- **Rindenstruktur eines Kauri-Baumes. Nordinsel**
- **Flechten und Moose im Regenurwald**

terra magica

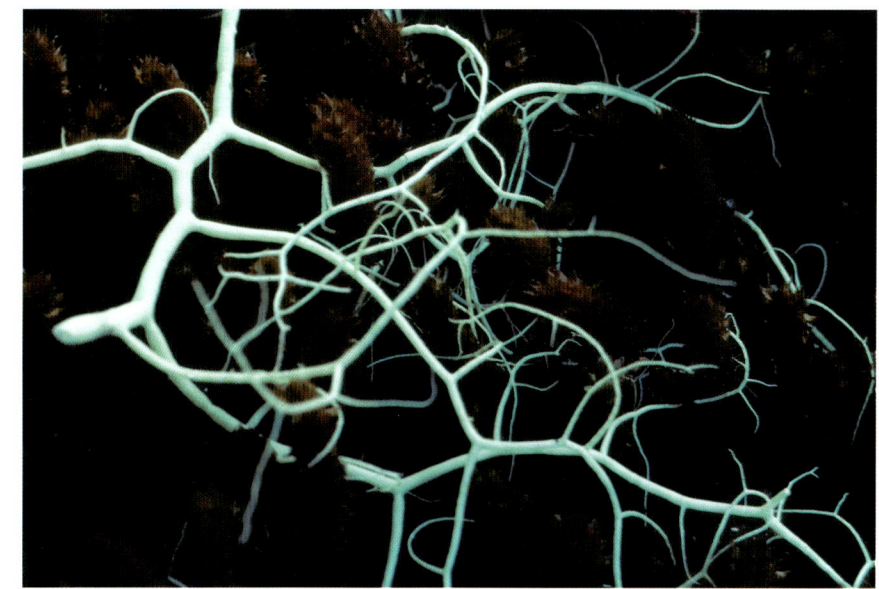

terra magica

farnen (und stellenweise auch Palmen), Epiphyten (Aufsitzerpflanzen), Kletter- und Schlingpflanzen und Holzlianen sowie immergrünen Sträuchern und eine Reihe kleinerer, wenig Licht brauchender Bäume, die über dem Bodenbewuchs aus Farnen, Moosen, Flechten und Pilzen sozusagen das zweite Stockwerk bilden. Darüber erhebt sich der etwa 20 bis 25 Meter hohe Baldachin aus immergrünen Laubbäumen, aus denen sich dann wiederum vereinzelt einige Baumriesen, zumeist Koniferen, herausheben.

Die komplexesten Mischgesellschaften bilden die Koniferen-Hartholz-Wälder, wobei zwischen den Podocarpaceen-Hartholz-Wäldern *(podocarp-broadleaf forests)* und den Kauri-Podocarpaceen-Hartholz-Wäldern *(kauri-podocarp-broadleaf forests)* zu unterscheiden ist. Letztere Mischwälder wachsen in den wärmeren Gebieten der Nordinsel, etwa nördlich des 38. Breitengrades. Beherrscht werden diese Wälder von den majestätischen Kaurifichten, Neuseelands einziger Vertreterin der Araukariengewächse. Diese Baumriesen werden bis zu 50 Meter hoch; die größten und ältesten noch verbleibenden Exemplare der einst weit verbreiteten Kauris findet man im Waipoua Forest im Norden der Nordinsel.

Das Alter des Königs aller Kauris, des Tane Mahuta (Gebieter des Waldes), wird unterschiedlich mit 1 000 bis 1 500 Jahren angegeben. Durch Holzeinschlag wurden die Bestände an Kauris leider drastisch dezimiert. Neben den Kauris gibt es in diesen Mischwäldern Bäume wie Rimu (Trauerzypresse), Totara (Mahagonitanne), Kahikatea (Sumpfzypresse), Miro und Kamahi. Unter diesen gedeihen Baumfarne wie der Silberfarn oder Ponga sowie Nikau-Palmen; dazu kommt das Drachenblatt Neinei und das für Kauri-Wälder charakteristische Kauri-Gras vor. In den Wipfeln der Kauris und der anderen Bäume wachsen Epiphyten, die das dschungelähnliche Bild komplettieren.

Die südlich des 38. Breitengrades verbreiteten Podocarpaceen-Hartholz-Wälder findet man vorwiegend in Tieflandregionen und niederen Höhenlagen auf der Nordinsel wie auch an der Westküste der Südinsel und auf Stewart Island. Diese Wälder werden besonders von Podocarpaceen (Steineiben) wie Rimus sowie Ratabäumen (Eisenholz) und dem Kamahi, dem häufigsten Laubbaum Neuseelands, beherrscht. Die rot blühenden Ratabäume bilden einen wunderschönen Kontrast zum satten Grün des übrigen Blätterdaches. Vervollständigt wird das Bild unter anderem durch Baumfarne und, je nach Standort, Nikau-Palmen. An den Berghängen können auch Südbuchen vorkommen.

Der auf der Südinsel verbreitetste Waldtyp ist der Südbuchenwald beziehungsweise der Podocarpaceen-Hartholz-Südbuchen-Mischwald. Wo die Südbuchenwälder gemischt sind, ist die vorherrschende Podocarpacee der Rimu mit seinen stets nach unten hängenden Zweigen – daher der deutsche Name Trauerzypresse. Südbuchen sind typisch für die neuseeländischen Bergregionen, und man findet sie in der Höhenabfolge Red Beech, Silver Beech und Mountain Beech. Außerdem gibt es Black Beech und Hard Beech. Das Erscheinungsbild dieser Wälder ist nicht so dschungelartig wie jenes der anderen Waldtypen, da die Artenvielfalt geringer ist und die Wälder insgesamt lichter erscheinen.

An den Küsten sind besonders zwei Baumarten auffallend: einmal die Mangroven an den Flussmündungsgebieten (Ästuaren) im Norden der Nordinsel, und zum Zweiten der so genannte neuseeländische Weihnachtsbaum, der Pohutukawa, ein immergrüner breitblättriger Laubbaum *(broadleaf)*, der rechtzeitig zur Weihnachtszeit in karmesinrote Blüten ausbricht. Andere für Küstenwälder typische *broadleafs* sind Ngaio, Karaka und Mahoe.

In den Regionen oberhalb der Baumgrenze, die oft von Südbuchenwäldern gebildet wird, findet man subalpines Buschwerk, bestehend aus immergrünen, winterfesten Sträuchern wie etwa Drachenblättern und diversen Olearia-Arten. Stark vertreten sind außerdem Strauchveronikas der Gattung *Hebe*, die es in Neuseeland auf über 100 Arten bringt. Dazu kommen dann noch Bergblumen wie Gänseblümchen und Edelweiß und unter anderen der größte Hahnenfuß der Welt, die Mount Cook Lily.

Eine für Neuseeland in vielen Gegenden recht typische Vegetationsform sind Grasflächen, vor allem gebildet aus Tussock, einem büschelartigen Bültengras. Je nach Standort sind diese Gräser zwischen 30 Zentimeter und 2,5 Meter hoch. Die *short*

Bilder rechts und nächste Doppelseite
- **Ein Pilz namens Hygrophorus rubra**
- **Die Kauri-Bäume zählen zu den mächtigsten auf der Erde**
- **Hochalpine Vegetation im Fjordland National Park. Südinsel**
- **Flechtenüberwachsener Stamm im Fjordland.**
- **Kamahi-Bäume bilden mit ihren gewundenen Stämmen und dichten Blätterdächern die märchenhaften sogenannten «Goblin Forests», Egmont National Park. Nordinsel**
- **Die Blüten des Pohutukawa-Baumes**
- **Weit ausladende Zweige des Farnbaumes**
- **Regenwald an den Abhängen des Vulkans Mt. Egmont**

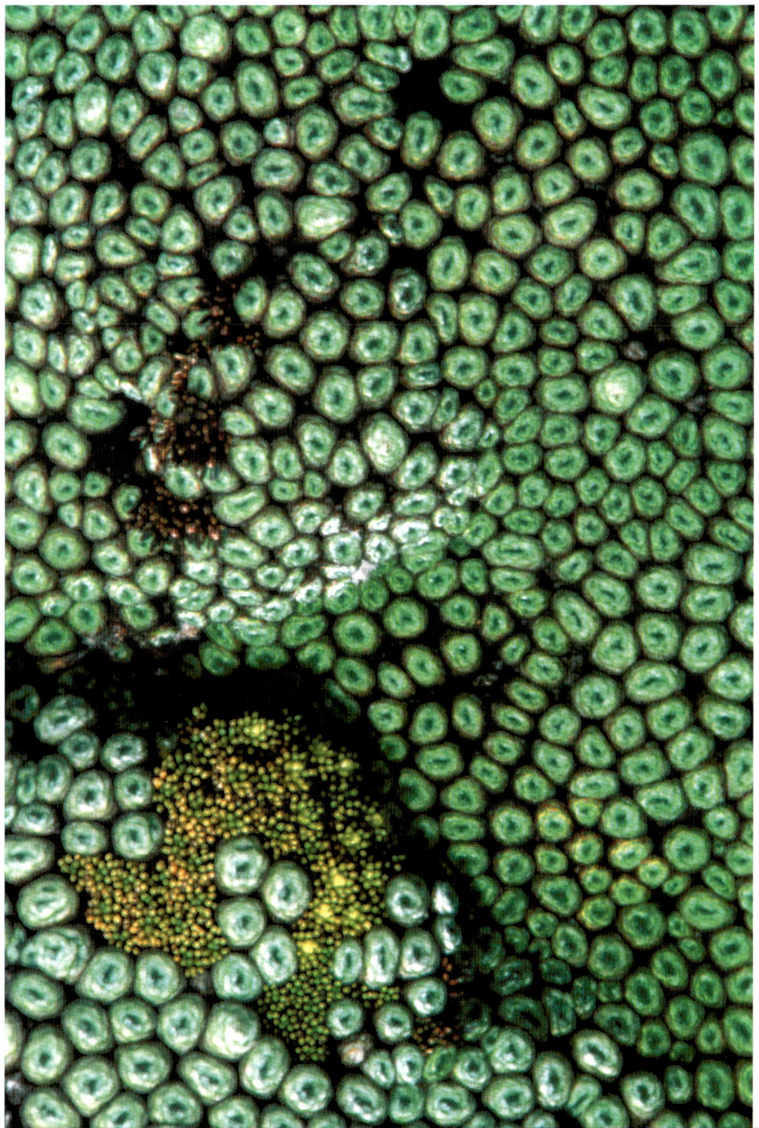

terra magica

terra magica

tussocks findet man in halbtrockenen Gebieten wie zum Beispiel Central Otago auf der Südinsel, aber auch auf der gesamten östlichen Südinsel unterhalb von 900 Meter Höhe. Zumeist werden diese Graslandschaften landwirtschaftlich genutzt.

Die hoch wachsenden *tall tussocks* findet man hingegen vorwiegend oberhalb der Baumgrenze in den unteren alpinen Regionen; sie können aber auch in tieferen Lagen vorkommen. Zu den *tall tussocks* gehören das Rote Büschelgras *(red tussock)* und das Schneebültengras *(snow tussock)*. Große Teile der niedrig gelegenen weiten Graslandschaften auf der Ostseite der Südinsel entstanden erst dadurch, dass die dortigen Tieflandwälder durch die Maori bei ihrer Jagd auf den inzwischen ausgestorbenen riesigen Laufvogel Moa abgebrannt wurden oder aus anderen Gründen dem Feuer zum Opfer fielen.

Zu erwähnen sind noch ein paar andere Pflanzen, die vor allem dem europäischen Besucher in Neuseeland auffallen. Da gibt es zum Beispiel den sehr tropisch anmutenden Cabbage Tree, auf Maori *ti kouka*, der zur Familie der Lilien und hier zur Gattung *Cordyline* gehört. Diese Gattung unterteilt sich in 14 Arten, die in warmen bis gemäßigten Klimazonen wachsen; von Malaysia über das australische Queensland und Norfolk Island bis nach Neuseeland, wo es fünf Arten gibt, die hier vorkommen. Anderswo als in den erwähnten Gebieten wachsende *Cordyline*-Arten sind mit ziemlicher Sicherheit dorthin eingeführt worden.

Verwandt ist der Cabbage Tree mit dem nordamerikanischen Joshua Tree, der südafrikanischen Aloe und dem australischen Grasbaum. Die Maori nutzten Cabbage Trees für alle möglichen Zwecke. Wurzeln, Stämme und Blätterknospen wurden zu Getränken und Speisen verarbeitet, aus den Blättern wurden Körbe geflochten sowie Seile, Sandalen, Regenumhänge, Vogelfallen und Dächer für Hütten hergestellt. Außerdem wurden aus dem Cabbage Tree Heilmittel gewonnen, und er wurde zudem auch als unübersehbarer Wegweiser speziell gepflanzt, beispielsweise zur Markierung von Pfaden durch Sümpfe, von Stellen, an denen Flüsse überquert werden konnten, von Begräbnisstätten oder von Fischgründen vor der Küste.

Unter besonderen Cabbage Trees, *te whenua* genannt, wurde nach der Geburt eines Babys die Plazenta begraben. Die gekochten Triebe und auch die Herzen von Cabbage Trees wurden von den Maori als Gemüse gegessen – daher der englische Name, der auf Deutsch «Kohlbaum» bedeutet. Obwohl die Bäume von Natur aus sehr robust sind und sich auch von allen möglichen Katastrophen schnell erholen können, sind viele Exemplare dieser Baumlilie seit Beginn der 1980er Jahre vor allem auf der Nordinsel einer rätselhaften Krankheit zum Opfer gefallen; wahrscheinlich einem Bakterium, das durch ein Insekt von Baum zu Baum verbreitet wird. Heute ist diese immer noch ungeklärte Erscheinung allerdings wieder im Abklingen begriffen.

Nicht zu verwechseln mit den *ti kouka* sind die Tea Trees, wobei zu unterscheiden ist zwischen dem Red Tea Tree oder Manuka und dem White Tea Tree oder Kanuka. Diese beiden Myrtengewächse erhielten ihre englischen Namen, weil Kapitän Cook und seine Mannschaft bei ihrem ersten Aufenthalt in Neuseeland aus den Blättern der Tea Trees Tee kochten. Als Cook 1773 im Dusky Sound ankerte, mixte er außerdem Manuka- mit Rimu-Blättern, Melasse und Hefe und braute daraus eine Art Bier, das seiner Mannschaft bei der Bekämpfung von Skorbut gute Dienste leistete, womit er auf gewisse Weise gleichzeitig das neuseeländische Brauereiwesen begründete.

Georg Forster schrieb in seinem Reisebericht: *Der Geschmack war lieblich aber etwas bitter; und der einzige Fehler den wir daran finden konnten bestand darin, daß es früh, bey nüchternem Magen getrunken, zuweilen eine Übelkeit verursachte. In jedem andern Betracht war es vortreflich und gesund.* Die beiden Tea-Tree-Arten unterscheiden sich vor allem in ihrer Größe; Manuka ist meist eher strauchartig, kann aber je nach Standort bis zu zwölf Meter hoch wachsen; Kanuka ist dagegen ein richtiger Baum, der bis zu 16 Meter hoch wird. Beide Arten sind in ganz Neuseeland verbreitet. Die Maori nutzten verschiedene Teile des Manuka als natürliche Heilmittel; heute werden besonders Manuka-Honig sowie Manuka-Öl aufgrund ihrer natürlichen Heilkräfte geschätzt.

Besonders wichtig für die Maori war auch Harakeke (Neuseeland-Flachs). Die Blattfasern dieser wie Agaven aussehenden Flachslilien, die mit dem europäischen Flachs botanisch nichts gemeinsam haben und an Waldrändern und feuchten Standorten wachsen, wurden von den Maori zu Kleidung, Seilen, Körben, Matten, Sandalen, Angelschnüren und Netzen verarbeitet. Dabei oblag es den Maori-Frauen, die Fasern von den Blättern zu lösen, was eine sehr langwierige Arbeit darstellte. Auch heute noch wird Neuseeland-Flachs von den Maori in Flechtarbeiten verarbeitet. Besonders im 19. Jahrhundert waren die Fasern der Flachslilie bei den europäischen Seefahrern aufgrund ihrer Reißfestigkeit zur Verarbeitung zu Schiffstauen hoch begehrt. Bis in die 1980er Jahre wurden in Neuseeland verschiedene Produkte aus Neuseeland-Flachs für den heimischen Markt gefertigt.

Eingeschleppte Vegetation bei «The Hermitage», Mt. Cook National Park. Südinsel

Neuseeland ist außerdem das Land der Farne. Nicht umsonst findet sich ein Farnwedel als Symbol für das Land in den Logos verschiedenster Unternehmen und Organisationen, und die Netzball-Nationalmannschaft des Landes nennt sich «Silver Ferns» nach einem der neuseeländischen Baumfarne. Das sich entrollende Wedel eines jungen Farns ist ein in der Maori-Kunst häufig erscheinendes Motiv, das als *koru* bekannt ist; es bildet außerdem die Grundlage für die vom vor nicht langer Zeit verstorbenen österreichischen Künstler Friedensreich Hundertwasser geschaffene alternative neuseeländische Flagge.

Insgesamt gibt es über 170 Farnarten in Neuseeland, von denen 54 nur hier vorkommen. Und von all diesen Farnen sind besonders die Baumfarne in den Regenwäldern des Landes augenfällig und tragen viel dazu bei, die neuseeländischen Wälder für Europäer so exotisch aussehen zu lassen. Der König unter den Baumfarnen ist der Mamaku oder Black Tree Fern, der über 20 Meter hoch werden kann und seinen englischen Namen seiner schwarzen Rinde verdankt. Der zwei bis sieben Meter hoch wachsende Silver Fern oder Ponga verfügt an den Farnwedeln über eine silbrigweiße Unterseite. Unter den kleineren Farnen sei besonders der nierenförmige, halb durchsichtige Kidney Fern erwähnt, der sich durch die Form seiner Wedel abhebt.

Neben den einheimischen Pflanzen gibt es heute in Neuseeland natürlich auch jede Menge Exoten, also Pflanzen, die hier ursprünglich nicht zu finden waren und von den polynesischen und vor allem dann von den europäischen Kolonisten mitgebracht wurden. Während die polynesischen Siedler vornehmlich ihre tropischen Nutzpflanzen wie Kumara (Süßkartoffel), Yam und Taro mitbrachten, überschwemmten die Europäer das Land dann im 19. Jahrhundert mit einer Unzahl von Nutz- und Zierpflanzen, so dass sich das Erscheinungsbild der neuseeländischen Vegetation stark veränderte. Kapitän Cook brachte zum Beispiel die Kartoffel mit, die dann in der Folgezeit von den Maori sehr erfolgreich kultiviert wurde.

Europäische Entdecker, Händler und Missionare brachten Weizen, Gerste, Obst, Gemüse und Tabakpflanzen ins Land, später auch die schnell wachsende Monterey-Kiefer *(Pinus radiata)* zur Deckung des Bedarfs an Brenn- und Bauholz, als die heimischen Wälder schon zu einem großen Teil der Rodung zum Opfer gefallen waren. Aber leider wurden nicht nur nützliche Pflanzen eingeführt: Unbeabsichtigt oder aufgrund mangelnder Kenntnisse wurden auch alle möglichen schädlichen Pflanzen und Unkräuter eingeführt, wie etwa Stechginster und Disteln, die noch heute den Farmern das Leben schwer machen und derer sie sich zumeist mittels Chemikalien erwehren. Diese Umgestaltung der vorgefundenen Landschaften durch die Europäer entsprach deren Glauben an die Gestaltbarkeit und Verbesserbarkeit der Natur durch den Menschen sowie der Annahme, dass der Mensch das natürliche Recht besitze, die Natur zu seinem Nutzen umzugestalten, um sie ausbeuten zu können.

Das war eine für das Zeitalter des Nützlichkeitsdenkens und der Naturwissenschaften typische Einstellung, die gerade zum Zeitpunkt der europäischen Besiedlung Neuseelands ihren Höhepunkt erreichte. Außerdem versuchten die größtenteils englischen Einwanderer auch hinsichtlich der Vegetation der Inseln ein Abbild des Mutterlands zu erschaffen – grüne Weiden und englische Parklandschaften statt des dunklen, undurchdringlichen neuseeländischen Urwalds, der der Nutzung des Landes nur im Wege stand. So stellen heute exotische Bäume und Plantagen eines der auffallendsten Zeugnisse für den Eingriff der Menschen in die neuseeländische Natur dar, ein Phänomen, das auch als «ökologischer Imperialismus» bezeichnet worden ist. Erst im Verlaufe des 20. Jahrhunderts begann sich in Neuseeland die Ansicht durchzusetzen, dass die einheimischen natürlichen Ressourcen von besonderem Wert seien und geschützt werden müssten, um sie für die Nachwelt zu bewahren.

Bilder nächste Doppelseite
• Buller River mit ortsfremden Montbretien und endemischer Vegetation. Südinsel
• Regenwald beim Routeburn Track im Fjordland National Park
• Glendhu Bay am Lake Wanaka
• Wald beim Fox-Gletscher mit rotblühenden Southern Rata

terra magica

terra magica

terra magica

Tierwelt – Einheimisches und Exotisches

Ähnlich wie die ursprüngliche Pflanzenwelt Neuseelands ist auch die Fauna der Inseln durch eine relative Artenarmut, aber eine hohe Zahl von nur in diesem Land vorkommenden Tieren geprägt. Als Gondwanaland auseinander brach und Neuseeland somit seinen langen Weg in die geographische Isolation antrat, begannen sich die höheren Säugetiere gerade zu entwickeln – zu spät für Neuseeland, wo es nur zwei einheimische Landsäugetiere gibt, die Kurz- und die Langschwanz-Fledermaus; eine ursprünglich existierende dritte Fledermausart ist inzwischen ausgestorben. Nachfahren der urtümlichen Tiere, die auf Urneuseeland lebten, findet man auch heute noch in der neuseeländischen Tierwelt; der prominenteste ist sicherlich der Schnepfenstrauß oder Kiwi.

Dieser flugunfähige Laufvogel ist ein gutes Beispiel dafür, wie sich die Tierwelt Neuseelands aufgrund der Isolation der Inseln von anderen Landmassen entwickelte. Dank der Abwesenheit von Raubtieren und somit natürlichen Feinden verloren diese Landvögel mit der Zeit die Fähigkeit zu fliegen, sie wurden plumper und schwerer. Ein weiteres Phänomen der Inselbiogeographie Neuseelands ist, dass auf den Inseln Lebensformen existieren, die woanders auf der Erde ausgestorben sind, die so genannten Reliktarten, Nachfahren primitiver Urformen. Wie schon gesagt, ist Neuseeland reich an endemischen Arten, das heißt also Arten, die nirgendwo sonst auf der Erde natürlich vorkommen. Dabei können sich Artenvariationen durch Anpassung an verschiedene Lebensräume entwickeln, ein Vorgang, der als adaptive Radiation bezeichnet wird.

Dass hinsichtlich der Meeresfauna ganz andere Gesetze gelten, versteht sich von selbst, da das Meer ja für diese Tiere keine Barriere darstellt, sondern vielmehr ihr Element ist. Somit sind die Gewässer um die neuseeländischen Inseln herum auch reich an Tieren wie Walen, Robben, Pinguinen, Delphinen und einer Unzahl an Seevögeln.

Was für die tierischen Bewohner Neuseelands wie ein Inselparadies aussah, veränderte sich mit der Besiedlung durch die Menschen einschneidend; die Menschen brachten Raubtiere mit, die nicht nur Nester beraubten und Jungtiere töteten, sondern auch Pflanzen und Samen fraßen und somit das ursprüngliche ökologische Gleichgewicht zerstörten. So trugen sie sowohl direkt als auch indirekt zum Aussterben von bestimmten Arten bei, indem sie die Lebensräume dieser Tiere dezimierten oder als deren Nahrungskonkurrenten auftraten.

Dass besonders die flugunfähigen, plumpen Laufvögel wie der Kiwi oder der Takahe durch die Einführung von Ratten sowie Mardern, Wieseln und Hermelinen und verwilderten Katzen und Hunden stark bedroht wurden und immer noch sind, liegt nahe. Wie bei den Pflanzen wurden auch hinsichtlich der Tiere exotische Arten eingeführt, ohne dass man sich über die Folgen dieser Maßnahmen im Klaren gewesen wäre. So stellen heute beispielsweise Kaninchen und Opossums (Fuchskusus) eine wahre Plage dar.

Die ersten Menschen, die nach Neuseeland kamen, brachten zunächst nur die *kiore*, die polynesische Ratte, und *kuri*, eine Hundeart, mit, was sich auf die Tierwelt der Inseln wohl nur teilweise schädigend auswirkte. Als dann ab dem Ende des 18. Jahrhunderts vermehrt Europäer nach Neuseeland kamen, waren diese auf ihren Schiffen von den aggressiveren Haus- und Wanderratten begleitet, Allesfresser, die sich schnell anpassen und vermehren und ihrerseits im neuen Land keine natürlichen Feinde hatten. Als dann das Land immer mehr von Europäern besiedelt wurde, führten diese in immer größerem Ausmaß ihre gewohnten Haus- und Nutztiere ein: Katzen, Hunde, Schafe, Ziegen, Schweine. Gleichzeitig zerstörten die Siedler die Lebensräume vieler einheimischer Tiere, indem sie den Urwald rodeten oder abbrannten und in Weide- oder Ackerland verwandelten.

Zum Jagen wurden Wild und Gemsen ausgesetzt, die dann zu Nahrungskonkurrenten vieler heimischer Arten wurden und durch ihren Verbiss die Wälder weiter schädigten. Um eine Pelzindustrie aufzubauen, führte man Opossums, Hermeline, Marder und Frettchen ein, mit entsprechenden Auswirkungen auf die heimische Tier- und Pflanzenwelt. Im Jahre 1858 setzte man einige Dutzend Opossums frei; heute treiben nach Schätzungen etwa 70 Millionen dieser Beutelratten ihr zerstörerisches Unwesen in den Wäldern des Landes, wo sie nicht nur Bäume und Sträucher kahl fressen, sondern sich auch über die Nester einheimischer Vögel hermachen. Zudem übertragen sie auch noch die Rindertuberkulose.

Dieser Vogel gehört ganz allein Neuseeland – der Schnepfenstrauß, besser bekannt als Kiwi

Somit richtet sich ein Großteil der Bemühungen des Naturschutzes im Allgemeinen und des Tierschutzes im Besonderen darauf, dieser Plagen Herr zu werden; das ist aber angesichts der Massen schädlicher Tiere leichter gesagt als getan. Immer wieder wird versucht, den Schädlingen mit Massenvergiftungsaktionen beizukommen, was aber natürlich nicht unproblematisch ist. Viele einheimische Arten sind inzwischen ausgestorben, andere weiterhin stark bedroht. Zur Rettung der besonders bedrohten Arten hat die Naturschutzbehörde des Landes, das Department of Conservation, eine Reihe von Inselrefugien geschaffen.

Hierbei handelt es sich um die den Hauptinseln vorgelagerten kleineren Inseln, die von Raubtieren befreit worden sind und auf denen bedrohte Arten angesiedelt wurden, um deren Überleben zu sichern. Diese Naturschutzinseln bilden einen Teil des vom Department of Conservation verwalteten Netzes an Nationalparks, Waldschutzgebieten, Meeres- und Küstenschutzgebieten sowie einer Vielzahl anderer Reservate. Insgesamt ist etwa ein Drittel der Landfläche Neuseelands in irgendeiner Form geschützt und untersteht der Verwaltung der Naturschutzbehörde.

Fliegende und nichtfliegende Gefiederte: 1. Kiwi & Moa

Neuseeland und seine Inseln zählen nicht zu den vogelreichsten Gebieten der Erde. Jedoch haben sich hier in der langen Isolation einige sehr interessante Arten ausgebildet, die zum Teil stammesgeschichtlich uralt sind und sich auf besondere Art und Weise an die besonderen Bedingungen in Neuseeland angepasst haben, beispielsweise durch den Verlust der Flugfähigkeit. Dazu kommt, dass einige Vertreter der neuseeländischen Avifauna wie etwa der Takahe und der Kakapo zu den seltensten Vögeln der Erde gehören.

Aber der Star der neuseeländischen Vogelwelt ist natürlich der nachtaktive, flugunfähige Kiwi, das Wappentier des Landes, wobei es drei Arten gibt: den Zwergkiwi oder Kleinen Fleckenkiwi *(little spotted kiwi)*, der heute nur noch auf ein paar wenigen Inselreservaten überlebt, den Haastkiwi oder Großen Fleckenkiwi *(great spotted kiwi)*, der an der Westküste und in einigen Gebirgstälern der Südinsel zu Hause ist, und den Streifenkiwi *(brown kiwi)* mit seinen Nordinsel-, Südinsel- und Stewart-Island-Unterarten. Alle drei Kiwi-Arten gelten als vom Aussterben bedroht, da ihre Populationen stetig zurückgehen.

Weil sie am Boden brüten, sind besonders ihre Eier und die Jungtiere eine leichte Beute für alle möglichen Räuber, von Ratten über Marder und Opossums bis zu verwilderten Katzen und Hunden; aber auch die erwachsenen Tiere selbst sind gefährdet. Als zur Ordnung der Laufvögel gehörend, sind die Kiwis verwandt mit anderen Laufvögeln wie Straußen, Emus, Nandus und Kasuaren und natürlich auch mit dem anderen bekannten neuseeländischen Laufvogel, dem ausgestorbenen Moa.

Die rundlichen Kiwis mit ihrem Federkleid aus je nach Art kürzeren oder längeren, relativ schmalen haarähnlichen Federn stöbern in der Dämmerung und nachts mit ihrem langen biegsamen und tastempfindlichen Schnabel im Unterholz nach Nahrung. Sie leben in Bodenhöhlen, hohlen Bäumen und Felsspalten. Der Name Kiwi ist nicht, wie oft angenommen wird, von seinem schrillen und langgezogenen Ruf abgeleitet, sondern vom polynesischen Namen für einen Brachvogel, *kivi*, der dem Kiwi ähnlich ist.

Die Weibchen legen im Abstand von 14 bis 30 Tagen bis zu zwei Eier, manchmal auch drei, die dann zumeist vom Männchen ausgebrütet werden; in einer Brutsaison bis zu vier Gelege. Das Besondere an den Kiwi-Eiern ist ihre Größe: Die Eier sind etwa sechsmal so groß wie normale Hühnereier und machen zirka ein Fünftel bis ein Viertel des gesamten Körpergewichts des Weibchens aus. Sie werden 70 bis 90 Tage lang ausgebrütet, und die Küken sind schon wenige Tage nach dem Ausschlüpfen mit ihren Eltern nachts auf Nahrungssuche. Nach zwei bis drei Wochen sind sie sogar schon völlig selbständig, da der Vater bereits ein zweites Gelege ausbrütet. Als Jungtiere sind die Kiwis am bedrohtesten; derzeit überleben etwa 90 Prozent der Küken ihre ersten neun Lebensmonate nicht und fallen beispielsweise Katzen und Hermelinen zum Opfer.

Da die Kiwis in vielem Säugetieren ähnlicher sind als Vögeln – zum Beispiel haben sie keine hohlen, sondern mit Knochenmark gefüllte Knochen, ihre Körpertemperatur liegt niedriger als bei den meisten anderen Vögeln –, sind sie auch als «Ehrensäugetiere Neuseelands» bezeichnet worden. Sie nehmen außerdem ökologische Nischen ein, die anderswo von Maulwürfen und Dachsen ausgefüllt werden. Kiwis wurden von den Maori zum Teil als Nahrungsquelle gejagt, aber vor allem waren sie aufgrund ihrer Federn begehrt, die zu prächtigen zeremoniellen Umhängen für Häuptlinge verwoben wurden, die auch heute noch zu ganz besonderen Anlässen getragen werden.

Die Federn für neue Umhänge erhalten die Maori heute von Kiwis, die durch Unfälle oder ähnliches getötet wurden. Seit dem Ersten Weltkrieg, als die neuseeländischen Soldaten von den spitznamenvernarrten australischen Waffenbrüdern als «Kiwis» bezeichnet wurden, nennen sich auch die menschlichen Einwohner Neuseelands «Kiwis». Es ist allerdings dabei auch schon die Frage aufgeworfen worden, ob es denn so positiv sei, sich nach einem plumpen, flugunfähigen Vogel zu benennen.

Der große Bruder des Kiwis, der Moa, der einst Neuseeland bevölkerte, ist schon seit geraumer Zeit von der Bildfläche verschwunden, obwohl es immer wieder Leute gibt, die Moas oder Spuren von Moas gesehen haben wollen, was immer gut ist für ein bisschen öffentliche Aufmerksamkeit. Die meisten Experten gehen jedoch heute davon aus, dass die letzten Moas vor 300 bis 500 Jahren ausgestorben sind, bis zur Ausrottung gejagt von den Maori in der ersten Phase ihrer Besiedlung Neuseelands, die nicht ohne Grund auch als die Phase der Moa-Jäger bezeichnet wird.

Moas wurden bis zu etwa drei Metern groß, und man nimmt heute an, dass es elf Arten in zwei Familien gab. Sie ernährten sich hauptsächlich von Zweigen, Blättern, Früchten und Samen, woraus zu folgern ist, dass sie in den Wäldern oder an den Rändern der Wälder lebten. Eine große Zahl von Moa-Knochen ist an der Ostküste der Südinsel gefunden worden, die zu Beginn der menschlichen Besiedlung Neuseelands noch bewaldet war. Die Analyse von Hunderten von bekannten Orten von Moa-Knochenfunden hat ergeben, dass Moas in großer Zahl von den Maori getötet wurden. Man schätzt, dass an der größten bekannten Moa-Schlachtungs- und Verarbeitungsstätte an der Mündung des Waitaki River

Kea, der Bergpapagei, dessen Neugierde seinen Schnabel zu einem gefürchteten Werkzeug macht

auf der Südinsel zwischen 29 000 und 90 000 Moas verarbeitet wurden.

Solche Verarbeitungsstätten gab es an den Mündungen aller größeren Flüsse; die Moas wurden im Landesinnern gejagt und dann über die Flüsse zu diesen Stätten gebracht, wo noch heute die Existenz von Erdöfen, in denen das Fleisch gekocht wurde, anhand von Luftaufnahmen zu belegen ist. In erster Linie waren die Maori am Fleisch der Moas interessiert, das sie zumeist zum späteren Verzehr konservierten; darüber hinaus stellten sie aus den Knochen Schmuck oder Waffen und Werkzeuge her, machten aus den Häuten Kleidung und benutzten die Eier als Nahrungsquelle und die Schalen als Wasserbehälter. Somit ist heute eindeutig geklärt, dass die Moas nicht aufgrund von Klimaänderungen oder ähnlichem ausstarben, sondern weil sie gejagt, ihrer Eier beraubt und schließlich auch ihre Lebensräume zerstört wurden.

2. Papagei & Ralle

Während man den einen prominenten Vertreter der neuseeländischen Vogelwelt also normalerweise nur in Zoos oder anderen Gehegen zu Gesicht bekommen kann, es sei denn, man begibt sich in der Hoffnung auf eine Begegnung mit dem scheuen Tier auf nächtelange Touren durch den *bush*, und der berühmte Moa ja ausgestorben ist, ist ein anderer prominenter Vogel aus ganz anderem Holz geschnitzt.

Wenn man in den Bergen der Südinsel unterwegs ist, dann braucht man nicht lange zu warten, bis man dem Bergpapagei Kea begegnet, denn er ist ein äußerst neugieriges Wesen, bekannt für den Schabernack, den er treibt. Die Späße und die Neugier dieses sehr intelligenten Vogels stoßen allerdings nicht immer auf Gegenliebe – gerne zerfetzt er beispielsweise die Gummis von Scheibenwischern, und auch vor Schuhen und Rucksäcken macht er nicht halt.

Der Kea lebt zumeist in den höher gelegenen Waldgebieten, und im Sommer findet man ihn auch im alpinen Grasland. Sein Vorkommen in der harschen Umgebung der Bergwelt der Südinsel erklärt auch seine Neugier – ständig ist er auf der Suche nach Dingen, die unter Umständen essbar sein könnten. Hauptsächlich ernährt er sich von Beeren und Knospen, Wurzeln von Bergblumen und Nektar sowie Insekten und Larven. Der Umstand, dass weite Hochlandgrasgebiete als Weideland genutzt werden und abgebrannt worden sind, hat außerdem dazu beigetragen, dass sich die Keas verstärkt auf die Suche nach anderen Nahrungsquellen begeben müssen, so dass sie gerne, auch scharenweise, Mülltonnen auf der Suche nach vorzugsweise stark fetthaltigen Abfällen plündern.

Seit im Hochland der Südinsel Schafe weiden, war das Verhältnis zwischen Farmern und Keas nicht gerade wohlwollend, da die Farmer die Keas für den Tod von Schafen verantwortlich machten, was dazu führte, dass Keas gejagt wurden und man für jeden abgegebenen Keaschnabel eine Belohnung erhielt. So wurden zwischen 1890 und 1971 mindestens 150 000 Keas getötet. Heute hat sich die Einstellung der Öffentlichkeit gegenüber dem Witzbold der Berge geändert. Seit 1986 steht der Papagei unter Naturschutz.

Mit dem Kea verwandt ist der ebenfalls nur in begrenztem Gebiet vorkommende Waldpapagei Kaka. Er ist in Tieflandwäldern vor allem der Nordinsel zu Hause und nistet dort in hohlen Baumstämmen. Als Waldbewohner leidet er besonders unter der Zerstörung der heimischen Wälder und der Einführung von Nahrungskonkurrenten und Raubtieren wie Opossums und Hermelinen; heute gibt es nur noch etwa 10 000 Kakas, von denen viele außerdem schon recht alt sind, so dass es in der Zukunft vielleicht nicht mehr genug Kakas im Brutalter gibt. Sie ernähren sich vorwiegend von Raupen und Larven, nach denen sie unter Baumrinden suchen, sowie von Nektar und dem Honigtau der Südbuchen. Den Honigtau, der von Schildläusen produziert wird, machen den Kakas vor allem eingeführte Wespen streitig.

Deshalb ist es bei einem der vielen Naturschutzprojekte des Department of Conservation, einem so genannten «Festlandinselprojekt», bei dem in einem Gebiet mit natürlichen Grenzen die Schädlinge vernichtet werden, um das Überleben des Waldes und der darin vorkommenden einheimischen Tiere zu sichern, eine der ersten Aufgaben gewesen, den an den Lake Rotoiti auf der Südinsel angrenzenden Südbuchenwald, in dem auch Kakas zu Hause sind, von Wespen und natürlich auch von anderen Schädlingen zu befreien. Seitdem haben die Kakas hier wieder verstärkt gebrütet.

Der dritte, ebenfalls nur örtlich begrenzt vorkommende Papagei ist der über 60 Zentimeter große, flugunfähige Eulenpapagei oder Kakapo, mit bis zu 3,6 Kilo das Schwergewicht unter allen Papageien und leider einer der bedrohtesten Vögel der Erde. Anfangs 2001 gab es gerade noch 62 Exemplare dieses grünlichen, flauschigen Waldbewohners, aber immerhin ein Viertel mehr als noch 1995. Diese leben auf den raubtierfreien Inselreservaten Little Barrier, Codfish und Maud Island. Hier wird unter großem Aufwand versucht, das Überleben dieses Papageis zu sichern. Neben den drei großen Papageien verfügt Neuseeland noch über zwei einheimische Sittiche, den Springsittich *(yellow-crowned parakeet)* und den Ziegensittich *(red-crowned parakeet)*, die einst auf den Hauptinseln weit verbreitet waren, wobei der Ziegensittich heute in größeren Zahlen nur noch auf Inseln wie den Kermadecs und den Antipodes vorkommt.

Ein weiterer stark vom Aussterben bedrohter Vogel Neuseelands ist der Takahe, eine etwa 50 bis 60 Zentimeter große Ralle mit einem leuchtenden blaugrünen Federkleid und einem kräftigen, roten Schnabel. Der Takahe galt bereits als ausgestorben, bis man im Jahre 1948 hoch in den Murchison Mountains im Fjordland auf Exemplare des Vogels stieß. Nicht zu verwechseln ist der Takahe mit seinem Verwandten, dem kleineren Pukeko, dem Purpurhuhn, das dem Takahe im Aussehen stark ähnelt und ein weit verbreiteter Bewohner von Sümpfen und Acker- und Weideland ist.

Die Takahes leben auf etwa 600 bis 1 000 Meter Höhe und ernähren sich hauptsächlich von den Samen und Säften der Tussock-Gräser, die aber von eingeführtem Rotwild abgefressen wurden. Dadurch erhielten die Takahes also Nahrungskonkurrenten und ihre Hauptnahrungsquelle wurde zudem zusehends zerstört. Verantwortlich für die Abnahme der Takahe-Population waren aber auch noch räuberische Hermeline. Ab Mitte der fünfziger Jahre wurden die Rotwildbestände in den Murchison Mountains strengstens kontrol-

Bilder rechts
• **Eulen gibts auch in Neuseeland**
• **Nur im Flug wird die Farbenpracht des Kea sichtbar** *(zwei Bilder)*
• **Takuhe, die Rotschnabelralle**

terra magica

Pinguine an der Küste von Curio Bay, Südinsel

liert, und das Tussock-Gras wurde gedüngt, so dass es sich jetzt langsam wieder erholt. 1985 wurde mit einem Aufzuchtprogramm begonnen, bei dem frisch gelegte Eier aus den Bergen in Brutkästen platziert und die Küken dann langsam an die Umwelt gewöhnt werden, bis die jungen Vögel im Alter von einem Jahr in den für Menschen gesperrten Murchison Mountains ausgesetzt werden. Heute leben etwa 120 Takahes in den Bergen, und andere sind auf verschiedenen Naturschutzinseln freigelassen worden, für den Fall, dass die Population im Fjordland von einer kollektiven Katastrophe heimgesucht werden sollte; insgesamt gibt es derzeit somit um die 200 Takahes.

Von den einheimischen Landvögeln seien nur noch kurz die diebische und furchtlose Wekaralle erwähnt, ein Allesfresser, der im Unterholz und Gebüsch Unterschlupf sucht, die Begegnung mit dem Menschen aber absolut nicht scheut und hinsichtlich seiner Neugier dem Kea in nichts nachsteht, und außerdem der Tui oder Priestervogel, der durch seinen Gesang und seine Fähigkeit, die Geräusche anderer Tiere nachzuahmen, besticht. Neben dem Bellbird gilt er als der Sängerkönig Neuseelands. Seinen europäischen Namen verdankt der Tui seinem Aussehen; er besitzt ein manchmal grünlich schimmerndes schwarzes Federkleid und hat unter der Kehle ein Paar von zwei bis drei Zentimeter langen weißen Federn, was ihm das Aussehen eines Priesters verleiht. Ursprünglich war er ein Waldbewohner, ist aber jetzt auch in Parks und Gärten zu finden, wo er nach Nektar sucht.

3. Pinguin & Albatros

Unter den vielen Seevögeln Neuseelands stehen besonders zwei Arten beziehungsweise Familien im Mittelpunkt des allgemeinen Interesses: Pinguine und Albatrosse.

Markiert, aber wild lebend: Gelbaugenpinguine bei Oamaru. In Pose bei Moeraki Point. Südinsel

In keinem anderen Land der Erde gibt es so viele Pinguinarten wie in Neuseeland. Wenn man die Subantarktischen Inseln sowie die Ross Dependency in der Antarktis mit einbezieht, so kommen 13 der 18 Pinguinarten der Erde auf neuseeländischem Gebiet vor. Im eigentlichen Neuseeland, also auf der Nord- und Südinsel wie auch auf Stewart Island, brüten drei Arten: der Gelbaugenpinguin *(yellow-eyed penguin/hoiho)*, der Dickschnabelpinguin *(fjordland crested penguin)* und der Zwergpinguin *(blue penguin)*.

Von diesen ist der Zwergpinguin der im eigentlichen Neuseeland am weitesten verbreitete, er kommt von Stewart Island bis hin nach Northland an der Spitze der Nordinsel vor. Mit einer Größe von nur 25 bis 30 Zentimeter ist er der kleinste aller Pinguine. Während der Brutzeit tun diese putzigen blau-weißen Kerlchen ihre Anwesenheit lautstark kund und richten sich auch gern unter Häusern ein, sehr zum Leidwesen der menschlichen Bewohner, die um ihren Schlaf gebracht werden. Obwohl auch die Zwergpinguine unter Hermelinen, Hunden und dem Straßenverkehr gelitten haben, gibt es sie im Vergleich mit den beiden anderen Festlandarten noch in recht großer Zahl, beispielsweise allein etwa 5 000 auf Motunau Island vor der Küste von Nord-Canterbury.

Demgegenüber gilt der Gelbaugenpinguin mit noch etwa 5 000 Tieren als der seltenste Pinguin der Welt. Seinen Maori-Namen, *Hoiho*, was soviel wie «Schreihals» bedeutet, verdankt er dem lauten Geschrei, mit dem die erwachsenen Vögel ihre Partner begrüßen. Für einen in einer gemäßigten Klimazone vorkommenden Pinguin ist er recht groß – er erreicht eine Größe von etwa 70 Zentimeter. Man findet ihn von der Banks Peninsula südwärts; auf der Otago Peninsula gibt es etwa 1 000 dieser Pinguine, wo sie eine beliebte Touristenattraktion geworden sind.

terra magica

Dabei sind die Tiere eigentlich sehr scheu; wenn sie Gefahr wittern, kommen sie zum Beispiel nicht an Land, sogar wenn sie ihre Jungen mit dem tagsüber im Meer aufgefischten Futter versorgen müssten. Die Beobachtung der Vögel durch die Touristen erfolgt daher auch von versteckten Plätzen aus, so dass die Pinguine nicht gestört werden. Weniger leicht zu entdecken ist der Dickschnabelpinguin, da er nur an abgelegenen Küsten und auf Inseln vorkommt, vor allem im Fjordland. Dieser Haubenpinguin zählt ebenfalls zu den seltensten Pinguinen der Erde.

An der Spitze der Otago Peninsula ist eine weitere gefiederte Attraktion zu bewundern: der Königsalbatros. Hier, am Taiaroa Head, befindet sich die einzige Festlandbrutkolonie von Albatrossen auf der Welt. Seit jeher haben diese riesigen Seevögel, deren Flügel eine Spannweite von über drei Metern erreichen können, die Seefahrer fasziniert. Aufgrund ihrer Körper- und Flügelform und ihrer ausgefeilten Flugtechnik können die Albatrosse enorme Strecken in erstaunlich kurzer Zeit zurücklegen; bei Vögeln, die mit winzigen Sendern versehen worden waren, wurden Strecken von bis zu 10 000 Kilometer in nur zwei Wochen gemessen.

Diese majestätischen Sturmvögel landen nur auf dem Wasser, um Nahrung aufzunehmen und zu schlafen, und sie können sich so wochenlang in den südlichen Ozeanen aufhalten. Bemerkenswert ist auch das Paarungsritual der Vögel, bei dem sie pirouettenartige Tänze aufführen; wie die meisten Vogelarten sind sie monogam, unterscheiden sich von polygamen Vögeln also dadurch, dass sie ihrem Partner ihr recht langes Leben lang treu bleiben.

Säugetiere

Die beiden einzigen «alteingesessenen» Säugetierarten Neuseelands sind die Kurzschwanz- und die Langschwanzfledermaus. Diese beiden Landsäuger kamen erst nach der Ablösung Neuseelands von Gondwanaland ins Land. Vielfältiger ist das Bild demgegenüber bei den Meeressäugern. Hier ist besonders der Neuseeland-Seebär, eine Ohrenrobbe, weit verbreitet. Allerdings hat man diese Robben wegen ihres begehrten Pelzes lange Zeit gejagt, nachdem sie schon von den Maori als Nahrungsquelle hoch geschätzt wurden. Jedoch waren es die europäischen und amerikanischen Pelzjäger, die die Seebären im 19. Jahrhundert bis fast zur Ausrottung jagten.

In den letzten Jahrzehnten konnte man beobachten, wie sich die Seebären-Populationen wieder erholten; unter anderem manifestierte sich dies darin, dass sich die Brutkolonien immer weiter nach Norden ausbreiteten, zuletzt bis hin zum Cape Palliser bei Wellington und auf Inseln vor New Plymouth. Eine andere Ohrenrobbe ist der Neuseeland-Seelöwe, der erheblich größer ist als der Seebär, dessen glatt anliegendes Fell aber als Pelz so gut wie wertlos ist; er ist ein häufiger Wintergast an den Küsten des Landes. Manchmal statten auch Hundsrobben, zu denen der Seeleopard und der Südliche See-Elefant gehören, dem neuseeländischen Festland einen Besuch ab.

Die See-Elefanten sind die größten aller Robben und verdanken ihren Namen dem aufblasbaren Rüssel bei den Männchen, die bis zu vier Tonnen schwer werden können. Aufgrund ihrer Größe sind sie sowohl an Land als auch im Wasser ziemlich behäbig; an Land bewegen sie sich wie Raupen vorwärts. See-Elefanten wurden in der Vergangenheit nicht wegen ihres Fells, sondern wegen der darunter liegenden Fettmassen gejagt, die der fettverarbeitenden Industrie als Brennstoff für Lampen und als Rohstoff dienten. Zur Paarungszeit tragen die Bullen in den Brutkolonien zunächst durchaus auch blutige Kämpfe um Rangordnungen und Territorien aus; wenn die Kühe dann erscheinen, bilden die Bullen so genannte Harems, indem sie sich möglichst viele trächtige Kühe erkämpfen. Wenn einzelne See-Elefanten das neuseeländische Festland besuchen, so kann es durchaus vorkommen, dass sie «fremdgehen» und versuchen, eine Herde ganz normaler Milchkühe in einen Harem zu verwandeln.

Andere Meeressäuger, die sich bei den Besuchern des Landes heute besonderer Beliebtheit erfreuen und die für den Fremdenverkehr Neuseelands inzwischen eine wichtige Rolle spielen, sind Wale und Delphine. Besonders die Pottwale, die regelmäßig an der Küste bei dem Ort Kaikoura an der Ostküste der Südinsel vorbeikommen, haben zum Entstehen eines neuen Tourismuszweiges geführt, des *whale watching*. Des Weiteren ist das Schwimmen mit Delphinen eine sehr beliebte Attraktion.

Weitere neben den Pottwalen in neuseeländischen Gewässern vorkommende Wale sind unter anderem Buckelwal, Blauwal, Grindwal und der Schwert- oder Killerwal (orca), der zur Familie der Delphine gehört, die wiederum zur Unterordnung der Zahnwale zählen. Andere Delphine in Gewässern um Neuseeland herum sind der weit verbreitete Gewöhnliche Delphin, der Große Tümmler, der kleine und recht

Großmäulige Begrüßung eines wohl unwillkommenen Gastes ... bei Kaikoura. Südinsel

seltene Hector-Delphin und der seltene, nur in neuseeländischen Gewässern vorkommende Dunkle Delphin *(dusky dolphin)*. Oft begleiten diese intelligenten und verspielten Tiere Schiffe und erfreuen die Besucher mit ihrer Sprungakrobatik.

Der Rundkopfdelphin Pelorus Jack ging in die neuseeländische Geschichte ein, da er zwischen 1888 und 1912 24 Jahre lang Schiffe zwischen Nelson und Wellington begleitete; ein anderer Delphin, der Große Tümmler Opo, erlangte 1955 Berühmtheit, als er den ganzen Sommer lang beim Ort Opononi im Hokianga Harbour in Northland mit den Kindern spielte. So extrem anhängliche Delphine sind aber natürlich eine Ausnahme.

Reptilien und Amphibien Wirbellose und Insekten

Die neuseeländischen Tourismusorganisationen weisen immer wieder gerne darauf hin, dass es, im Gegensatz zum Beispiel zum benachbarten Rivalen Australien, im Land

terra magica

Glühwürmchenkolonie bei Hokitika. Südinsel

keine Schlangen und Krokodile gibt. An Reptilien existieren über 50 Arten an Skinken und Geckos sowie neben zwei Seeschlangenarten und vier Arten an Meeresschildkröten nur noch der Dinosaurier unter den Tieren Neuseelands, die Brückenechse, oder auf Maori *Tuatara*, «Stachelträger».

Dieses lebende Fossil sieht zwar aus wie eine Echse, ist aber eigentlich gar keine. Vielmehr ist die Tuatara der Repräsentant einer eigenen Ordnung von Reptilien, der Schnabelköpfe, die sich vor etwa 220 Millionen Jahren zur gleichen Zeit wie die Dinosaurier ausbildete. Sie ist heute die einzige Überlebende dieser Ordnung und hat sich nur wenig verändert; anderswo sind die Angehörigen der Ordnung vor rund 60 Millionen Jahren ausgestorben. Dass das Urtier in Neuseeland überleben konnte, verdankt es wohl der isolierten Lage des Insellandes, wo höher entwickelte Reptilien wie Eidechsen oder Schlangen es nicht verdrängen konnten.

Nachdem die Brückenechse Millionen von Jahren überlebt hat, gilt sie heute als bedroht: Die Zerstörung ihrer Lebensräume und die Einführung von Tieren wie Katzen, Hunden, Ratten und Wildschweinen haben ihr das Leben schwer gemacht. Heute überlebt die Brückenechse auf etwa 25 Inseln vor der Ostküste der Nordinsel sowie mit etwa 30 000 bis 50 000 Exemplaren auf der 1,5 Quadratkilometer großen Stephens Island in der Cook Strait zwischen Nord- und Südinsel. Insgesamt wird die Zahl der noch existierenden Brückenechsen auf 100 000 geschätzt. Die Abwesenheit von Ratten ist eine der Voraussetzungen für ein erfolgreiches Brüten der Tiere.

Auch bei den Amphibien hat Neuseeland mit Urviechern aufzuwarten. Hier gibt es die ursprünglichsten aller Frösche, die drei winzigen Arten Archeys Urfrosch, Hamiltons Urfrosch und Hochstetters Urfrosch. Diese drei Primitivlinge verfügen weder über Schwimmhäute noch über einen Kehlsack; sie sind nachtaktiv und verbringen den Tag unter Steinen. Da sie nicht am Wasser leben und also auch ihre Eier nicht ins Wasser legen, entfällt das Kaulquappenstadium; stattdessen schlüpfen die Jungen direkt aus dem Ei.

Wie bei den Reptilien und Amphibien kommen auch bei den Wirbellosen und Insekten einige faszinierende urtümliche Tierchen vor, wie etwa die Fleisch fressenden Landlungenschnecken und die Wetas, die Langfühlerschrecken, die zum Teil zu den schwersten Insekten überhaupt gehören. Die Wetas, die zumeist Höhlen und Wälder bewohnen, gelten als die Dinosaurier unter der Insekten; wahrscheinlich haben sie auf Gondwanaland schon existiert, noch bevor sich der Superkontinent von den übrigen Landmassen abspaltete. Dazu gibt es noch andere Reliktarten wie den Puririfalter.

terra magica

Mensch und Inseln
Die Geschichte Neuseelands

Im Vergleich zu anderen Ländern und Kontinenten verfügt Neuseeland über eine geradezu bemerkenswert kurze Geschichte menschlicher Besiedlung. In der Tat ist es die letzte größere Landmasse, die von Menschen in Beschlag genommen wurde.

Dabei liegen die Anfänge der menschlichen Geschichte des neuseeländischen Archipels nach wie vor ziemlich im Dunkeln. Die mündlichen Überlieferungen der Maori, der Erstbesiedler und damit Ureinwohner Neuseelands, bieten kein präzises Bild vom Zeitpunkt der Kolonisation und auch nicht davon, woher die Einwanderer eigentlich kamen. Auch mit den Methoden der modernen Wissenschaften wie etwa denen der Archäologie lässt sich nicht exakt feststellen, wann die polynesischen Vorfahren der Maori die Inseln nun eigentlich erreichten. Infolgedessen werden diese Fragen nach wie vor von den Experten debattiert.

Wenn man von der Maori-Mythologie spricht, muss man eigentlich von Mythologien sprechen, da jeder Stamm seine eigene Überlieferung hat. Es hat sich jedoch heutzutage im allgemeinen öffentlichen Bewusstsein so eine Art Konsens-Überlieferung herausgebildet, die immer wieder gerne zitiert wird. Demnach entdeckte der legendäre Seefahrer Kupe Neuseeland im 10. Jahrhundert n. Chr.; später gab es dann eine zweite Kolonisierung durch die «Große Flotte», sieben Kanus aus Hawaiki, der Urheimat der Maori, etwa im 14. Jahrhundert. Inzwischen hat sich allerdings herausgestellt, dass diese Version der Anfänge der menschlichen Besiedlung Neuseelands eigentlich ein Konstrukt westlicher Forscher des 19. Jahrhunderts ist, die dann wiederum teilweise von den Maori selbst so übernommen und in ihre eigenen Überlieferungen eingearbeitet worden ist.

Die Besiedlung Aotearoas

Woher kamen nun aber die polynesischen Kolonisten, und was hat es mit den sieben Kanus eigentlich auf sich? Immer wieder ist versucht worden, Hawaiki mit einem konkreten Ort zu identifizieren. Für viele hörte sich Hawaii nahe liegend an; Hawaii ist jedoch mittlerweile aus dem Kreis der Kandidaten ausgeschieden. Vielmehr hat man die Vorfahren der Maori als Menschen identifiziert, die vor etwa 3 500 Jahren auf den schon seit mehr als 30 000 Jahren besiedelten Inseln des Bismarck-Archipels östlich von Neuguinea leben und durch die Ausbildung der so genannten Lapita-Kultur gekennzeichnet sind, die sich wiederum durch hoch entwickelte Töpfereien auszeichnet, anhand derer diese Kultur leicht zu identifizieren ist.

Dabei ist aber immer noch ungeklärt, ob sich die Lapita-Kultur innerhalb des Bismarck-Archipels entwickelt hat oder ob sie mit Zuwanderern aus dem Westen in das Archipel gelangt ist. Genauso ist es somit unklar, ob die Polynesier von verschiedenen melanesischen Gruppen abstammen oder eben von weiter westlich, aus Südostasien, kommen. Die Angehörigen der Lapita-Kultur breiten sich in der Folgezeit Richtung Osten und Süden aus und besiedeln vor etwa 3 000 Jahren die pazifischen Inseln bis nach Tonga und Samoa, wo sich eine eigene polynesische Kultur ausbildet, in der dann übrigens bald keine Töpfereien mehr hergestellt werden. In den folgenden 1 000 Jahren dringen sie bis zu den unbewohnten Gesellschaftsinseln und den Marquesas vor, danach bis zur Osterinsel, und vielleicht gibt es sogar Kontakte mit Südamerika.

Bei diesen langen Fahrten über den riesigen Pazifik bedienen sich die Lapita-Leute und später die Polynesier, die «Wikinger des Pazifiks», ausgeklügelter Navigationstechniken; bei Nacht orientieren sie sich an den Sternen, bei Tag an der Richtung der Wellen. Dabei halten sie Ausschau nach Erscheinungen, die sie als Zeichen dafür deuten können, dass Land in der Nähe ist, beispielsweise nach Seevögeln, die im Meer nach Nahrung suchen und an Land brüten, bestimmten

Bild (Nordinsel) nächste Doppelseite
Restfelsen einer von der Brandung dahingerafften Landzunge bei Tongaporutu, dahinter der Vulkan Mt. Egmont

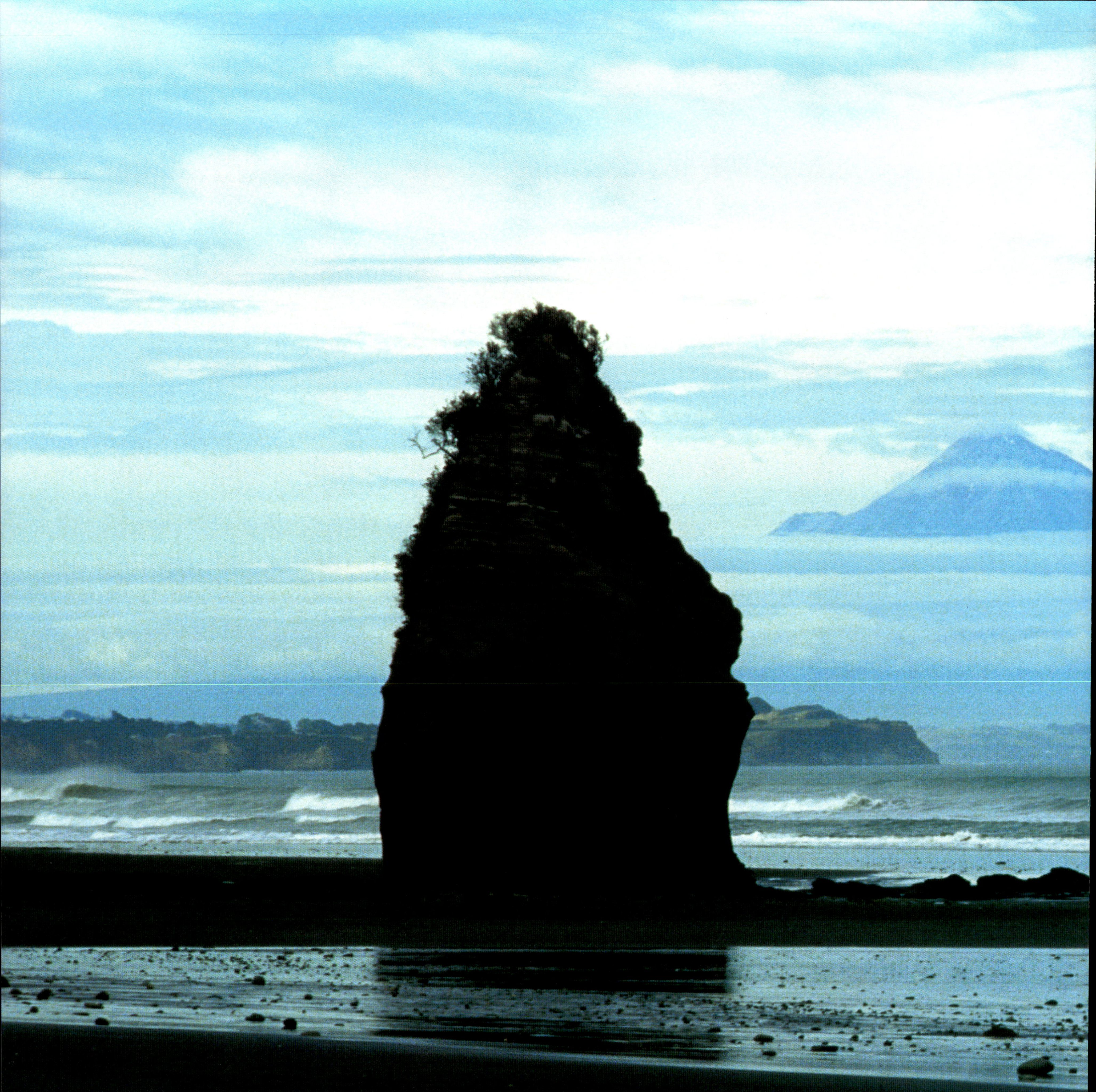

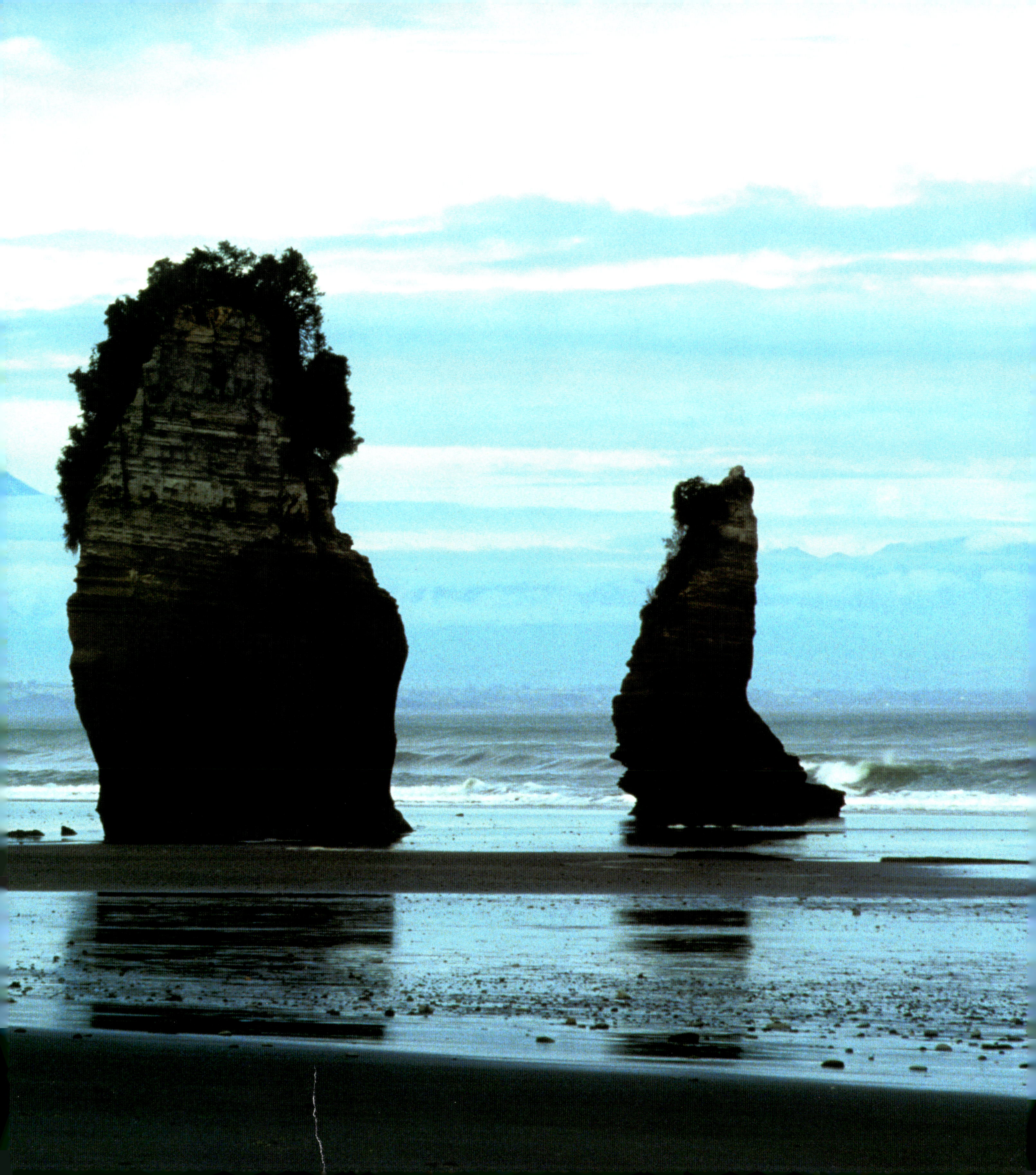

Wolkenformationen oder einem veränderten Wellengang. Und als Letztes gelangen die polynesischen Seefahrer auf diese Weise nach Neuseeland, höchstwahrscheinlich von den ostpolynesischen Inseln wie zum Beispiel den Gesellschaftsinseln aus; eine schwierige Reise durch für die Polynesier ungewohnte Wetterzonen, die gut einen Monat in Anspruch nimmt.

Die Forschung tendiert heute dahin, die Ankunft der ersten Polynesier zwischen 1000 und 1200 n.Chr. zu datieren – weiter ist man sich nicht einig. Außerdem ist umstritten, ob es nur eine einzige oder mehrere Kolonisierungen gegeben hat. Die «Große Flotte» mit ihren sieben Kanus jedoch wird nicht mehr als historisches Ereignis, sondern als Teil der Maori-Mythologie betrachtet, die, wie auch westliche Geschichtsmythologien, ein Konstrukt aus wahrer und erfundener Überlieferung ist. Mit dieser Hilfe schaffen sich die verschiedenen Maori-Stämme eine Geschichte, ihren whakapapa (Stammbaum), und somit eine Identität, indem sie die Geschichte ihres Stammes auf die Ankunft eines oder mehrerer Vorfahren in einem der legendären Kanus zurückführen.

Als die polynesischen Seefahrer, vielleicht aufgrund von Überbevölkerung, Krieg oder Hungersnot aus ihrer alten Heimat vertrieben, in Neuseeland ankommen, finden sie ein Land vor, das sich stark von ihrer tropischen Inselheimat unterscheidet. Natürlich sind sie nicht unvorbereitet gekommen, sondern haben Pflanzen und Tiere mitgebracht: Kumara, Taro, Flaschenkürbis und Yam sowie die polynesische Ratte und eine Hundeart. Außerdem bringen sie natürlich ihr Weltbild und ihre Überlieferungen sowie ihre Gesellschaftsstruktur mit.

Das Land, das sie gefunden haben, nennen sie Aotearoa, gemeinhin als «Das Land der langen weißen Wolke» übersetzt, vielleicht bis zu den ersten Kontakten mit den Europäern nur als Name für die Nordinsel benutzt. Für sich selbst haben sie noch keinen Namen, da sie sich gar nicht als Gemeinschaft anzusehen brauchen; erst in Abgrenzung zu den Europäern kommt die Bezeichnung «Maori» zusammen mit «Pakeha» für die Weißen in Gebrauch, wobei das Wort «Maori» eigentlich ein Adjektiv ist und so viel wie «gewöhnlich» oder «normal» bedeutet.

Die Entstehung der Inseln erklären sie mit den Aktivitäten des Halbgottes Maui, des legendären Fischers; die Nordinsel ist demnach der Fisch des Maui, *Te Ika*, die Südinsel sein Kanu, *Te Waka*, und Stewart Island der Anker, *Te Punga*. Es wird angenommen, dass die Polynesier eine an Verwandtschaftsgruppen und -beziehungen orientierte Gesellschaftsstruktur mitbringen und dass die auch für die spätere Maori-Kultur zentralen Begriffe *mana* (Prestige, Autorität oder spirituelles Kapital, entweder vererbt oder erworben), *utu* (Prinzip der Wechselseitigkeit, Austausch von Geschenken und Gewährung von Gastfreundschaft oder auch Rache und Krieg) und *tapu* (ein System von Gesetzen und Schutzvorschriften) schon eine wichtige Rolle spielen.

Aotearoa – das Land der Maori

Zu der Zeit, da die Vorfahren der Maori in Aotearoa ankommen, sind die Inseln des neuseeländischen Archipels zum allergrößten Teil bewaldet, und zwar zu etwa 80 Prozent. Man geht davon aus, dass die polynesischen Kolonisten im Norden der Nordinsel anlanden und sich von hier aus immer weiter nach Süden vorarbeiten. Der subtropische Norden stellt dabei für die aus den Tropen kommenden Neulinge den klimatisch bevorzugten Siedlungsraum dar; hier können sie noch ihre mitgebrachten Nutzpflanzen kultivieren, während das weiter südlich immer weniger der Fall ist. Da es sich bei den Kolonisten um Angehörige eines Seefahrervolkes handelt, lassen sie sich vorwiegend an den Küsten nieder und nutzen die Flüsse für Erkundungsfahrten ins Landesinnere. Außerdem bietet sich an den Küsten eine wichtige Nahrungsquelle, nämlich die Robben, die sich zur Zeit der Anfänge der menschlichen Besiedlung des Landes noch bis in den hohen Norden hinein fortpflanzen und ihre Jungen aufziehen.

Die Maori-Gemeinschaften dieser so genannten archaischen Periode leben also vom Gartenbau, vom Sammeln von Pflanzen und vom Jagen von größeren Jagdvögeln wie etwa den Moas und dem Erlegen von Robben und Fischen. Sobald die leicht zugänglichen Nahrungsressourcen allerdings erschöpft sind, müssen sich diese frühen Maori nach neuen Nahrungsquellen umsehen und verbreiten sich so über das Land. Im Verlauf der Geschichte Aotearoas ist somit auch ein Rückzug der Robben zu verzeichnen, die sich gegen Ende des 18. Jahrhunderts dann nur noch im tiefen Süden der Südinsel fortpflanzen. Gleichzeitig befinden sich auch die flugunfähigen, riesigen Laufvögel, die Moas, auf dem Rückzug.

Wahrscheinlich sterben die Moas vor etwa 400 Jahren endgültig aus. Die Hauptursache hierfür liegt darin, dass sie von den Maori als wichtige Nahrungsquelle gejagt werden;

Felszeichnungen bei Hazelburn und Opihi, Canterbury. Südinsel

zunächst in den Küstenregionen, dann auch immer weiter im Landesinnern, von wo aus sie über die Flüsse zu Verarbeitungsstationen gebracht werden, an denen ihr Fleisch dann konserviert wird. Gleichzeitig wird ein großer Teil der Lebensräume dieses Riesenvogels zerstört, indem weite Teile der trockenen, offenen Tieflandwälder besonders an der Ostküste, ein bevorzugter Lebensraum der Moas, dem Feuer zum Opfer fallen, teilweise wohl auch mit dem Ziel, die hier lebenden Moas den Jägern zuzutreiben.

Auf den Gebieten dieser Tieflandwälder entstehen dann zunächst mit niedrigen Farnen bewachsene Ebenen und schließlich das offene Tussock-Grasland, das die europäischen Siedler bei ihrer Ankunft vorfinden. Wenn auch die Ursache und der Zweck der riesigen Feuer heute nicht klar ist, so bleibt doch als Ergebnis, dass bis zum Beginn der europäischen Besiedlung bereits fast die Hälfte der ursprünglichen neuseeländischen Wälder vernichtet wird.

Mit dem zunehmenden Verschwinden der leicht zu erlegenden großen Jagdtiere vor etwa 400 bis 600 Jahren verändert sich auch die Maori-Gesellschaft insgesamt. Durch die größeren Probleme bei der Nahrungsbeschaffung werden die Erbeuter von Wild nun immer mehr zu Gärtnern. Im Gegensatz zu den größtenteils saisonal ausgerichteten Ansiedlungen der archaischen Zeit werden jetzt feste Siedlungen errichtet, und es beginnen sich Stämme auszubilden.

Dies ist also der Übergang von der kolonialen oder archaischen Periode zur Stammes- oder klassischen Periode. In dieser Zeit nehmen auch die meisten Stammesgeschichten (*whakapapa*) ihren Anfang, da sich die Stämme voneinander abzugrenzen beginnen. Damit bildet sich also die Maori-Kultur der Sammler und Gärtner heraus, die die europäischen Entdecker, Walfänger und Robbenjäger sowie Missionare und Siedler dann vorfinden.

Die klassische, regional stark unterschiedlich ausgeprägte Maori-Gesellschaft gliedert sich in drei Ebenen: in die *iwi*, die Stämme, die *hapu*, die Unterstämme, und die *whanau*, die Familienverbände. Obwohl sich ein *iwi* durch eine gemeinsame Abstammungsgeschichte auszeichnet und auch Anspruch auf ein bestimmtes Territorium hat, das in späteren Jahren dann immer mehr gewaltsam verteidigt werden muss, ist der Stamm keine wahrhaft funktionierende Einheit und der Zusammenhalt eher lockerer Natur. Enger ist der Zusammenhalt dann schon beim *hapu*, der aus mehreren verwandten Familienverbänden besteht und in dessen Rahmen Land beansprucht und genutzt wird.

In der engsten sozialen Einheit, dem *whanau*, werden dann die Landnutzungsrechte genauer geregelt. Dabei erhalten die Familienoberhäupter Nutzungsrechte der verschiedenen Nahrungsressourcen wie etwa ein Stück Land für den Gartenbau oder bestimmte Rechte zum Sammeln von Früchten, Farnwurzeln oder Muscheln, zum Fischen, Aalfangen oder Jagen von Wald- oder Wasservögeln. Dazu bekommen die Familien einen Platz im Dorf für ihre Hütte und ihr Lagerhaus.

Im Norden liegt bei der Nahrungsbeschaffung aufgrund der besseren klimatischen Bedingungen der Schwerpunkt mehr und mehr auf dem Gartenbau, im Süden stärker auf dem Sammeln, Fischen und Jagen. Da es an den Gewässern

Bild nächste Doppelseite
Szenerie bei Tongaporutu mit dem Vulkan Mt. Egmont im Hintergrund. Nordinsel

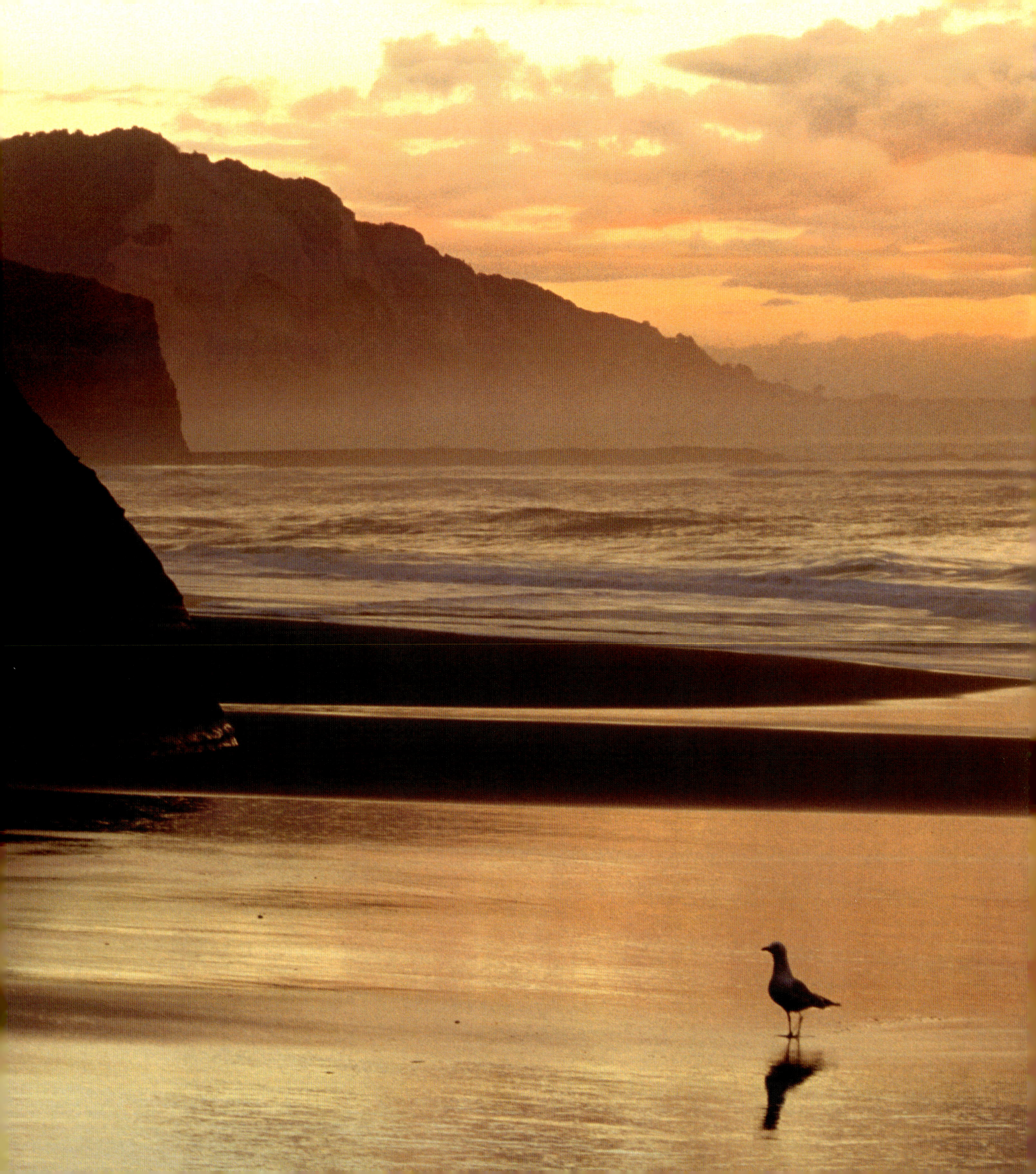

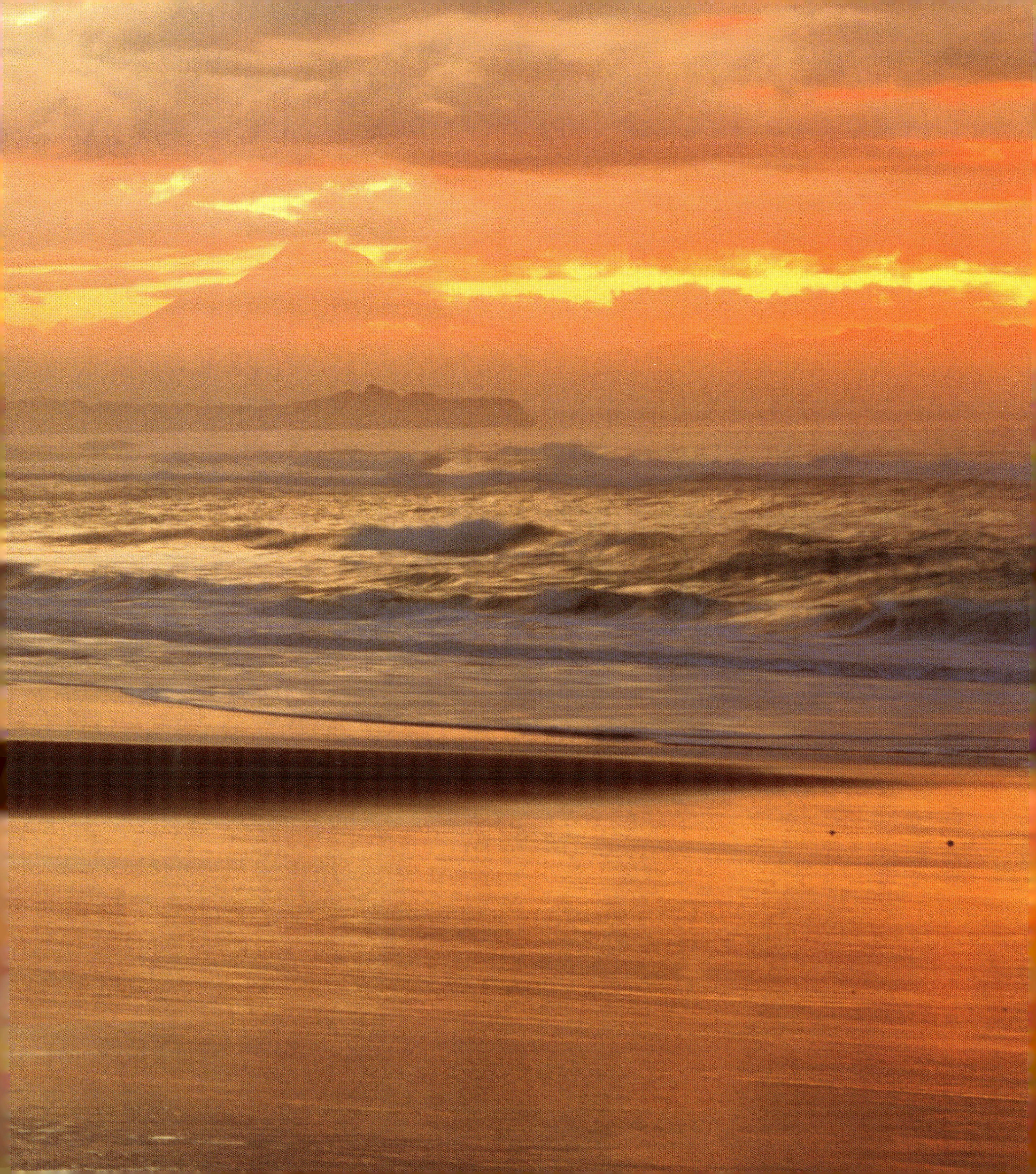

mehr Beute gibt, konzentrieren sich die Siedlungen hier an der Küste und an Flüssen und Seen, bis mit der Ankunft der Europäer, die die weiße Kartoffel mitbringen, auch hier verstärkt Gartenbau möglich ist. Die Dörfer der Maori sind in der Mehrzahl unbefestigte Anlagen, *kainga*, für etwa zehn bis 50 Personen; vor allem im Norden gibt es in der klassischen Periode aber auch die *pa*, die befestigten Wehrdörfer, Ausdruck sich verschärfender Rivalitäten zwischen den Stämmen. Sie dienen nicht nur als verteidigungsfähige Hauptdörfer, sondern auch als Rückzugsort und geschützte Vorratsorte.

Im Mittelpunkt der Dörfer befindet sich der *marae*, der Versammlungsort, zumindest in der Endphase der klassischen Periode mit dem *whare runanga* oder *whare whakairo*, dem Versammlungshaus – häufig reich verziert mit Schnitzereien und Flechtarbeiten –, dessen Nutzung sich immer mehr formalisiert. Diese Dörfer haben eine je nach Ort und Zweck unterschiedliche Form, die Häuser reichen von festen Strukturen hin zu temporären Schutzräumen in saisonalen Camps. Dazu kommen die Einrichtungen zum Lagern von Speisen wie Kumara-Lagergruben, Lagerhäuser, zum Teil auf Stelzen, sowie verschiedene Trockengestelle.

Dem *hapu* steht jeweils ein *ariki*, ein Häuptling, vor, der der Schicht der Noblen *(rangatira)* entstammt. Die Stellung eines Häuptlings basiert auf seinem *mana*, seiner Autorität und seinem Ansehen, das er unter anderem durch seine Abstammung von einem bedeutenden Vorfahren herleitet. Der *ariki* spricht zwar für seinen *hapu*, aber er kann zum Beispiel nicht das Land des *hapu* veräußern, ohne die Mitglieder des Unterstammes zu konsultieren.

Weil das Ansehen besonders seitens der Unterstämme stark betont wird, kommt es vor allem auf lokaler Ebene immer wieder zu Konflikten. Für jede Verletzung und Beleidigung wird *utu*, Wiedergutmachung oder Vergeltung, gefordert. Gewalttätige Auseinandersetzungenzwischen einzelnen *whanau* oder auch *hapu*, nicht selten vom gleichen Stamm, sind somit keine Seltenheit. Gegen Ende des 18. Jahrhunderts kommen sie dann äußerst häufig vor, da durch Vergeltungsmaßnahmen immer wieder neue Verletzungen erzeugt werden, die dann wiederum Vergeltung fordern.

Weil die meisten *hapu* vielleicht um die 150 Krieger aufbieten können, werden solche Konflikte erst dann mit größerer Endgültigkeit gelöst, als die Weißen die Muskete ins Land bringen und es somit möglich wird, auch ambitioniertere Raub- und Vergeltungszüge zu unternehmen und eine größere Zahl von Feinden zu töten. Als Teil von Racheakten kommt es auch zu Kannibalismus, da die Verzehrung des Gegners die höchste Form des Sieges darstellt. Während die männlichen Krieger also oft getötet werden, werden die Frauen besiegter Gruppen meist versklavt.

Über die Rolle und Stellung der Frauen lässt sich ansonsten wenig Verlässliches aussagen, besonders was die ersten Jahrhunderte der Geschichte Aotearoas betrifft. Einzelne Frauen haben wohl auch höhere Führungspositionen inne und spielen hin und wieder bei den Zeremonien eine gewisse Rolle, aber insgesamt sind die Männer klar dominierend.

Dass sich die Maori in ihrem Land gut auskennen und auch über entfernt liegende Gebiete Bescheid wissen, erfahren die ersten Europäer, die sich der Einheimischen immer wieder als Führer bedienen. Kapitän Cook stellt beispielsweise fest, dass die Maori im Northland schon genau über sein Schiff und seine Mannschaft Bescheid wissen, als er dort von weiter südlich her ankommt. Es findet also zwischen den einzelnen Stämmen, Unterstämmen und Dörfern ein durchaus reger Austausch statt, nicht nur von Nachrichten, sondern vor allem natürlich von Waren.

Dabei kann es sich um Lebensmittel handeln, die etwa zwischen Küsten- und Waldbewohnern ausgetauscht werden, aber auch um begehrte Rohmaterialien wie *greenstone (pounamu)*, den neuseeländischen Jade, aus dem Schmuck, Waffen und andere Gegenstände gefertigt werden. So sind bestimmte Steinarten mehrere hundert Kilometer von ihrem Ursprungsort gefunden worden. Beide Inseln sind von einem Netz von Überlandwegen durchzogen, die später auch den europäischen Entdeckern, Händlern und Goldsuchern dienen sollen.

Die klassische Kunst und Kultur der Maori

Die heutigen Besucher Neuseelands lernen die Kunst der Maori vor allem in der Form von geschliffenen und geschnitzten Anhängern aus Jade und Knochen und von reich verzierten Versammlungshäusern sowie durch für Touristen organisierte Vorführungen kennen. Um sich Versammlungshäuser anzusehen, braucht man allerdings nicht bis nach Neuseeland zu fahren – auch in verschiedenen Völkerkundemuseen im deutschsprachigen Raum sind solche Häuser vorhanden; ein Ergebnis der europäischen Sammelwut des 19. Jahrhunderts, die keine Grenzen kannte und der nichts heilig war.

Nachbau eines Maori-Bootes aus der Zeit der Maori-Einwanderung vor 800 bis 1 000 Jahren

Jedoch lebt Maori-Kultur heute natürlich nicht nur in Museen fort; die Kultur und Sprache der Maori ist vor allem in ländlichen Gegenden Neuseelands noch lebendig und hat in den letzten beiden Jahrzehnten eine Wiederbelebung erfahren. Durch die Berührung mit der westlichen Zivilisation hat sich die Maori-Kultur selbstverständlich verändert. In der Tat zeichnen sich schon die ausführlichen Beschreibungen der klassischen Maori-Kultur aus der zweiten Hälfte des 19. Jahrhunderts dadurch aus, dass in ihnen nicht mehr die reine, aus der mitgebrachten polynesischen entwickelte Kultur beschrieben wird, sondern bereits eine, die durch den Kontakt mit den Weißen Veränderungen erfahren hat, besonders was den Alltag und die soziale Ordnung betrifft.

Das Fortbestehen der Kultur der Maori ist seit jeher auf mündliche Überlieferung angewiesen, da die Maori ursprünglich keine Schriftsprache kennen. So werden die umfangreichen Stammesüberlieferungen, in denen sich Geschichte und Mythologie vermischen, von einer Generation zur nächsten weitergegeben. Daher ist es auch nicht verwunderlich, dass die Alten bei den Maori stets besonders geachtet sind, denn sie vereinigen das meiste Wissen über die Geschichte des Stammes oder Unterstammes in sich.

Auch heute noch spielen diese *kaumata*, die weisen Alten, eine besondere Rolle bei den zumindest noch teilweise nach traditioneller Art lebenden Maori. Im Zentrum des Lebens in einem Maori-Dorf steht in der klassischen Periode der *marae*, der Versammlungsplatz mit dem Versammlungshaus. Hier finden die wichtigen Versammlungen und Zeremonien statt. Auswärtige Gäste beispielsweise werden mit einem genau festgelegten Ritual begrüßt, das unter anderem die *wero* (die Herausforderung) und den *powhiri* (das Begrüßungslied),

Bilder nächste Doppelseite
• **Strand am Lake Pukaki. Südinsel**
• **Lyttelton Harbour auf der Banks-Halbinsel südöstlich von Christchurch**

terra magica

terra magica

terra magica

Begrüßungs- und Dankesreden sowie weitere Gesänge beinhaltet.

Schließlich begrüßt man sich einzeln mit der traditionellen Form, dem *hongi*, bei dem man sich die Hand reicht und sich leicht mit der Nase berührt. Der Bau eines Versammlungshauses unterliegt wie vieles im Leben der traditionellen Maori strengen Gesetzen – nichts ist ohne Bezug auf Götter oder Halbgötter, legendäre Urahnen sowie Geister und Dämonen und die damit verbundenen Traditionen denkbar. Bevor die zu verarbeitenden Bäume gefällt werden, werden *karakia* (Anrufungen) gesungen, um *Tane mahuta*, den Gott des Waldes, versöhnlich zu stimmen. Die Arbeiter, die das Haus bauen, unterliegen einem strengen *tapu*, zeremoniellen Beschränkungen, die es zum Beispiel Frauen verbieten, sich den Arbeitenden zu nähern.

Wenn das Haus dann später von einem *tohunga*, einem Priester oder Weisen, und einer hoch stehenden Frau eröffnet wird, werden die Waldgeister, die dem verarbeiteten Holz innewohnen, durch eine uralte Beschwörung an *Tane mahuta* zurückgesandt, bevor die Frau durch das Überschreiten der Schwelle das *tapu* aufhebt. Die Versammlungshäuser sind oft reich mit Schnitzereien verziert, sowohl außen, besonders am Giebel, als auch im Innern. Hier schmücken Schnitzereien in Form von menschlichen Bildnissen Paneele und Balken. In diesen Bildnissen, den *tiki*, ist die Geschichte des jeweiligen Stammes oder Unterstammes verkörpert, indem mythologische Urahnen abgebildet werden, nicht naturalistisch, sondern als Abbild und Verkörperung des *mana* des Vorfahren. Jener hat sich das meist als Krieger verdient, so dass die *tiki* immer die typischen fratzenartigen Drohgebärden aufweisen.

Diese sind auch für die *wero*, die Herausforderung bei der Begrüßung von Gästen, oder den durch die neuseeländische Rugby-Nationalmannschaft, die «All Blacks», bei Rugby-Fans in aller Welt bekannten *haka*, den Kriegstanz, charakteristisch. In Miniaturform findet man die *tiki* dann als Halsschmuck aus Jade wieder, die *hei-tiki*. Die für Maori-Bauten typische rotbraune Farbe, mit der das Holz gestrichen ist, gewinnen die Maori aus gebranntem, ockerhaltigem Lehm, der zu einem feinen Pulver zerstäubt und mit Öl vermischt wird.

Neben der typischen Form der *hei-tiki* weist der traditionelle Schmuck der Maori besonders Formen auf, die ihrem Alltag entstammen – stilisierte Fischerhaken zum Beispiel oder aus der Natur entlehnte Formen wie ein sich entrollender Farnwedel, den *koru*. Schmuck wird entweder aus Knochen wie etwa Moa- oder Walknochen und vor allem auch aus *pounamu*, neuseeländischem Jade, gefertigt. Der hell- bis dunkelgrüne Nephrit, aus dem auch Waffen hergestellt werden wie die *mere*, die Kampfkeulen, ist ein sehr begehrter Rohstoff, der vor allem von der Westküste der Südinsel stammt. Um zu diesen *greenstone*-Vorkommen zu gelangen, überqueren die Maori der Südinsel die Alpen auf etablierten Passrouten, und sie betreiben mit dem Stein einen regen Handel. *Greenstone* ist äußerst hart und daher nur mit großer Mühe zu bearbeiten.

Heute wird er maschinell mit Diamantschleifwerkzeugen behandelt; die Maori früherer Zeiten müssen ihn mühselig mit Sandstein schleifen, so dass das fertige Schmuckstück aufgrund der vielen investierten Arbeitsstunden sehr wertvoll ist. Ein anderer wichtiger Rohstoff für die Maori Aotearoas ist *harakeke* (Neuseeland-Flachs), dessen Blätter zum Decken von Hütten benutzt werden; die Blattfasern werden zur Herstellung von Kleidung und Körben verarbeitet. Die Kleidung hochrangiger Personen wird außerdem mit allen möglichen Federn geschmückt, wobei die mit Kiwi-Federn verzierten Umhänge der Häuptlinge das Nonplusultra der Maori-Mode darstellen.

Ein in klassischer Zeit weitverbreiteter Körperschmuck der Maori ist die Tätowierung. Je höher die Stellung und das Ansehen einer Person, desto aufwendiger ist auch das *moko* genannte Tätowierungsmuster des Gesichts mit den typischen Spiral- und Wellenmustern. Während bei den Häuptlingen, Priestern und Kriegern zumeist das gesamte Gesicht von der Tätowierung bedeckt ist, dürfen selbst hoch stehende Frauen nur am Kinn eine Tätowierung tragen.

Die Tätowierungen werden von einem speziell dafür ausgebildeten, hoch angesehenen Künstler oder Priester mit Schneidewerkzeugen aus Obsidian und Vogelknochen eingeritzt. Heute tragen nur noch wenige Maori traditionelle Tätowierungen. Allerdings gibt es in Museen mumifizierte Köpfe getöteter Krieger, die die Maori der kriegerischen klassischen Phase nach Kriegszügen mit nach Hause nehmen, um ihre Feinde auch nach deren Tod noch verspotten zu können. Diese tätowierten Köpfe sind im 19. Jahrhundert bei den Europäern begehrte Handels- und Ausstellungsobjekte.

Heute werden die Köpfe aus ethischen Gründen nicht mehr ausgestellt, und viele Maori fordern die Köpfe ihrer Vorfahren zurück, um sie mit den erforderlichen Riten angemessen bestatten zu können. Ansonsten kann man die traditio-

Maori-Skulpturen mit dem Sky City Tower in Auckland

nellen Körpertätowierungen – bei einigen Stämmen war es auch üblich, sich Gesäß und Hüften verzieren zu lassen – noch auf den Gemälden von Gottfried Lindauer und Charles Frederick Goldie bewundern, die gegen Ende des 19. und zu Beginn des 20. Jahrhunderts Maori mit *moko* porträtierten.

Dagegen kann man andere Zeugnisse des kriegerischen Teils der Maori-Tradition heute noch etwas häufiger finden, nämlich die reich mit Schnitzereien verzierten Kriegskanus, die *waka-taua*. Einige historische Exemplare finden sich in Museen, und es werden auch jetzt noch zuweilen zu besonderen Anlässen und für zeremonielle Zwecke solche beeindruckenden Gefährte gefertigt. Ursprünglich sind die Kriegskanus jedoch Ausdruck einer zu einem großen Teil auf das Wasser orientierten Kultur, bei der sich die Stammesüberlieferungen auf in Kanus angekommene Urahnen gründen und in der sich das Ansehen eines Stammes unter anderem in der Größe und Aufwendigkeit der Gestaltung solcher Kanus ausdrückt.

Die ersten Europäer

Was die in halbparadiesischer Abgeschiedenheit vom Rest der Welt lebenden Maori denken, als sie im Jahre 1642 vor der Küste des Landes die Schiffe unter dem Kom-

Bilder nächste Doppelseite
* **White Cliffs bei Tongaporutu. Nordinsel**
* **Lake Taupo, Schauplatz der gewaltigsten Eruption seit Christi Geburt. Nordinsel**
* **Sedimente bei Castle Point. Nordinsel**
* **Küstenlandschaft bei Tongaporutu**

terra magica

terra magica

terra magica

mando des Niederländers Abel Tasman erblicken, lässt sich nur schwer vorstellen. In diesem Augenblick stoßen hier zwei Welten aufeinander, die unterschiedlicher kaum sein können.

In den europäischen Köpfen spukt zu dieser Zeit schon seit geraumer Zeit die Vorstellung herum, dass es auf der Südhalbkugel einen riesigen Kontinent geben müsse, reich an natürlichen Schätzen, quasi als Gegengewicht zum Nordpol; bevölkert sei diese riesige Landmasse, die *terra australis*, von den Antipoden, den Gegenfüßlern. So ist auch Abel Tasman auf der Suche nach diesem sagenumwobenen Land, beauftragt von der niederländischen Ostindischen Kompanie, die kurz zuvor auf Java eine Niederlassung gegründet hat und von dort aus die Suche nach immer neuen Handelsmöglichkeiten vorantreibt.

So «entdeckt» Abel Tasman also auf seiner Entdeckungsfahrt zunächst das heutige Tasmanien und dann Neuseeland. Die Niederländer erblicken die Südinsel Neuseelands ungefähr auf der Höhe von Punakaiki und segeln dann an der Westküste entlang Richtung Norden, umschiffen in der Folge den Farewell Spit und ankern am 18. Dezember 1642 in der Bucht, die heute Golden Bay heißt. Vielleicht halten die Maori die fremden Gestalten mit ihren beiden riesigen Schiffen für Geister; jedenfalls nähern sich gegen Abend zwei Maori-Kanus der *Heemskerck* und der *Zeehaen*, um sie näher zu inspizieren, und die Maori benutzen rituelle Anrufungen und Muscheltrompetenstöße, mit denen sie normalerweise die Geister der Nacht vertreiben.

Die Niederländer antworten ihrerseits mit Rufen und Trompetenstößen, feuern dann aber eine Kanone ab, woraufhin die Maori wütend an Land zurückkehren. Am nächsten Tag alsbald statten die Maori den Schiffen wieder Besuche ab, kommen aber nicht an Bord, sondern greifen überraschend ein Beiboot an, das zwischen den beiden niederländischen Schiffen unterwegs ist, und töten dabei vier Seeleute. Daraufhin setzen die Niederländer, ohne an der von ihnen «Murderers' Bay» getauften Bucht an Land gegangen zu sein, Segel, um woanders nach geeigneten Ankerplätzen zu suchen. Sie segeln weiter an der Westküste der Nordinsel bis zu den Three Kings Islands hinauf, ohne jedoch irgendwo in Neuseeland Land betreten zu können.

Es sollte lange dauern, bis wieder europäische Schiffe vor Neuseelands Küsten auftauchen. In der Zwischenzeit werden jedoch durch wissenschaftliche und technische Neuerungen, die Entstehung wissenschaftlicher Gesellschaften wie der britischen Royal Society, deren Anliegen die Erweiterung des menschlichen Wissens ist, und durch die Einrichtung astronomischer Observatorien einige der Voraussetzungen für eine weitere Welle von Entdeckungsfahrten geschaffen.

Eingeleitet werden diese durch die Reise des englischen Kapitäns George Anson 1740 bis 1744. Neu ist auch, aufgrund der Beteiligung der Regierungen an den Forschungsfahrten Reiseberichte zu veröffentlichen, so dass die Ergebnisse dieser Reisen allgemein zugänglich sind und nicht mehr wie früher als geheim gelten. Neben dem Sammeln von wissenschaftlichen Informationen dienen die Fahrten natürlich auch weiterhin macht- und handelspolitischen Zielen.

Drei dieser Entdeckungsfahrten, durch Weiterentwicklungen beim Schiffsbau und bei der Navigation nun erheblich erleichtert, werden schließlich vom berühmten englischen Seefahrer und Entdecker James Cook unternommen, und alle drei Fahrten führen ihn auch nach Neuseeland. Für diese Fahrten erhält Cook jedesmal detaillierte Instruktionen, und es befinden sich verschiedene Wissenschaftler sowie Zeichner mit an Bord, um die vorgefundenen Informationen aufzunehmen. Wie sein Landsmann Wallis und der Franzose Bougainville vor ihm sucht auch Cook nach der *terra australis* sowie anderen Gebieten, die er für sein Land im Rahmen der kolonialen Expansion annektieren kann.

Bei der ersten Reise von 1768 bis 1771 umsegelt Cook mit der *Endeavour* Neuseeland, begleitet von den Naturkundlern Banks und Solander. Nach Cooks Umsegelung der beiden Hauptinseln, bei der er in verschiedenen Buchten ankert und Kontakt zu den einheimischen Maori hat und in deren Folge er eine recht genaue Karte erstellt, die anderen Seefahrern bei ihren Besuchen in Neuseeland helfen wird, ist Aotearoa nicht mehr das abgeschiedene Land am Ende der Welt, das es vorher gewesen ist. Es wird jetzt immer mehr in die Einflusssphäre der westlichen Mächte integriert. Wie zuvor bei Tasman ist Cooks Zusammentreffen mit den Maori oft von Misstrauen, Missverständnissen und Blutvergießen geprägt, aber auch von beiderseitiger Neugier, vom Austausch von Informationen und von Handel und Tausch.

Nach dieser ersten erfolgreichen Forschungsreise wird Cook von der britischen Admiralität erneut in den Südpazifik

Bilder rechts und nächste Doppelseite
• **Cave Creek bei Castle Hill. Die 400 m lange Höhle ist begehbar. Südinsel**
• **Regenwald in Hollyford Valley, Fjordland. Südinsel**
• **Regenurwald im Fjordland National Park**

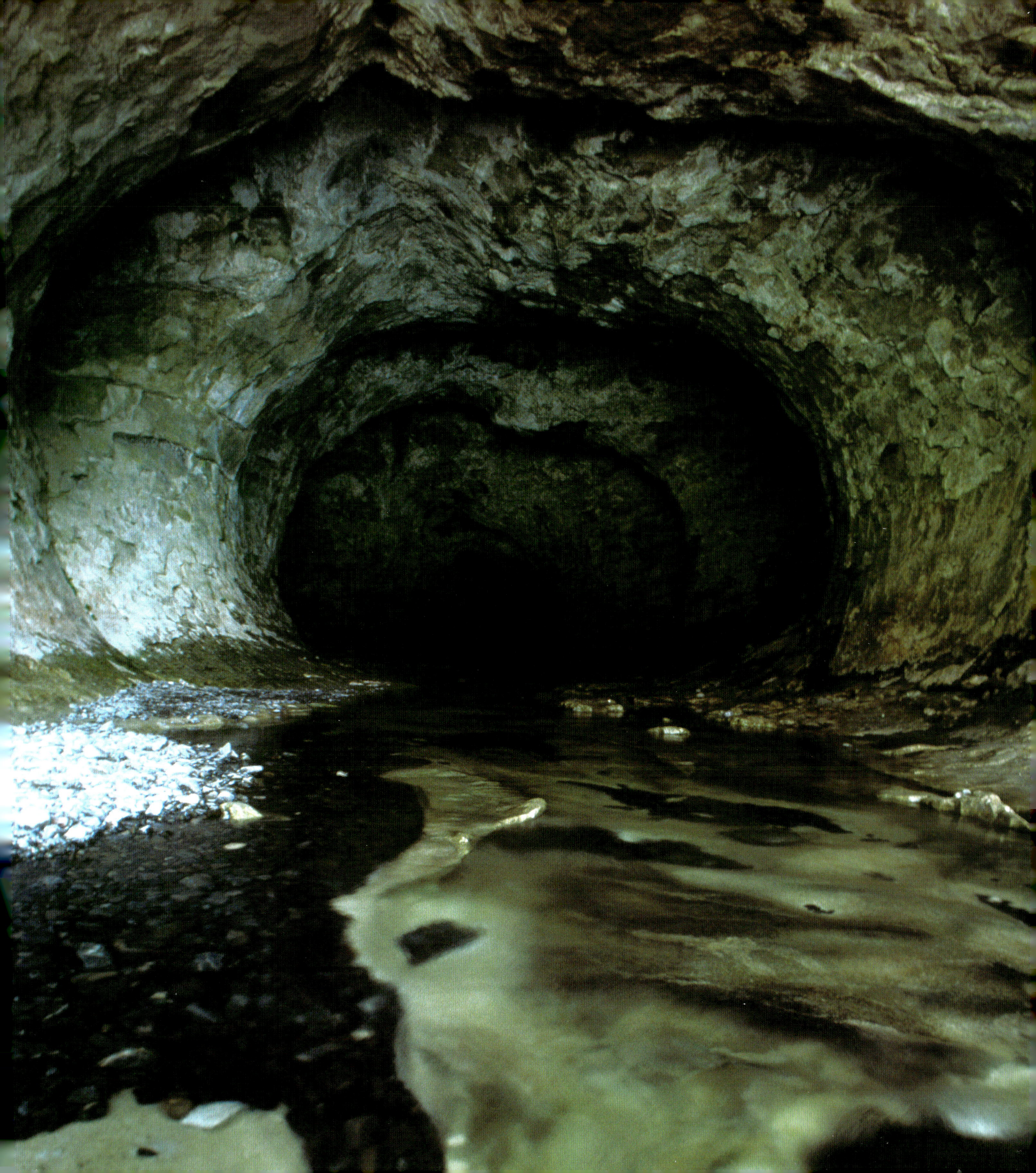

terra magica

terra magica

geschickt, dieses Mal unter anderem begleitet vom deutschen Naturforscher Johann Reinhold Forster und dessen Sohn Georg sowie dem englischen Landschaftsmaler William Hodges. Da man auf dieser Reise über Harrisons Chronometer verfügt, ist es nunmehr möglich, die Längengrade zu messen und somit genau zu navigieren und zu kartographieren.

Unter anderem unternimmt Cook auf seiner zweiten Reise mehrere Versuche, eine Passage durch das Packeis der Antarktis zu finden, wobei er zwar scheitert, jedoch die Legende von der *terra australis*, dem südlichen fabelhaft reichen Superkontinent, zerstören kann. Auf dieser zweiten, von 1772 bis 1775 dauernden Fahrt macht Cook auch wieder in Neuseeland Station, unter anderem im Dusky Sound im Fjordland und, wie auch schon bei seiner ersten Reise, im Queen Charlotte Sound in den Marlborough Sounds. Georg Forster verfasst einen langen Reisebericht, der zunächst auf Englisch und dann auch auf Deutsch veröffentlicht wird und besonders in Deutschland äußerst erfolgreich ist und eine sehr große Wirkung hat.

Auch auf seiner dritten Reise in den Südpazifik (1776 bis 1780) kommt Cook wieder in Neuseeland vorbei; bei einer Auseinandersetzung mit Einheimischen auf Hawaii wird er im Jahre 1779 getötet, so dass seine Mannschaft ohne ihn nach England zurückkehrt. Cook hinterlässt ein großes Vermächtnis und gilt heute als einer der größten Seefahrer und Entdecker aller Zeiten.

Als Folge dieser Forschungsreisen sind die Inseln des Südpazifiks stark im Bewusstsein der Europäer präsent. Dass dies für die Bewohner jener Inseln enorme Folgen haben würde, ist einigen der Entdecker schon bei ihrem ersten Kontakt mit den Einheimischen bewusst – nicht umsonst äußern sie zum Teil die Ansicht, dass es wohl für die scheinbar so friedlich und glücklich dahinlebenden Inselbewohner besser gewesen wäre, wenn sie nie einen Europäer gesehen hätten. Und auch für die Maori Neuseelands verändert sich das Dasein in den folgenden Jahrzehnten entscheidend und nicht unbedingt zu ihrem Vorteil.

Das Neuseeland des Jahres 1840, als der Vertrag von Waitangi geschlossen wird, sieht schon ganz anders aus als das Aotearoa des Jahres 1770, als James Cook die Ostküste der Nordinsel erreicht. Handel mit den Weißen, Musketen, neue Technologien, exotische Pflanzen und Tiere, neue Krankheiten und Religionen verändern die Welt der Maori tief greifend. Und außerdem sind auch die Maori auf einmal den äußerst rapiden und umfassenden Umwälzungen ausgesetzt, welche die von den Europäern und Nordamerikanern kontrollierte Welt besonders im 19. Jahrhundert prägen.

Bis zur europäischen Besiedlung Neuseelands ab 1840 werden die Inseln nur von einer kleinen Zahl von Weißen angesteuert; es handelt sich dabei zum einen um Walfänger, Robbenjäger und Kaufleute und zum anderen um Missionare. Walfänger errichten den neuseeländischen Küsten entlang Stationen, an denen sie Nahrungsmittel aufnehmen, ihre Schiffe reparieren und die Beute für den Transport vorverarbeiten. Zum größten Teil stammen diese Walfänger aus Nordamerika, zum Teil aber auch aus Europa; nach 1836 unter anderem auch aus Bremen, wo es zu dieser Zeit eine «Südsee-Fischerei-Compagnie» gibt.

1838 bringt das bremische Walfangschiff *Virginia* übrigens zwei Maori als Seeleute mit nach Bremen; der eine von diesen kehrt bald wieder nach Neuseeland zurück, während der andere bleibt und christlich getauft wird, und zwar auf den vielsagenden Namen Gottlieb Carl Neumann; allerdings stirbt er einen Monat nach seiner Taufe.

Auch Kaufleute zieht es an die Küsten Neuseelands, um mit den Maori zu handeln. Bei den Maori sind besonders die europäischen Feuerwaffen begehrt, die Musketen, die den einzelnen Stämmen und Unterstämmen nun dabei helfen, größer angelegte Vergeltungszüge gegen andere Stämme zu unternehmen. Es kommt in dieser Phase zu ausgedehnten Stammeskriegen, den so genannten *Musket Wars*. Für die Waffen bezahlen die Maori mit Lebensmitteln und auch, da es sich bei den sich in Neuseeland aufhaltenden Europäern fast ausschließlich um Männer handelt, mit Sex.

Das europäische Zentrum Neuseelands ist bis 1840 der Ort Kororareka in der Bay of Islands, das heutige Russell, das von Zeitgenossen immer wieder als ein einziges Sündenbabel beschrieben wird. Von wirtschaftlichem Interesse sind für die Weißen auf dem Festland vor allem Holz und neuseeländischer Flachs. Auf der anderen Seite sind die Maori aber nicht nur an den europäischen Waffen interessiert, sondern überhaupt an allem Neuen, das ihnen den Alltag erleichtert. Da beide Seiten von den Kontakten miteinander profitieren, ist das Verhältnis zwischen Maori und Pakeha, den Weißen, in

Bilder rechts und nächste Doppelseite
• **Algen in einem warmen Kratersee am Fuße des Rainbow Mountain. Nordinsel**
• **Küstenszene entlang des White-Cliffs-Wanderweges (nur bei Ebbe begehbar), North Taranaki Bight. Nordinsel**

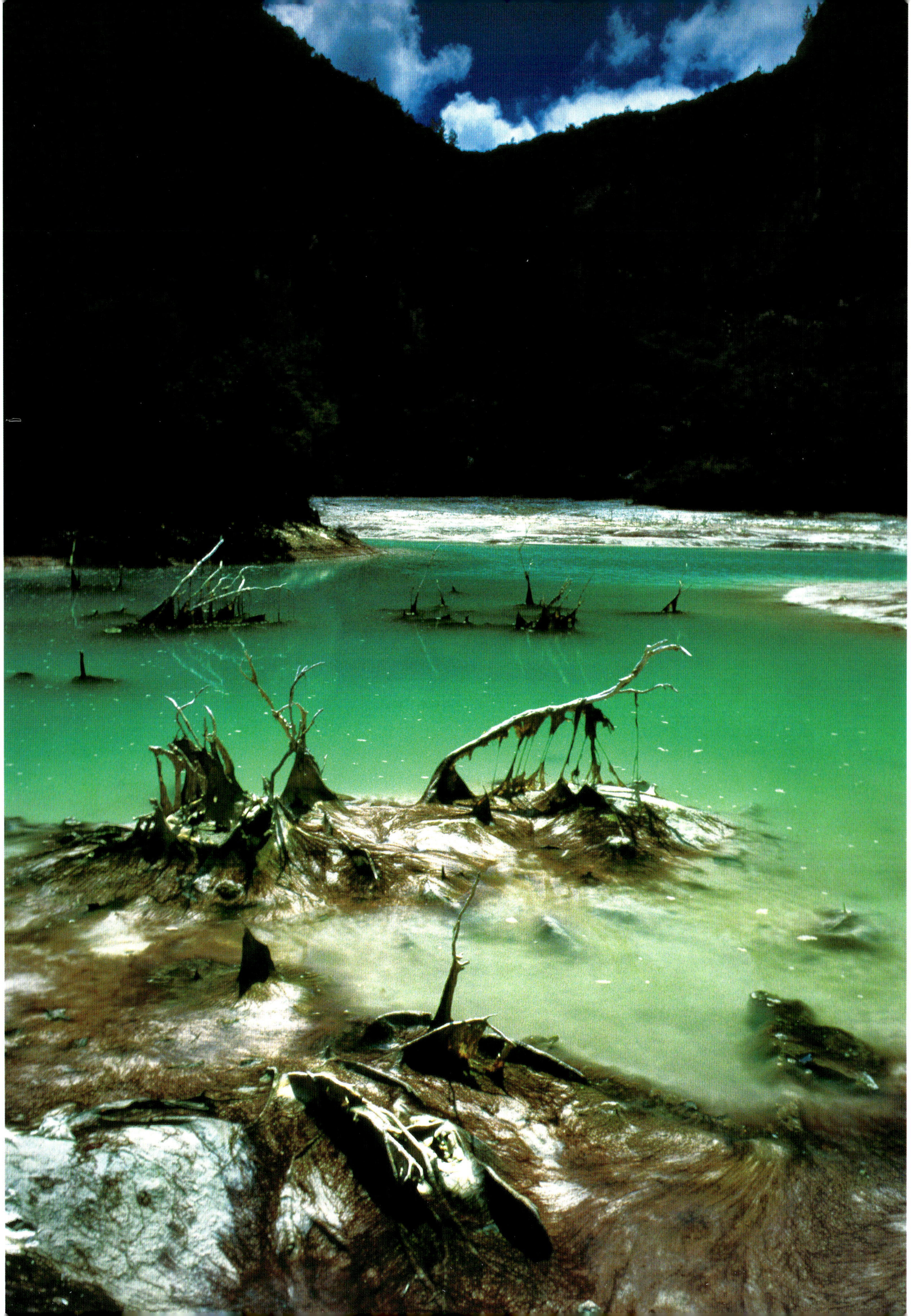

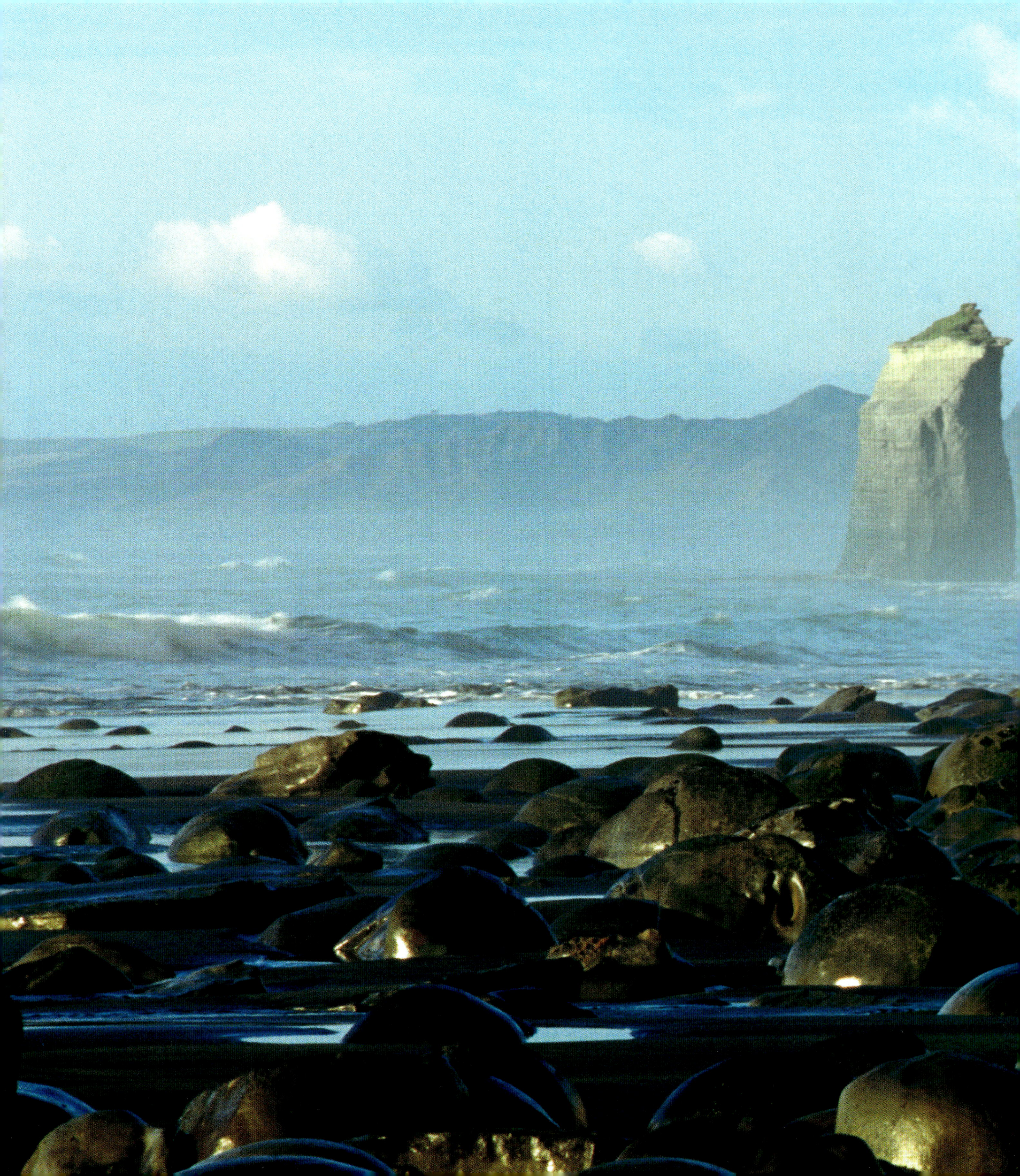

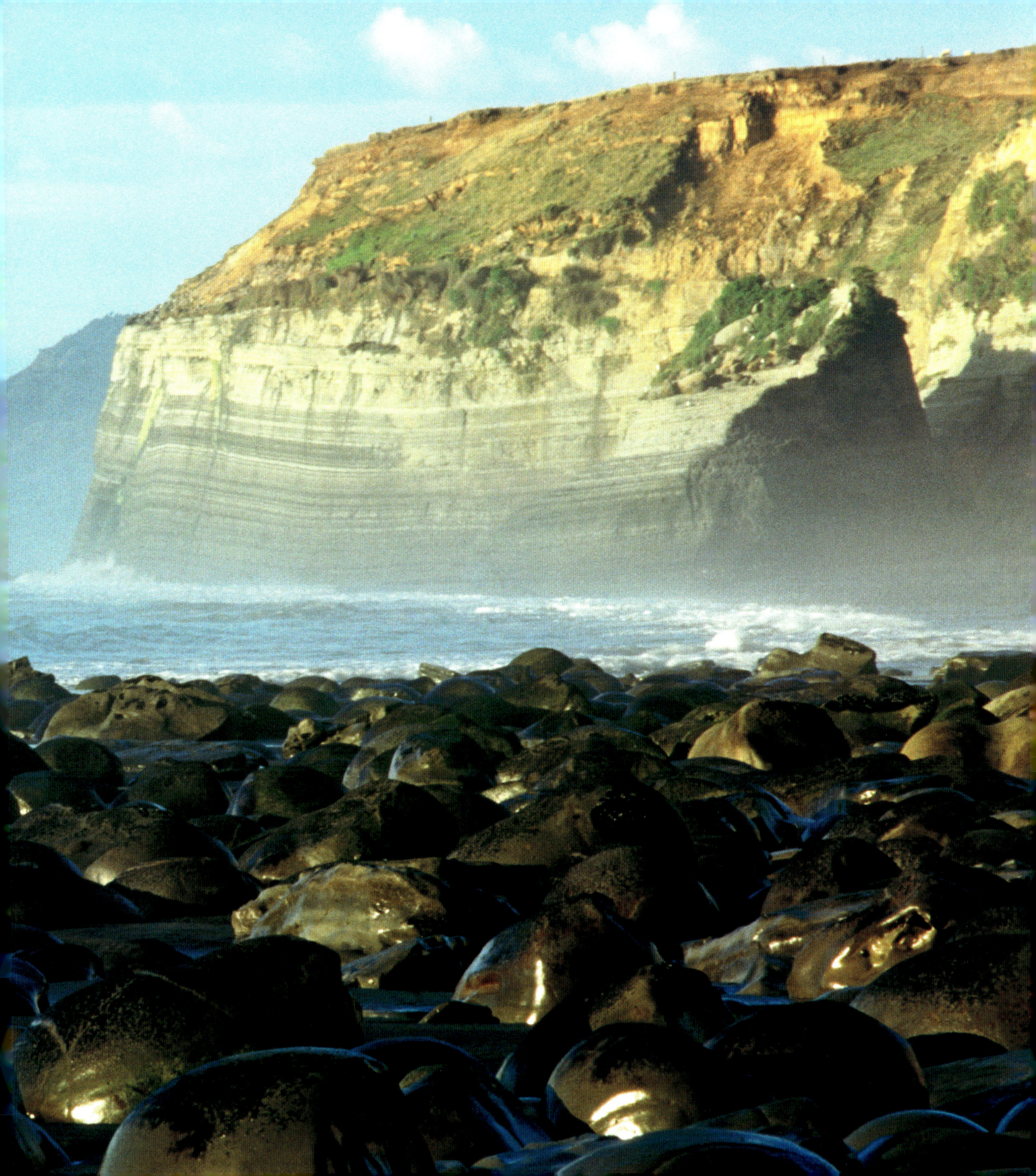

dieser Phase größtenteils recht friedfertig; jedoch kommt es zeitweise bereits zu gewalttätigen Auseinandersetzungen.

Eine ganz andere Absicht als die Walfänger und Pelzjäger verfolgen die Missionare, die nach Samuel Marsden, der 1814 an der Bay of Islands eine anglikanische Missionsstation errichtet, ins Land kommen. Sie wollen die eingeborenen Heiden selbstverständlich christianisieren, sie aber andererseits auch vor den negativen Auswüchsen der europäischen Zivilisation, die den Maori in der Form von Seeleuten, Walfängern und aus Australien entflohenen Strafgefangenen begegnen, schützen.

Die Südsee-Insulaner gelten in vielen Kreisen Europas als «edle Wilde», die noch näher an ihrem unschuldigen natürlichen Zustand sind als die durch die Zivilisation verdorbenen Europäer. Im Anfang sind es dann auch großenteils die Missionare wie etwa William Colenso, die das Land, zunächst die Nordinsel, mit Hilfe einheimischer Führer «erforschen». Die Christianisierung der Maori macht schnelle Fortschritte. Dabei entstehen im Verlauf der Zeit zum Teil ganz eigene Mischformen aus christlichen und Maori-Glaubenssätzen wie zum Beispiel die Ringatu Church des Maori-Guerilleros Te Kooti und im 20. Jahrhundert die Ratana Church; Sekten, die häufig von so genannten Propheten angeführt werden.

Manche Maori-Stämme sehen sich selbst im Zuge der Berührung mit dem Alten Testament auch als einen der verlorenen Stämme Israels. Die recht positive Aufnahme der christlichen Missionare durch die Maori erklärt sich unter anderem dadurch, dass die Maori die Missionare als Personen ansehen, die ihnen bei der Vermittlung oder Beschaffung europäischer Errungenschaften wie neuen Ackerbaumethoden, Medizin (unter anderem gegen neu eingeschleppte Krankheiten) oder beim Erlernen des Lesens und Schreibens und später beim Schutz gegen die Landansprüche der europäischen Siedler zur Seite stehen.

Vom Zeitpunkt an, da alle Maori-Stämme gleichermaßen mit Waffen ausgerüstet sind und der Besitz von Feuerwaffen nicht mehr den enormen Vorteil darstellt, den er zu Beginn der Kontakte mit den Weißen einzelnen Stämmen verschaffte, die Maori also nicht mehr auf den Handel mit den Fremden angewiesen sind und gleichzeitig Siedler ins Land kommen, die es auf ihr Land abgesehen haben, verändert sich das Verhältnis zwischen Maori und Pakeha grundlegend zum Schlechteren.

Dabei entstehen durch die unterschiedlichen Auffassungen von Landbesitz Missverständnisse, die dann auch zu gewalttätigen Auseinandersetzungen zwischen Maori und Pakeha führen. Während die Maori die europäische Bedeutung des Verkaufs von Land nicht verstehen, kennen die Europäer das komplizierte System der Landverteilung und -nutzung der Maori nicht, wo zum Beispiel Land, das gerade nicht genutzt wird, nicht unbedingt als «leer» anzusehen ist, als Land, auf dem man einfach siedeln kann.

Aus Aotearoa wird Neuseeland

Im Jahrzehnt vor 1840 gelangen immer mehr Berichte nach England, in denen die Situation in Neuseeland in den düstersten Farben gemalt wird. Es wird berichtet, dass allgemeine Anarchie herrsche und die Maori-Bevölkerung aufgrund ihrer Versorgung mit Waffen und ihrer Kontakte mit den niedrigsten Elementen der westlichen Zivilisation im Schwinden begriffen sei und sie außerdem immer mehr ihres Landes beraubt würde. Daraufhin entschließt sich die britische Regierung zum Schutz der britischen Untertanen in Neuseeland und der Maori zur Annexion der Inseln. Im Februar 1840 wird zwischen der Krone und einer großen Zahl von Maori-Häuptlingen, jedoch nicht allen, der Vertrag von Waitangi geschlossen, der heute als das Gründungsdokument der neuseeländischen Nation gilt.

Mit diesem Vertrag geben die Maori ihre Souveränität auf, und die Krone sichert ihnen im Gegenzug ihre Beschützung und den Schutz ihrer Rechte zu. So ist auch der Besitz der Maori an ihrem Land gewährleistet; für den Fall jedoch, dass die Maori Land verkaufen möchten, erhält die Krone das Vorkaufsrecht auf alles in der Kolonie zu veräußernde Land – eine Klausel, die in der Folgezeit immer häufiger einfach ignoriert wird. Aufgrund der Probleme mit der Übertragung von europäischen Begriffen wie «Souveränität» und den damit verbundenen Vorstellungen in die Sprache und Kultur der Maori ist aber nicht klar, ob beide Parteien inhaltlich wirklich denselben Vertrag unterschreiben und ob die Maori wirklich wissen, was sie aufgeben.

Es wird zu diesem Zeitpunkt auch immer deutlicher, dass nicht nur einzelne Siedler großes Interesse an neuseeländischem Boden haben. Reformistische Kräfte in England möchten gegen Ende der 1830er Jahre in Neuseeland Modellkolonien gründen, in denen sich die englische Gesellschaft, jedoch ohne ihre schlechten Seiten, widerspiegelt. Neuseeland soll also zu einem eigentlichen Idyll, zu einem «Britannien im

Maori an einer Darbietung für Besucher in Rotorua. Nordinsel

Südpazifik», werden. Dazu wird 1838 die New Zealand Company gegründet, die ein Schiff, die *Tory*, ausrüstet und nach Neuseeland schickt, um dort Land zu erwerben. Jedoch ist vorher schon der Beschluss gefallen, Neuseeland zu annektieren, so dass die Landkäufe der New Zealand Company ungültig sind und die etwas später ankommenden Siedler erst einmal mit leeren Händen dastehen. Jedoch ist 1840 schon klar, dass die Zukunft Neuseelands vom Handel mit Land geprägt sein wird.

Mit dem Jahr 1840 beginnt somit auch die eigentliche planmäßige europäische Besiedlung Neuseelands. In den Jahren zwischen 1840 und 1860 bilden sich die Siedlungs- und Landnutzungsmuster heraus, die in großen Teilen auch heute noch gültig sind. Zum einen ist das die Ausbildung der städtischen Zentren des Landes, Auckland, Wellington, Dunedin und Christchurch. Zum anderen ist es die Rodung der einheimischen Wälder zur Nutzung großer Teile des Landes als Weideland für Schafe.

Die Neuseeland tief prägenden Umwälzungen dieser Zeit wie auch der folgenden Jahrzehnte finden vor dem Hintergrund einer sich rasch verändernden Welt statt. Verbesserungen beim Transportwesen, besonders bei der Schifffahrt, bei der Kommunikationstechnik, die Entstehung großer Nachfrage nach bestimmten Gütern aufgrund des die Industrialisierung begleitenden Bevölkerungswachstums in den westeuropäischen Industrieländern, gleichzeitig stark ansteigende Auswanderung als Reaktion auf den Bevölkerungsdruck und den Mangel an Land, die Entstehung eines Weltmarktes, der Handel mit anderen Kolonien, die Verfügbarkeit von Kapital, das profitabel investiert werden soll – all das prägt auch die Entwicklung von Neuseeland im 19. Jahrhundert.

Und in dieser immer technisierteren und rationelleren Welt gibt es in Europa gleichzeitig als Gegenbewegung die Kolonisationsromantiker, die ein Zurück zum einfachen, quasi vorindustriellen Leben wollen. Ihnen bieten sich die neuen Siedlungsländer wie Australien und Neuseeland geradezu für solche kolonialen Experimente an. Die wichtigste Figur hinter diesen Siedlungsplänen ist Edward Gibbon Wakefield: Sechs der sieben frühen europäischen Ansiedlungen in Neuseeland – Wellington, New Plymouth, Wanganui, Nelson, Canterbury mit Christchurch und Otago mit Dunedin – entstehen zwischen 1840 und 1850 nach seinem Programm der systematischen Kolonisation.

Vor dem Hintergrund der seiner Meinung nach abschreckenden, chaotischen Zustände bei der Besiedlung Nordamerikas und auch von Teilen Australiens entwickelt Wakefield ein System, das mit Hilfe eines hohen Landpreises als steuerndes Element auch wohlhabendere Briten zum Auswandern bewegen soll. Zudem soll es verhindern, dass die ärmeren Auswanderer gleich Land bekommen und sich wild über die Weiten des Landes verteilen, was dessen effiziente Verwaltung erheblich erschwert. Stattdessen sollen diese zunächst auf den Ländereien der Reicheren arbeiten und so zu einer geordneteren Entwicklung der kolonialen Siedlungen beitragen.

Die durch den Landverkauf erwirtschafteten Gewinne sollen dann von der Company dazu benutzt werden, neue Einwanderer ins Land zu bringen und Schulen, Kirchen und Kultureinrichtungen zu bauen. Jedoch lassen sich Wakefields Pläne in der neuseeländischen Realität nicht in die Tat umsetzen. Aufgrund der Annektierung Neuseelands als britische Kolonie gibt es große Probleme mit den Landkäufen, und außerdem behalten die Maori fruchtbares Land für sich selbst. Die wohlhabenderen Briten sehen keinen Grund zum Auswandern, sondern spekulieren von Großbritannien aus mit kolonialem Land und schicken höchstens einen unbotmäßigen Sohn in die entfernte Kolonie. Außerdem produzieren die von Landmangel geplagten Ansiedlungen in Wellington, New Plymouth, Wanganui und Nelson eigentlich keine landwirtschaftlichen Produkte, die exportiert werden können und die Ansiedlungen finanziell am Leben halten. So kommt die New Zealand Company, nachdem sie Tausende von Einwanderern ins Land gebracht hat, schnell in finanzielle Bedrängnis und löst sich schließlich 1858 auf.

In Canterbury und Otago an der Ostküste der Südinsel, 1850 und 1848 von der anglikanischen Kirche beziehungsweise der schottischen Freikirche mit zumindest theoretisch exklusiver Ausrichtung auf die jeweilige Glaubensrichtung gegründet, gibt es zwar genug Land, da diese Landstriche von den Maori nur sehr dünn besiedelt sind. Doch wird dieses Land nicht als teures Ackerland benutzt, sondern als Weideland für riesige Schaffarmen, so genannte *runs*, die von begüterteren englischen Siedlern und australischen Schafzüchtern billig von der Regierung gepachtet werden. Allerdings erhalten diese beiden Ansiedlungen durch ihre Ausrichtung auf die Wollproduktion eine solidere wirtschaftliche Basis.

Canterbury ist auch aufgrund kompetenter hier agierender Führungspersönlichkeiten wie J. R. Godley die erfolgreichste Ansiedlung in der Frühphase der Geschichte Neuseelands als britische Kolonie. Obwohl die geplanten Siedlungen ihre ideologischen und pastoral-utopischen Zielsetzungen nicht erfüllen können, bringen die New Zealand Company und ihre Ableger, die Canterbury und die Otago Association, bis 1853 etwa 15 000 zumeist sorgsam ausgesuchte Einwanderer ins Land und legen damit den Grundstock für das weitere Wachstum der Kolonie. Neben den geplanten Ansiedlungen etabliert sich als weiteres Zentrum des Landes Auckland, die Hauptstadt Neuseelands bis 1865 sowie das Handelszentrum der Kolonie.

Das Gesicht des Landes verändert sich vielerorts infolge dieser Ansiedlungen und der Ankunft immer weiterer Einwanderer schnell. Nur das Zentrum der Nordinsel, das Kernland der Maori, bleibt für einige Zeit dem Zugriff der Weißen entzogen. Unterhändler der Regierung kaufen den Maori nach

Bilder rechts und nächste Doppelseite
- **Malerisches im Matukituki Valley an der Ostflanke des Mt. Aspiring. Südinsel**
- **Zungen in der Olivine Range, Mt. Aspiring National Park**
- **Gebirgskulisse im Mt. Aspiring National Park**

terra magica

terra magica

terra magica

und nach die gesamte Südinsel ab; das offene Tussock-Grasland eignet sich hervorragend als Weideland für die aus Australien eingeführten Merinoschafe. Die Pächter verdienen sich mit dem Wollexport nach England eine goldene Nase und können ihre riesigen Ländereien bald käuflich erwerben; dadurch entsteht besonders auf der Südinsel eine Scheinaristokratie, die auch politisch eine wichtige Rolle spielt.

Auf der Nordinsel, auf der zwischen 1840 und 1860 95 Prozent der Maori leben, sieht das Bild ganz anders aus. Das Landesinnere ist unwegsam und unerforscht, und es sind nur die wenigen offenen Flächen, die von den Schafzüchtern mit Beschlag belegt werden können. Allerdings zieht es viele Maori von ihren traditionellen Siedlungsräumen im Landesinnern an die Küsten, wo die Weißen vorwiegend siedeln, um sich am Wirtschaftsleben der Europäer zu beteiligen. Sie arbeiten und siedeln zum Beispiel in ungesunden Sumpfgebieten, um neuseeländischen Flachs zu ernten, ein begehrtes Rohmaterial für Schiffstaue.

In dieser Periode kommt es bei den Maori zu einem dramatischen Bevölkerungsrückgang, so dass es gemäß der Volkszählung von 1858 zum ersten Mal mehr Europäer als Maori im Land gibt; knapp 60 000 Weißen stehen etwa 56 000 Maori gegenüber (1845: etwa 100 000 Maori und etwa 12 000 Europäer). Danach verändert sich das Zahlenverhältnis zwischen Maori und Nicht-Maori immer weiter zu Ungunsten der Ureinwohner, da verstärkte und zum Teil amtlich geförderte Einwanderung sowie der Goldrausch auf der Südinsel ab 1861 zu einem starken Wachstum der weißen Bevölkerung Neuseelands führen. Besonders die Siedler auf der Nordinsel drängen die Regierung immer stärker, sie mit Land zu versorgen, den Maori also mehr Land abzukaufen. Dabei übersehen die Weißen aber, dass selbst Land, das in europäischen Augen ungenutzt erscheint, im kollektiven System der Landnutzung, der Beschaffung von Nahrung durch Jagen und Sammeln, der sozialen Struktur und der Glaubenssätze der Maori, nach denen bestimmte Landstriche mit einem *tapu* belegt sein können oder von besonderer spiritueller Bedeutung sind, nicht «leer» sind.

Bilder rechts und nächste Doppelseite
- **Maruia Falls. Südinsel**
- **Die heißen Quellen und Sinterterrassen von Orakei Korako. Nordinsel**
- **Der Geysir Pohutu auf dem Whakarewarewa-Quellenfeld bei Rotorua. Nordinsel**

terra magica

terra magica

terra magica

Obwohl einige Maori aus verschiedensten Gründen mehr oder weniger bereitwillig Land veräußern, kommt es doch zu immer größeren Widerständen seitens der Ureinwohner. Dies führt dann schließlich zu den Land Wars der sechziger Jahre des 19. Jahrhunderts, die mit der Niederlage der Maori enden; als Bestrafung wird weiteres Land von der Regierung konfisziert. Somit fallen auch die letzten Bastionen der Maori, und große Teile der ausgedehnten Regenwälder der Nordinsel fallen der Rodung zum Opfer, um Platz für die land- und weidewirtschaftliche Nutzung zu machen.

In der zweiten Hälfte des 19. Jahrhunderts etablieren sich die Provinzen Canterbury und Otago als die wirtschaftlich wichtigsten Gebiete der Kolonie; infolgedessen wird 1865 auch der Regierungssitz des Landes weiter nach Süden verlegt, nach Wellington. Die Jahrzehnte ab etwa 1870 sind weltweit von Rezessionswellen geprägt, von denen auch Neuseeland nicht verschont bleibt. Besonders der Verfall der Wollpreise macht der jungen Kolonie ab Ende der siebziger Jahre schwer zu schaffen.

Die Regierung des Landes, angetrieben von ihrem Schatzmeister Julius Vogel, hat zuvor in England riesige Kredite aufgenommen, um die Erschließung des Landes durch Straßen- und Brückenbau zu forcieren sowie die Einwanderung anzukurbeln. Bei Kapitalanlegern ist in dieser Zeit das Investieren in den Eisenbahnbau beliebt, wovon auch Neuseeland profitiert. Andere wichtige technische Neuerungen sind die Anbindung des Landes an das weltweite Telegrafennetz, das unter anderem einen effizienteren Handel und schnelleres Reagieren auf Markterfordernisse ermöglicht, und vor allem die mechanische Kühlung, die für den neuseeländischen Exporthandel von größter Bedeutung wird.

Bilder (Nordinsel) rechts und nächste beiden Doppelseiten
• Der Kratersee auf dem Gipfel des Mt. Ruapehu (2 797 m), dessen explosiven Eruptionen gefürchtet sind. Die daraus resultierenden Lahars richten immer wieder Zerstörungen an
• Versinterungen und mineralische Ablagerungen (Antimon) am Rande der riesigen heißen Quelle Champagne Pool, Waiotapu
• Nochmals, aber in anderer Perspektive: Pohutu-Geysir mit Schwefelablagerungen
• Mineralische Sedimente bei heißer Quelle
• Blubbernde Trichter in einer Solfatare
• Im Krater von White Island
• Heftige Fumarolen-Aktivität und ein jüngst entstandener Säuresee im Krater von White Island (östlich der Nordinsel)

terra magica

terra magica

terra magica

terra magica

terra magica

terra magica

1882 geht das erste mit mechanischer Kühlung ausgerüstete Schiff, die *Dunedin*, mit einer Ladung tiefgefrorenen Hammel- und Lammfleisches von Neuseeland nach London ab, und nach 1890 werden Molkereiprodukte und Schaffleisch zu Hauptexportartikeln der neuseeländischen Wirtschaft. Im Zeichen des Profits verändert sich das Land denn auch immer weiter. Große Gebiete mit Urwald und heimischen Gräsern werden gerodet beziehungsweise abgebrannt, um Platz für eine Landwirtschaft zu schaffen, die nur so wirklich profitabel wird, da es nun möglich ist, leicht verderbliche Waren über weite Entfernungen zu transportieren.

Das weiße Neuseeland – Land der Schafe und Reformen

Zwischen Dezember 1858 und März 1886 wächst die nicht eingeborene Bevölkerung Neuseelands um das Zehnfache auf knapp 580 000, während die Zahl der Maori weiter auf den Tiefpunkt von knapp 42 000 fällt, so dass die Ureinwohner 1886 nur noch rund sieben Prozent der Bevölkerung ausmachen. Die Geschichte Neuseelands ist von nun an hauptsächlich die Geschichte des weißen Neuseelands. Hier tut sich das Land ab Ende des 19. Jahrhunderts als soziale Innovations- und Experimentierküche hervor. Es werden die Grundlagen für den Wohlfahrtsstaat gelegt, der ein Grundmuster der neuseeländischen Gesellschaft bis zum Beginn der neokonservativen Reformen der achtziger und neunziger Jahre des vorigen Jahrhunderts bleiben soll.

Am Ende der achtziger Jahre rücken auf der politischen Bühne des Landes mehrere neue Akteure ins Rampenlicht: die Gewerkschaften, die Liberale Partei und die Streiterinnen für das Frauenwahlrecht. Die Gewerkschaften verzeichnen in den Jahren vor 1890, die immer noch durch die Depression gekennzeichnet sind, einen dramatischen Mitgliederzuwachs und machen ihrem Unmut über die Arbeitsbedingungen in den *sweatshops* der Textilindustrie sowie im Kohlenbergbau und in den Häfen zum Teil mit Streiks Luft.

Die Liberale Partei macht sich unter anderem für den Bruch des Monopols der großen Landbesitzer stark und ge-

Bilder rechts und nächste Doppelseite
• **Lichtspiel über dem Lake Wanaka. Südinsel**
• **Vulkanlandschaft im nördlichen Teil des Tongariro National Park. Nordinsel**

terra magica

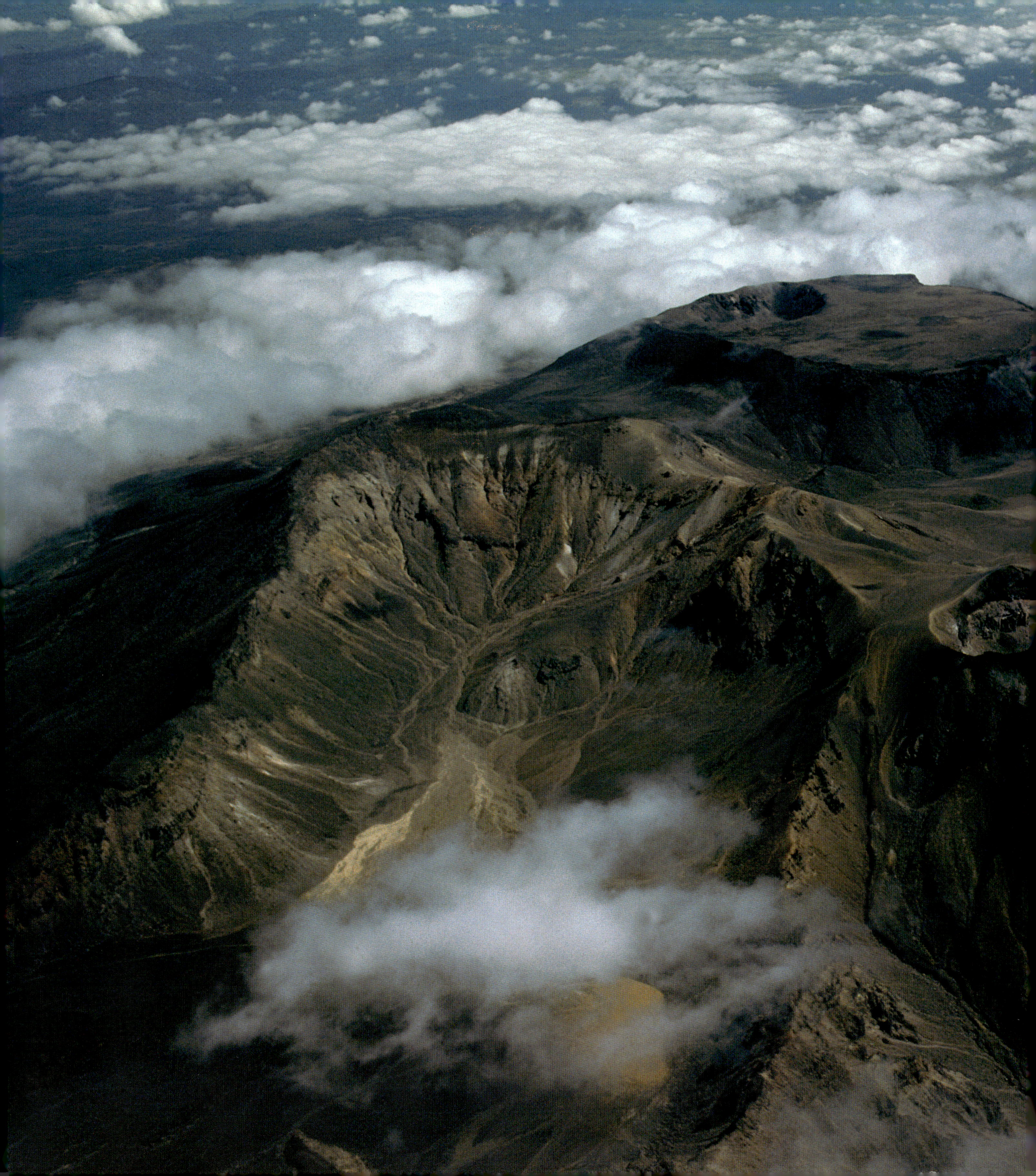

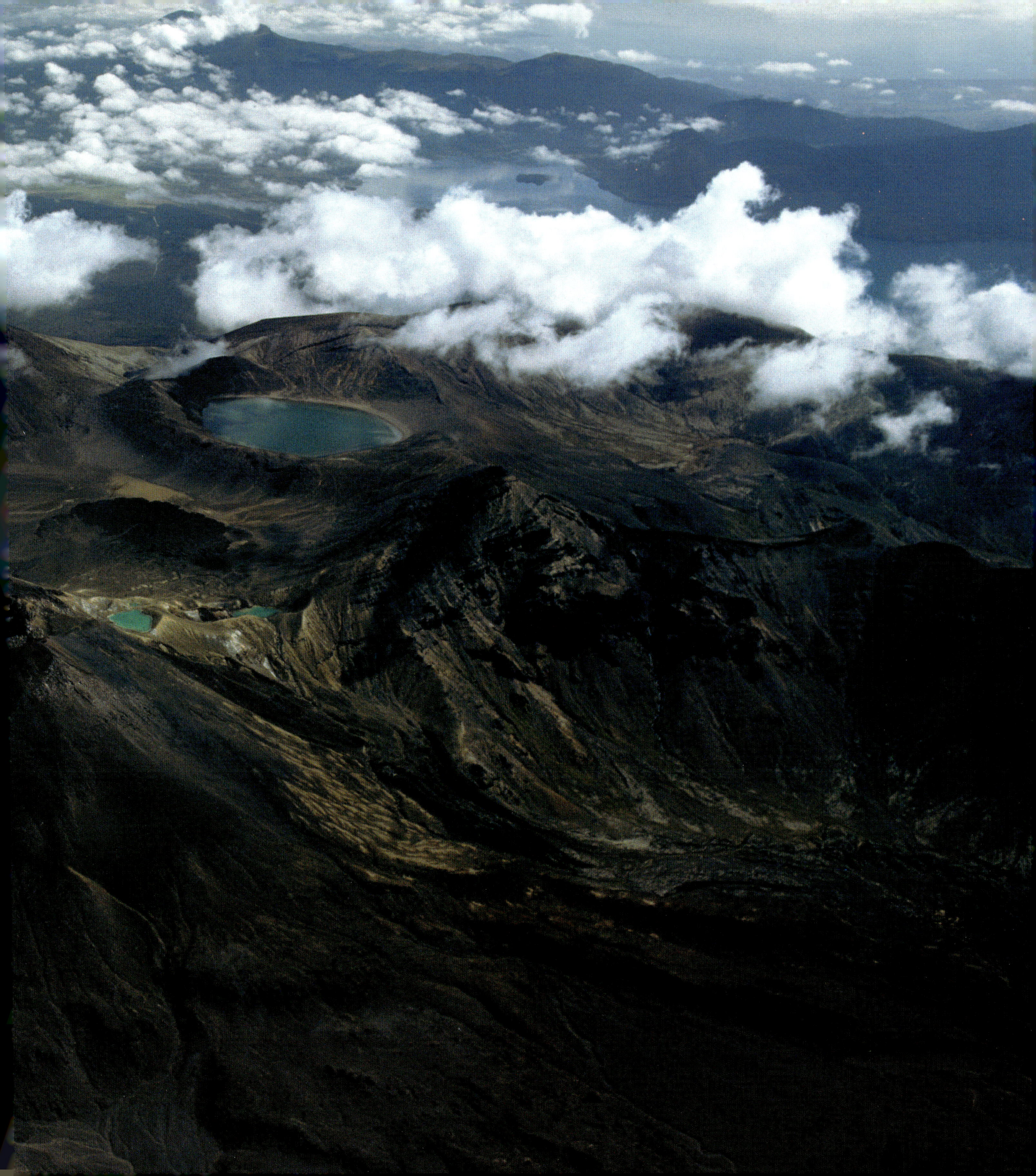

langt nach den Wahlen des Jahres 1890 an die Regierung. Die Frauen fühlen sich von einem Parlament der Männer nicht repräsentiert; die Frauenwahlrechtsbewegung wird von der Abstinenzlerbewegung, der Women's Christian Temperance Union, organisiert, die den kolonialen Sündenpfuhl trocken legen will. Die Frauen sind der Ansicht, dass es ihrer im Parlament bedürfe, um die Trunksucht der Männer endlich zu stoppen und überhaupt die Gesellschaft von allerlei Übeln zu befreien.

Schließlich gewinnen die Frauen unter der Führung von Kate Sheppard durch eine breit angelegte Kampagne das Wahlrecht und können 1893 zum ersten Mal an den allgemeinen Wahlen teilnehmen, was vorher nur im US-Bundesstaat Wyoming möglich gewesen ist. Gleichzeitig spielen von nun an die Belange der Frauen eine größere Rolle in Politik und Gesellschaft. Im Jahre 1893 kommt es außerdem zu einer Landrechtsreform, in deren Folge das Landmonopol der großen Landbesitzer und Schafzüchter gebrochen wird und immer mehr Kleinbauern eigenes Land bewirtschaften können. Auf dem Gebiet der Arbeitnehmerschutzgesetzgebung leistet Neuseeland mit dem «Industrial Conciliation and Arbitration Act» von 1894 Pionierarbeit.

Durch dieses Gesetz wird ein Rahmen geschaffen, in dem die Regierung alle Konflikte zwischen Arbeitgebern und Arbeitnehmern einschließlich Tarifkonflikte durch Vermittlungsausschüsse beilegen kann. Es entwickelt sich ein System von zentral getroffenen, landesweit geltenden Übereinkünften auf Berufsgruppenbasis. Außerdem führt die liberale Regierung unter dem Nachfolger von John Ballance, Richard Seddon, der von 1893 bis 1906 neuseeländischer Premierminister ist, eine staatliche Grundrente für mittellose Personen ein. Später, Ende der dreißiger Jahre des 20. Jahrhunderts, kommen dann unter der Labour-Regierung noch die gesetzliche Krankenversicherung und die staatliche Gesundheitsfürsorge dazu.

Nach 1890 lebt Neuseeland bis eigentlich in die jüngste Vergangenheit hinein, von phasenweisen Einbrüchen abgese-

Bilder (Südinsel) rechts und nächste Doppelseite
- **Mt. Cook (3 754 m), höchster Berg der neuseeländischen Alpen**
- **Gebeutelte Windbrecher bei Slope Point am südlichsten Punkt der Südinsel**
- **Geröllbänke am Buller River**
- **Erosionshalden östlich des Arthur's Pass**
- **Die Agrarlandschaft des McKenzie Basin**

terra magica

81

terra magica

terra magica

82

terra magica

hen, gut vom Export seiner landwirtschaftlichen Produkte. Zuweilen ist es, am Pro-Kopf-Einkommen gemessen, sogar eines der reichsten Länder der Erde. Dabei spielt die besondere Beziehung zum Mutterland Großbritannien natürlich eine große Rolle. Hier ist der Hauptmarkt für die neuseeländischen Exporte, auf dem die Abnahme der Güter wie in bestimmten Zeiten auch die Preise garantiert sind. Schon 1856 erhält die junge Kolonie vom Mutterland das Recht auf eine eigenständige innere Verwaltung; 1907 wird das Land ein *Dominion*, wodurch der Status als Kolonie beendet wird. Formell unabhängig wird Neuseeland dann 1947. Staatsoberhaupt ist nach wie vor Großbritanniens König oder Königin.

Die enge Anbindung an das Mutterland führt auch dazu, dass Neuseeland in den beiden Weltkriegen wie auch im Burenkrieg von 1899 bis 1902 Großbritannien mit Truppen unterstützt, die zum Teil große Verluste hinnehmen müssen. Das Andenken an die kämpfenden Verbände besonders der beiden Weltkriege wird auch heute noch von den Veteranen und ihren Verbänden wach gehalten, besonders am *ANZAC Day*, dem 25. April, an dem der Landung des «Australian and New Zealand Army Corps» auf Gallipoli im Jahre 1915 gedacht wird. Nach dem Zweiten Weltkrieg und der Erfahrung einer befürchteten japanischen Invasion schließt Neuseeland neue Bündnisse im Pazifikraum, etwa den ANZUS-Pakt mit Australien und den USA. Auch am Koreakrieg und am Vietnamkrieg nehmen neuseeländische Truppen teil.

Die Periode nach dem Zweiten Weltkrieg ist eine der reichsten wirtschaftlichen Blütezeiten in der Geschichte Neuseelands, gestützt auf den Export seiner landwirtschaftlichen Produkte. Es werden jedoch auch mehr und mehr eigene Industriegüter produziert, die Forstwirtschaft expandiert durch den Anbau exotischer Nutzhölzer, besonders der hier sehr schnell wachsenden Monterey-Kiefer, und der Tourismus wird immer weiter ausgebaut, bis er schließlich zu dem zentralen Wirtschaftsfaktor wird, den er heute darstellt. Auf dem Reichtum des Landes gedeiht eine wohlfahrtsstaatliche Kultur, um die das Land weltweit beneidet wird.

Jedoch ist auch in Neuseeland dieser Zustand der ökonomischen Glückseligkeit nicht von unbegrenzter Dauer. Mit dem Beitritt Großbritanniens in die EWG im Jahre 1973 verliert Neuseeland die Britischen Inseln zwar nicht gänzlich als Absatzmarkt, aber die idyllischen Zeiten eines garantierten Marktes sind vorbei, und das Land muss sich umorientieren. Unter der konservativen Regierung Robert Muldoons ab 1975 gilt Neuseeland aufgrund der vielen protektionistischen Schutz- und Einfuhrzölle und staatlichen Regelungen als reglementiertestes Land außerhalb des Ostblocks. Muldoon möchte die Industrialisierung gemäß seinem Motto «Think Big» durch Mammutprojekte ankurbeln, wodurch sich das Land stark verschuldet, sich die Zahlungsbilanz des Staates extrem verschlechtert und die Inflation zunimmt.

Viele Menschen im Lande halten nun Reformen für dringend erforderlich, um Neuseeland aus seiner isolierten Starre zu befreien. Diese neoliberalen Reformen werden schließlich von der Labour-Regierung unter David Lange ab 1984 in Angriff genommen. Durch die Liberalisierung des Marktes haben Lange und sein Finanzminister Roger Douglas, der die Wirtschaftsreformen oft geradezu durch das Parlament peitscht und von dessen Vornamen sich die Bezeichnung *Rogernomics* für die Reformpolitik ableitet, vor allem den Wirtschaftskreisen einiges zu bieten. Aber auch die Gewerkschaften machen zu Anfang mit oder werden dann einfach ignoriert, und für die Bildungseliten und Umweltfreunde hält Lange etwa seine Anti-Atomkraft-Politik bereit.

Ab 1984 werden also das Steuersystem umgekrempelt, eine Mehrwertsteuer eingeführt, alle Zinskontrollen aufgehoben, der neuseeländische Dollar zunächst abgewertet und dann frei gefloatet und alle Subventionen für die Farmer abgeschafft. Staatliche Betriebe wie etwa Air New Zealand, die neuseeländische Telecom und die Bank of New Zealand werden privatisiert, das Verhältnis zwischen Arbeitgebern und Arbeitnehmern wird neu geregelt, der Wohlfahrtsstaat radikal beschnitten und der gesamte öffentliche Sektor einschließlich des Gesundheitswesens nach ökonomischen Prinzipien reorganisiert. Der traditionell familienorientierte Sozialstaat, zu dessen Ziel es gehörte, jedem im Lande die Möglichkeit zu verschaffen, sein eigenes Haus zu besitzen, bleibt bei den von der Labour Party begonnenen und dann von der konservativen National Party nach 1990 weitergeführten Reformen natürlich auf der Strecke.

Das Ergebnis der Reformen wird heute von den meisten Kommentatoren und Ökonomen eher negativ eingeschätzt, nachdem Neuseeland wieder einmal für eine gewisse Zeit als Vorreiter gegolten hat, diesmal in Sachen Erneuerung einer westlichen Industrienation. Viele Neuseeländer sind jetzt

Bilder (Südinsel) rechts und nächste Doppelseite
• **Angeschwemmt aus dem Regenurwald des Westland National Park zum Gillespies Beach**
• **Abendlicht am Lake Wanaka**

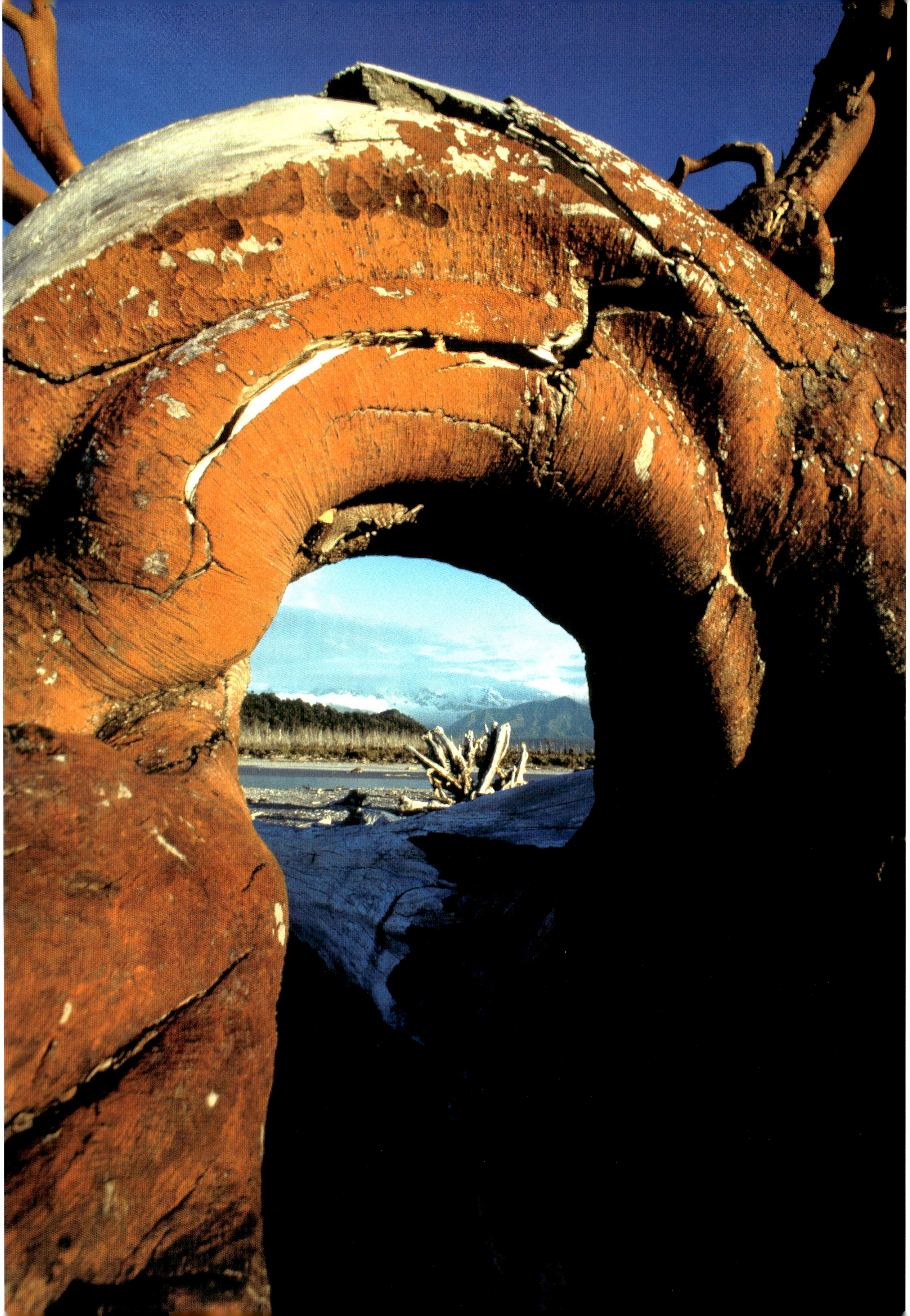

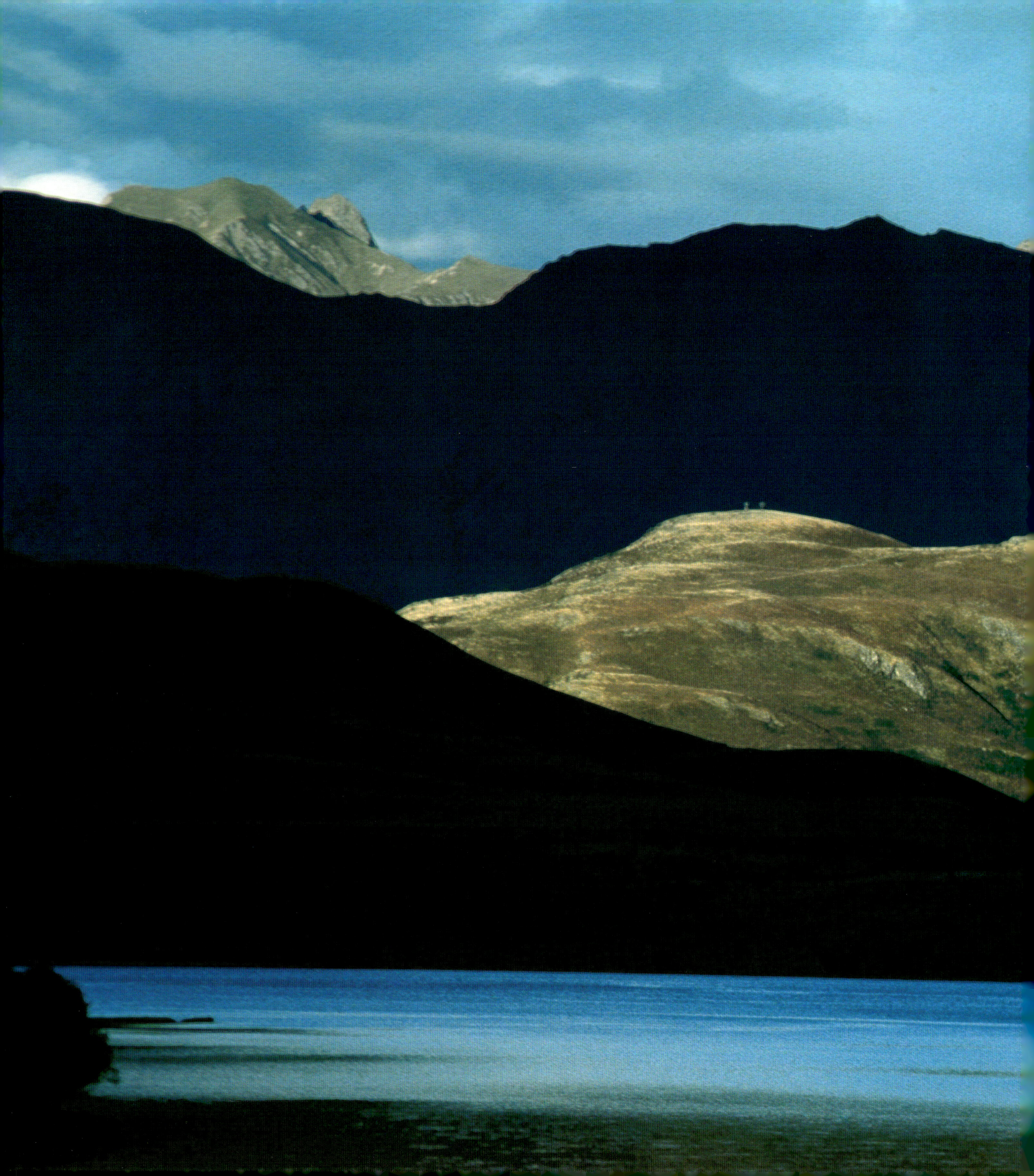

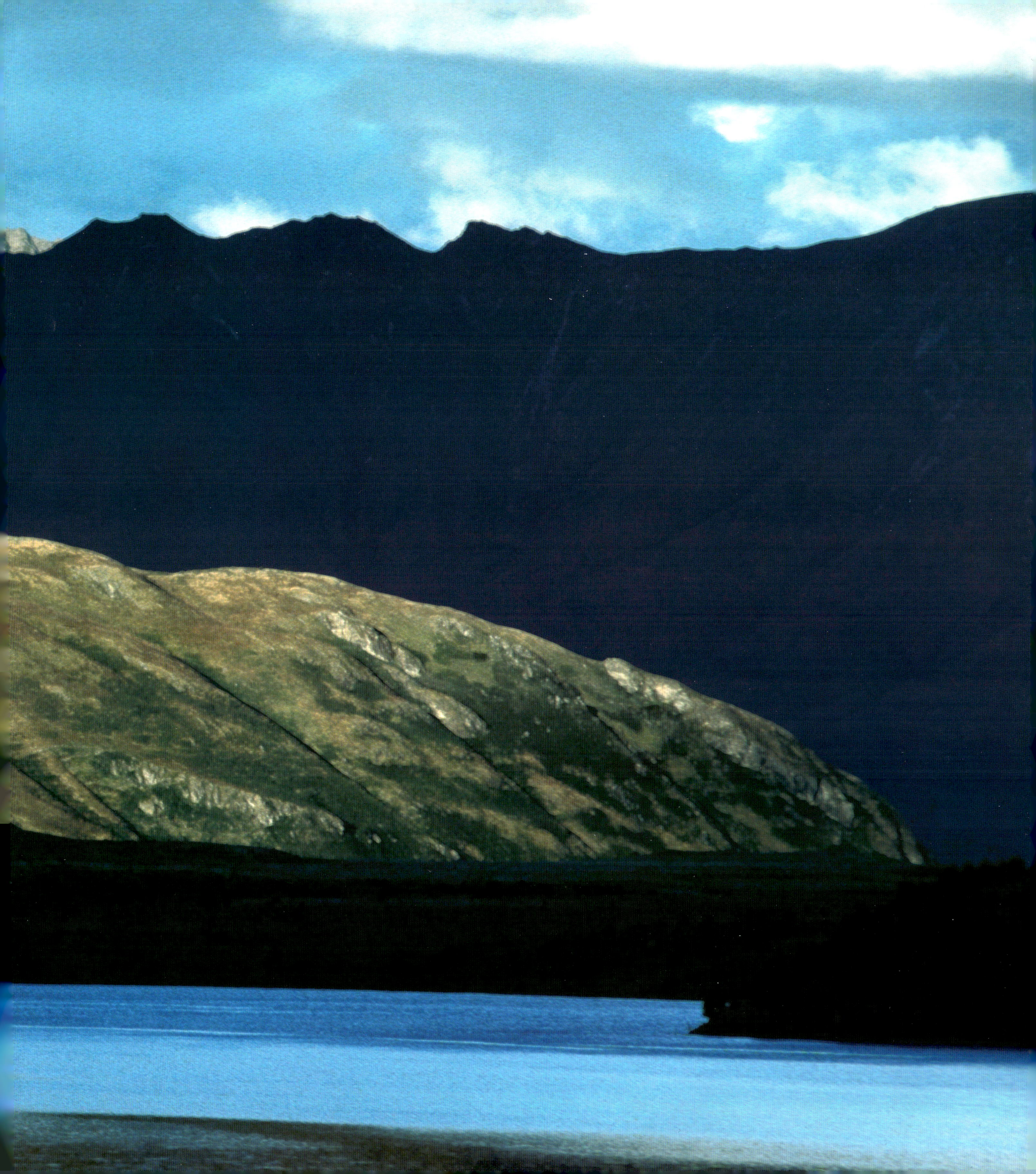

zwar reicher als vor den Reformen, aber gleichzeitig klafft die Einkommensschere weit auseinander, wobei es den unteren Einkommensschichten aber durch die Reformen schlechter geht als vorher und nicht besser wie von den Verfechtern der radikalen Umsetzung der Marktwirtschaft angekündigt.

Die Labour-Regierung, die ab 1999 das Land regiert, hat daher die Rücknahme eines Teils der Reformen in ihrem Regierungsprogramm. Außerdem soll durch besondere Hilfsprogramme für die Maori und auch die Polynesier die Lücke zwischen den ethnischen Gruppen etwas besser geschlossen werden. Dabei besteht aber immer die Gefahr, dass sich durch spezielle Hilfen für bestimmte Bevölkerungsgruppen andere Teile der Bevölkerung benachteiligt und ungerecht behandelt fühlen und die Beziehungen zwischen den ethnischen Gruppen eher verschlechtert denn verbessert werden – genau das Gegenteil dessen also, was eigentlich erreicht werden soll. Ein anderes Ergebnis der Wirtschaftsreformen beziehungsweise ihrer mehr oder weniger autoritären Umsetzung ist die Erneuerung des Wahlsystems. Davon abgeschreckt, dass Regierungen unter dem Mehrheitswahlrecht quasi schalten und walten können, wie sie wollen, und beispielsweise unpopuläre drastische Reformen ohne außer- und innerparlamentarische Konsultationsprozesse durchpauken können, formiert sich in den neunziger Jahren eine Bewegung für ein neues Wahlrecht.

In einem bindenden Referendum spricht sich im Jahre 1993 eine knappe Mehrheit der Wähler für die Einführung des dem deutschen Modell nachempfundenen Verhältniswahlrechts, der *mixed member proportional representation (MMP)*, aus, so dass nach langwierigen Verhandlungen 1996 die erste Koalitionsregierung des Landes ihre Geschäfte antritt. Nach wie vor tun sich viele Politiker und Wähler schwer mit dem neuen System, jedoch scheint die Zeit der (zwischen demokratisch gewonnener Wahl und demokratischer Abwahl) quasidiktatorischen Regierungen vorbei zu sein.

Heute, zu Beginn des dritten Jahrtausends, das Neuseeland ja bekanntlich als erstes Land der Welt erblickte, hat es eine ganze Menge von Aufgaben zu bewältigen. Es sind dies vor allem das Verhältnis der verschiedenen ethnischen Gruppen untereinander und die Landrechtsfragen der Maori, ein teilweise mit den Volksgruppen verbundenes starkes soziales Gefälle bis hin zur Armut, große Probleme bei den Jugendlichen mit Alkohol und Selbstmord, Schwierigkeiten mit Gangs und Drogenkonsum. Dazu kommt das Phänomen des *brain drain* – viele gut ausgebildete jüngere Leute verlassen nach

Cape Reinga, der fast nördlichste Punkt auf der Nordinsel

ihrem Studium Neuseeland und arbeiten in Übersee, wo sie mehr verdienen und sie sich leichter vor der Rückzahlung der Schulden drücken können, die sie während des Studiums aufgrund hoher Studiengebühren angehäuft haben.

Auch das Finden einer gesunden Balance zwischen der Nutzung der natürlichen Schönheiten des Landes für den Tourismus und der Erschließung des Landes für eine wachsende Bevölkerung einerseits und der Wahrung der natürlichen Werte für die Zukunft andererseits stellt sich als problematisch dar. Insgesamt ist das Neuseeland des beginnenden dritten Jahrtausends trotz der Probleme, die es mit vielen anderen Ländern teilt, aufgrund der breiter gestreuten Einwanderung und der Veränderungen der letzten Jahrzehnte ein ungleich bunteres und lebendigeres Land als vor zwanzig oder dreißig Jahren. Es ist ein Land, das sich in den wahrscheinlich weniger als tausend Jahren und besonders in den letzten 150 Jahren seiner Besiedlung zwar entscheidend in seinem Aussehen gewandelt hat, in dem es aber weiterhin genügend Menschen gibt, die die einzigartige Schönheit ihrer Heimat zu würdigen wissen und sich für die Erhaltung dieses Naturparadieses einsetzen.

Kiwis sind nicht nur Vögel und Obst! Die Bevölkerung Neuseelands

Neuseeland ist berühmt für seine Kiwis – neben der Kiwifrucht natürlich auch für das neuseeländische Nationalsymbol, den Kiwivogel. Aber auch die Einwohner des Landes selbst nennen sich gerne «Kiwis». Offenbar wurde der Ausdruck als Bezeichnung für die Neuseeländer zuerst von australischen Soldaten während des Ersten Weltkrieges benutzt. Wie auch viele der Tierarten Neuseelands mit dem Adjektiv «selten» versehen sind, so sind auch die Menschen in Neuseeland bei einer Bevölkerungsdichte von 14 Einwohnern pro Quadratkilometer (zum Vergleich: Deutschland hat 230 pro Quadratkilometer) selten; insgesamt leben etwa 3,8 Millionen Menschen in Neuseeland. Noch ein Inselvergleich: Auf den Philippinen, die nur gut zehn Prozent größer sind als Neuseeland, leben 81 Millionen Menschen (2001).

Immerhin leben auch noch viele «Kiwis» im Ausland, besonders in Australien, das mit höheren Einkommen und einem wärmeren Klima lockt und wo Neuseeländer aufgrund besonderer Abkommen ohne bürokratische Hindernisse arbeiten können. Auch andere Länder locken junge «Kiwis», besonders solche mit einer Universitätsausbildung; viele in Neuseeland beobachten die Abwanderung der gut Ausgebildeten, den *brain drain*, mit einer gewissen Sorge.

Aber trotz der Tatsache, dass viele Neuseeländer auch heute noch zumindest für einige Jahre das Weite suchen – die «Big O. E.», die «Big Overseas Experience» (Auslandserfahrung) nach der Schule oder der Uni, gehört immer noch zum normalen Werdegang eines jungen Neuseeländers –, ist Neuseeland ein klassisches Einwandererland, und zwar schon seit Beginn der menschlichen Besiedlung, da das Land ja bis vor etwa 800 bis 1 000 Jahren unbewohnt war, wie im Geschichtsteil ausführlich dargelegt ist.

So sind also sowohl die Maori als besonders auch die Weißen Einwanderer. Von Anfang an gab es unter den Europäern in Neuseeland nicht nur Immigranten von den Britischen Inseln, sondern auch Angehörige anderer europäischer Nationen sowie Nordamerikaner. Verschiedentlich kamen kleinere organisierte Wanderungsbewegungen aus Deutschland und Skandinavien vor, so zum Beispiel in den vierziger und siebziger Jahren des 19. Jahrhunderts. Zur Zeit des Goldrausches in den 1860er Jahren kamen dann auch viele Chinesen ins Land, die aber als Einwanderer aufgrund der kulturellen Unterschiede nicht gern gesehen waren.

Die Gesetzgebung gegen Ende des 19. Jahrhunderts wurde zum Teil speziell darauf ausgerichtet, Chinesen die Einwanderung zu erschweren. Demgegenüber waren die Immigranten vom nordeuropäischen Festland zwar als Nichtbriten auch «Fremde», teilten mit den Briten aber dieselbe Hautfarbe, zumeist die protestantische Religion und ähnliche Wertesysteme, wodurch sie viel besser gelitten waren. Das verhinderte jedoch nicht, dass viele von ihnen während der beiden Weltkriege als «enemy aliens» (feindliche Fremde) interniert wurden; das Schicksal solcher Internierter während des Zweiten Weltkrieges beschreibt der neuseeländische Schriftsteller Maurice Gee in seinem Roman *Live Bodies*.

Nach dem Zweiten Weltkrieg kamen dann aufgrund eines Abkommens zwischen der neuseeländischen und niederländischen Regierung viele Niederländer ins Land. Wegen der besonderen historischen Beziehungen Neuseelands zu einigen südpazifischen Inseln stammten besonders in den sechziger und siebziger Jahren des vorigen Jahrhunderts und kommen noch heute viele Einwanderer von Inseln wie Samoa, Tonga und den Cook Islands; nicht umsonst gilt Auckland als die Stadt mit der größten polynesischen Bevölkerung.

Im Jahre 1987 wurde die gesamte Einwanderungspolitik dahingehend geändert, dass nicht mehr das Ursprungsland entscheidend war, also auch die Bevorzugung von Einwanderern aus Großbritannien aufhörte, sondern der Nutzen des Einwanderers als Person für Neuseeland. Heute wird das Auswahlverfahren für Einwanderer von einem komplizierten Punktesystem geprägt, das Menschen um die 30 mit einer guten Ausbildung beziehungsweise langer Arbeitserfahrung be-

Bilder (Südinsel) nächste Doppelseite
• Akaroa Harbour auf der Banks Peninsula südöstlich von Christchurch
• Das unberührte Dart River Valley im Mt. Aspiring National Park

terra magica

terra magica

vorzugt. Außerdem gibt es eine gesonderte Kategorie für Geschäftsleute und Investoren, die Geld ins Land bringen wollen, sowie eine Kategorie zum Zweck der Familienzusammenführung.

Neuseeland ist weiterhin ein beliebtes Ziel für Immigranten. In den letzten Jahren gab es eine verstärkte Einwanderung aus Nord- und Südasien, so dass der Anteil der in diesen Regionen geborenen Einwohner 1996 bei 3,4 Prozent lag; außerdem wächst der Anteil der Zuwanderer aus dem Nahen Osten und Afrika. Nach wie vor kommen Europäer ins Land, vor allem aus Großbritannien, aus dem ja auch der überwiegende Teil der Einwanderer seit dem 19. Jahrhundert stammt, aber von den knapp über 30 000 Personen, die zwischen Juni 1998 und Juni 1999 eine Daueraufenthaltsgenehmigung erhielten, kamen nur noch 22 Prozent aus Europa. Infolge der verstärkten Einwanderung von Nichteuropäern und der höheren Geburtenrate zum Beispiel bei den Maori und Polynesiern nimmt der Anteil der europäischstämmigen Bevölkerung, der so genannten Pakeha, immer weiter ab – waren es 1961 noch 92 Prozent, so sind es 1996 nur noch 75 Prozent.

Der Anteil der Maori liegt bei knapp 15, der der Polynesier bei etwas über fünf, bleiben noch rund fünf Prozent für andere wie die Asiaten. Die neuseeländische Gesellschaft ist also in den letzten Jahrzehnten des 20. Jahrhunderts erheblich multikultureller geworden, wobei es die meisten Einwanderer, besonders diejenigen aus Asien, in erster Linie in die urbanen Zentren zieht und hier wiederum besonders nach Auckland; der Großraum Auckland beherbergt über ein Viertel aller Einwohner Neuseelands, mehr als die gesamte Südinsel.

Die Beziehungen zwischen den ethnischen Gruppen sind nicht immer durch Harmonie gekennzeichnet; besonders gegenüber den zum Teil gut situierten asiatischen Einwanderern bestehen Vorurteile, da sie Häuser in teuren Vororten kaufen und ihre Kinder mit neuen Autos zur Schule oder zur Universität kommen. Viele Asiaten lassen auch einfach nur ihre Kinder in Neuseeland ausbilden, wovon die vom Finanzmangel geplagten Schulen und Universitäten aufgrund der hohen Schul- und Studiengebühren für Ausländer profitieren. Aber das ist natürlich nur die eine Seite der Medaille, da ein Großteil der asiatischen Einwanderer viel weiter unten auf der sozialen Leiter anfängt, als Taxifahrer oder Betreiber der *dairies*, der kleinen, zumeist von früh morgens bis spät abends geöffneten Eckläden.

Außerdem haben die asiatischen Einwanderer ihre verschiedenen Küchen mitgebracht, so dass heutzutage neben den länger eingesessenen chinesischen auch indische und thailändische, mancherorts auch koreanische, malaysische und vietnamesische Restaurants zum alltäglichen Straßenbild gehören, ergänzt durch überall aus dem Boden schießende Sushi-Bars und größere japanische Restaurants. Durch die wachsende, überall zu beobachtende kulturelle Vielfalt ist Neuseeland heute also nicht mehr das «Britannien in der Südsee», das es vor hundert Jahren vielleicht noch war.

Wie viele andere Länder, die ihr modernes Dasein als europäische Kolonien begannen, trägt auch Neuseeland noch an seiner durch die Kolonisierung eines eingeborenen Volkes geprägten Vergangenheit. Da man sich ohnehin gerne mit dem australischen Nachbarn vergleicht, weist man zuweilen mit einem gewissen Wohlgefallen darauf hin, dass die weißen Neuseeländer die Maori nie so schlecht behandelt haben wie die weißen Australier die Aborigines.

Und das ist auch sicherlich wahr, täuscht jedoch auch nicht darüber hinweg, dass den Maori in der Geschichte der europäischen Besiedlung Neuseelands mancherlei Unrecht widerfahren ist, besonders im Hinblick auf die Inbesitznahme ihrer Länder. Deshalb dreht sich ein großer Teil der Diskussion über das Verhältnis zwischen Maori und Pakeha heute um Schadenersatzansprüche für unrechtmäßig enteignetes Land, wobei die rechtliche Grundlage für diese Ansprüche der Vertrag von Waitangi von 1840 ist. 1975 setzte die damalige Regierung das «Waitangi Tribunal» ein, das sich zunächst nur mit Ansprüchen beschäftigen sollte, die sich auf Handlungen nach 1975 bezogen. 1985 wurde dann jedoch der Zeitraum auf alle den Vertrag von Waitangi verletzenden politischen Maßnahmen, Gesetze oder Praktiken ab 1840, dem Jahr der Unterzeichnung des Vertrages, ausgedehnt. Am Ende des 20. Jahrhunderts waren mehr als 600 registrierte Ansprüche zu verzeichnen, die sich nicht nur auf Landveräußerungen, sondern auch auf Fischereirechte, Energie- und andere natürliche Vorkommen beziehen.

Angesichts der Zahl der Ansprüche ist es klar, dass es noch eine lange Zeit dauern wird, bis alle Fälle geklärt sind. In den vergangenen Jahren sind jedoch einige große *claims* entschädigt worden, zum Teil mit enormen Geldsummen oder mit der Übertragung von ausgedehnten Fischereirechten wie etwa an den Stamm der Ngai Tahu an der Ostküste der Südinsel. Natürlich findet diese Praxis der Wiedergutmachung viele Kritiker unter den weißen Neuseeländern, die

Ureinwohner in der Parkanlage Auckland Domain

sich für die Vergehen ihrer Vorfahren nicht verantwortlich fühlen und sich nun um ihre Steuergelder betrogen sehen. Jedoch scheint sich ein Großteil der Bevölkerung des Landes darin einig zu sein, dass die Maori in der Vergangenheit oft auf unrechtmäßigem Wege ihres Landes und ihrer Nahrungsquellen beraubt wurden und dass sie dafür entschädigt werden sollten. Aber auch unter den Maori selbst gibt es hinsichtlich der Wiedergutmachungsansprüche Auseinandersetzungen.

Vielen dauern die Klärungsprozesse des Waitangi-Tribunals viel zu lange, so dass Forderungen zuweilen von radikaleren Maori mit Landbesetzungen oder anderen Protestaktionen Nachdruck verliehen wird, was dann wiederum in der Öffentlichkeit ein eher negatives Bild hinterlässt. Zum anderen fühlen sich viele Maori, die losgelöst von den traditionellen Bindungen in den Städten leben und sich nicht mehr einem bestimmten Stamm zugehörig fühlen, aus dem ganzen Prozess ausgeschlossen, da die meisten *claims* über Stammesverbände abgewickelt werden, die noch bis zu einem gewissen Grad traditionell orientiert sind und vor allem die auf dem Land oder in kleineren Städten lebenden Maori repräsentieren. Dadurch bilden sich unter den Maori zum Teil Fraktionen, was die Verhandlungen mit den staatlichen Stellen oft erschwert.

Bilder (Südinsel) nächste beiden Doppelseiten
- **Southern Alps mit den östlichen Vorgebirgen im Frühnebel**
- **Unberührte Gebirgswelt im Mt. Aspiring National Park**
- **Südalpenkamm und seine vereiste Westabdachung, die Akkumulationszone von Talgletschern wie Fox und Franz Josef**
- **Schattenwurf des Mt. Aspiring kurz vor Sonnenuntergang**
- **Landkartenmuster auf einem Felshang im Pyramid Valley**
- **Mit Tussock-Gras bewachsene Hügellandschaft am Lindis Pass**
- **Landschaftsausschnitt am Lewis Pass**
- **Karstgebiet bei Castle Hill östlich des Arthur's Pass**

terra magica

terra magica

terra magica

terra magica

terra magica

Nachdem die Zahl der Maori bis zum Ende des 19. Jahrhunderts so weit abnahm, dass viele meinten, sie würden gänzlich aussterben, stiegen die Zahlen nach der damaligen Jahrhundertwende wieder an, so dass es heute über eine halbe Million Neuseeländer gibt, die sich als Maori identifizieren. Das können sie tun, wenn sie einen Maori-Vorfahren in ihrer Ahnenkette besitzen. Gleichzeitig mit dem Wiederanwachsen der Maori-Bevölkerung fand eine Siedlungsbewegung in die größeren Städte statt, wo etwa ein Viertel der Maori heute gar nicht mehr wissen, zu welchem *iwi* (Stamm) sie gehören.

Ab den 1960er Jahren kam es jedoch zu einer Gegenbewegung zu diesen Auflösungserscheinungen, eine Renaissance des Interesses an der eigenen Kultur setzte ein, verbunden mit dem Stolz auf die kulturelle Identität als Maori. Ein Teil dessen war die Wiederbelebung des Maori als Sprache, nachdem es etwa in den Schulen lange verboten gewesen war, Maori zu sprechen. Viele Maori-Eltern wollten auch, dass ihre Kinder nur Englisch lernen, um ihnen eine bessere Zukunft in der neuseeländischen Gesellschaft zu ermöglichen. So wurde Maori von den Maori selbst zum Teil herabgewürdigt, bis sich im Zuge der kulturellen Wiedergeburt ein Bewusstsein für die Bewahrung der Sprache ausbildete, so dass mehr und mehr Maori heute wieder stolz darauf sind, zweisprachig zu sein. Allerdings ist der Anteil derjenigen, die Maori wirklich beherrschen, vergleichsweise klein – heute sprechen weniger als fünf Prozent aller fünfjährigen Maori-Kinder fließend und nur einer von acht Erwachsenen die Sprache Maori.

Seit 1987 ist Maori die zweite offizielle Landessprache Neuseelands. Alle staatlichen Institutionen wie auch viele andere Einrichtungen tragen englische wie auch Maori-Namen, einige vormals mit englischen Namen versehene geographische Merkmale tragen jetzt wieder ihren ursprünglichen Namen wie der Mount Taranaki oder zumindest einen Doppelnamen wie der Aoraki/Mount Cook.

Nach wie vor zählen die Maori zu den unterprivilegierten Bevölkerungsgruppen Neuseelands; bei allen sozialen Indikatoren liegen sie im unteren Bereich, sei es Arbeitslosigkeit, Einkommen, Anteil der Gefängnisinsassen, Hausbesitz, Bildung, Suchtkrankheiten. Die Lebenserwartung der Maori liegt im Durchschnitt um acht bis neun Jahre unter derjenigen der übrigen Neuseeländer. Ein nicht unbedeutender Teil der Maori lebt von Sozialhilfegeldern und anderen Zuschüssen. Deshalb zielen viele Hilfsmaßnahmen der Stämme selbst, die sie mit Wiedergutmachungsgeldern finanzieren, sowie entsprechende Programme des Staates auf strukturelle Verbesserungen ab, um den Teufelskreis aus Armut und kultureller Entfremdung zu brechen. Gerade im Bereich der Bildung und der Gesundheitsaufklärung wird viel Arbeit geleistet, die dazu beitragen soll, das ethnisch begründete soziale Gefälle abzubauen.

«Kiwi Culture»

Besucher und Neueinwanderer in Neuseeland äußern sich immer wieder angetan von der offenen, freundlichen und unkomplizierten Art der allermeisten Neuseeländer. Diese Freundlichkeit und der lockere Umgangston rühren von den Pionierzeiten der europäischen Besiedlung her, als es für gesellschaftliche Feinheiten im Großen und Ganzen keinen Platz gab. Jeder war auf den anderen zum Überleben angewiesen, man half sich gegenseitig und es bildete sich eine gewisse Gleichheit heraus, die auch heute noch in vielen Einstellungen fortlebt, was aber nicht bedeutet, dass es keine Standesunterschiede gab und gibt. Gepaart ist diese Offenheit allerdings mit einer bestimmten britischen Zurückhaltung, die sich klar von der als typisch amerikanisch oder deutsch erachteten Direktheit abhebt.

Das Erbe der Pionierzeiten lebt aber nicht nur im Umgang miteinander fort. So ist der große Hang sowie auch die Fähigkeit zum *Do-it-yourself*, eine ausgeprägte praktische Veranlagung und ein gewisser Erfindergeist typisch für viele Neuseeländer. Doch sind diese urtypischen neuseeländischen Eigenschaften durch die Ausprägung einer urbanen Kultur, in der man nicht mehr die Zeit und Muße hat, vor sich hin zu werkeln und stattdessen doch eher einfach den Handwerker ruft, etwas im Schwinden begriffen. Aber auch die starke Hinwendung zu Aktivitäten in freier Natur wie auch die Sportbesessenheit eines Großteils der «Kiwis» verraten ein Erbe, in dem körperliche Aktivitäten eine große Rolle spielen, und das vor allem, aber nicht nur, bei den Männern.

Kerle da, führende Frauen dort

Dabei ist Neuseeland heute sicherlich nicht mehr *a man's country,* ein Land der Männer. Und doch gibt es im Lande immer noch eine ausgeprägt männliche Kultur, die vor

Valentine erzählt über den Goldrausch und die alte Goldgewinnungsanlage. Charleston südlich von Westport, Südinsel

allem von Bier und Rugby und besonders der Kombination von beidem geprägt ist. Zu Beginn der europäischen Einflussnahme auf Neuseeland war die weiße Gesellschaft des Landes so gut wie ausschließlich eine reine Männergesellschaft – Frauen waren Mangelware. Und in der Tat versuchte der Staat bis ins 20. Jahrhundert hinein immer wieder, vor allem alleinstehende Frauen durch bestimmte Anreize zur Einwanderung nach Neuseeland zu bewegen. Da viele Neuseeländer besonders im 19. Jahrhundert, in erster Linie Wald- und Landarbeiter, nur von Männern umgeben waren, bildete sich eine ganz spezifische Kultur heraus, die auf der positiven Seite eine bestimmte Form des Zusammenhalts und der Kameradschaft der *blokes*, der «Kerle», hervorgebracht hat.

Zur negativen Seite gehören Probleme in der Einstellung gegenüber Frauen und im Umgang mit ihnen sowie eine gewisse antiintellektuelle Einstellung. Heute zeigt sich dieses Bild vom eigenbrötlerischen Mann, der es allein in der Wildnis mit der Natur aufnimmt, in der Öffentlichkeit fast nur noch in Bierreklamen und im neuseeländischen Nationalsport, dem Rugby. Aber das Fortleben der traditionellen Vorstellung vom Ideal des harten Mannes, der keine Gefühle zeigt, scheint auch dazu zu führen, dass sich viele männliche Jugendliche diesem Bild nicht mehr gewachsen fühlen. Zumindest lässt die hohe Selbstmordrate unter männlichen Jugendlichen in Neuseeland wie auch in anderen postkolonialen Ländern darauf schließen.

Somit bietet Neuseeland auch heute noch in vielen Bereichen ein recht zwiespältiges Bild; auf der einen Seite die recht machohaften, rugbyversessenen, Bier trinkenden *kiwi blokes*, auf der anderen Seite insgesamt eine Gesellschaft, in der Frauen in den höchsten Positionen zu finden sind. Nicht nur, dass Frauen in Neuseeland schon sehr viel früher wählen durften als in anderen westlichen Ländern und natürlich auch in den harten Pioniertagen eine bedeutende, oft vergessene Rolle spielten, man findet heutzutage Frauen in führenden Positionen in Politik und im öffentlichen Leben. Zu Beginn des dritten Jahrtausends werden sowohl das Amt des Premierministers als auch das des Oppositionsführers von Frauen bekleidet. Und wem das noch nicht genügt: Neuseeland kann auch mit dem ersten transsexuellen Bürgermeister aufwarten, der Bürgermeisterin der Kleinstadt Masterton, die derzeit auch Parlamentsabgeordnete ist. Insgesamt bietet sich also eine interessante Mischung aus angestammten Einstellungen und Vorbildern auf der einen Seite und sehr viel Offenheit und Toleranz auf der anderen Seite, ein Geist sozialer Innovation, der in Neuseelands kurzer Geschichte ja eine lange Tradition hat.

Die Aufweichung der althergebrachten Geschlechterrollen ist in der Tat schon weit fortgeschritten – immer mehr Männer trinken jetzt Wein statt Bier, und Frauen spielen Rugby! Was also vor einigen Jahrzehnten noch einer Majestätsbe-

Bilder (Südinsel) nächste beiden Doppelseiten
- **Moeraki Boulders, die geheimnisvollen Gesteinskugeln, die durch organisches Material und Kristallisationsprozesse in lehmigen Sedimenten auf dem Meeresboden entstanden sein sollen. Durch die Landhebung befinden sich die bis zu zwei Meter dicken Kugeln nunmehr oberhalb der Küste und rollen erosionsbedingt von Zeit zu Zeit zum Strand**
- **Tasman-See bei Perpendicular Point südlich von Westport**
- **Küste nördlich von Greymouth**
- **Weitere steinerne Riesen-Wasserbälle**
- **Algen in einem Kratersee**

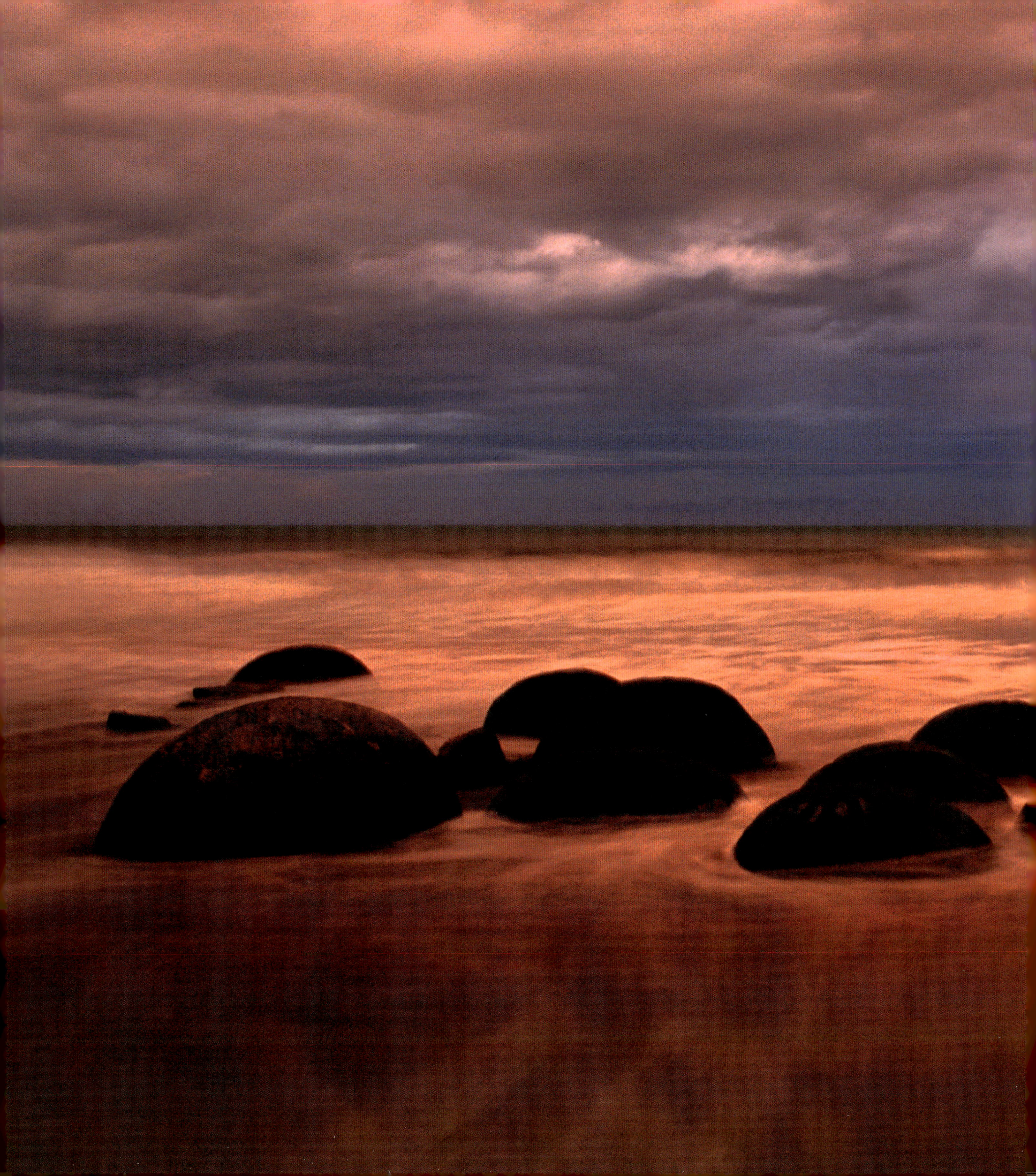

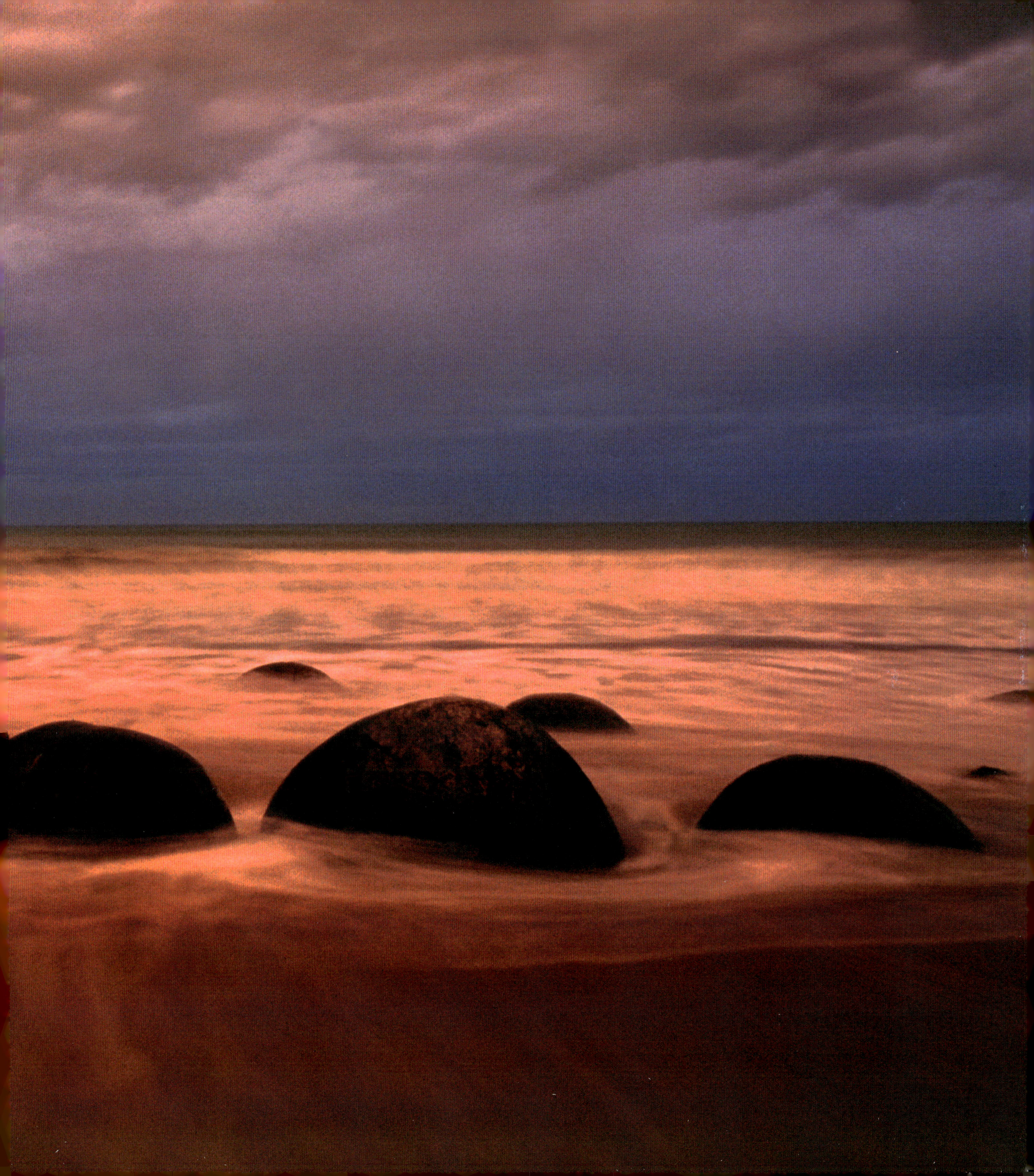

terra magica

terra magica

leidigung gleichgekommen wäre, gilt jetzt als völlig normal. Womit wir beim Thema eines großen Teils der Unterhaltungen zwischen neuseeländischen Männern wären, dem Sport. Neuseeland ist als Ganzes ein äußerst sportversessenes Land, viele Männer wie auch Frauen sind selbst aktive Sportler, und für den Rest gibt es ja den Fernseher zu Hause oder in der Kneipe.

Die nationale Obsession: Sport

Alle, die einmal in Neuseeland waren, wissen, dass das Land ein Mekka der Extremsportarten ist; wenn es eine verrückte Art und Weise gibt, sich von einem Punkt zu einem anderen zu bewegen, so kann man davon ausgehen, dass man das irgendwo in Neuseeland ausübt. Inzwischen kann man mit einem Gummiband am Bein, dem *bungy*, nicht nur von Brücken, sondern auch aus Hubschraubern und von allen möglichen hohen Konstruktionen springen. Und auch sonst gibt es jede Menge dessen, was das Herz von Abenteurern und Adrenalinjunkies erfreut.

Dazu kommen die normaleren Vergnügungen wie Drachenfliegen oder Surfen – Berge und Küste gibt es ja schließlich mehr als genug. Auch die Überwindung langer unwegsamer Strecken zu Fuß, mit dem Mountainbike und mit Kajaks erfreut sich großer Beliebtheit, insbesondere in Kombination wie bei den Triathlon-Wettkämpfen wie dem *Coast to Coast*, bei dem die Südinsel von der West- zur Ostküste durchquert werden muss. Auch hier lebt der Geist der Entdecker und Pioniere fort.

Aber der archetypische neuseeländische Sport ist natürlich Rugby, vor Cricket und Segeln die populärste Sportart des Landes. Dabei haben die Neuseeländer Rugby natürlich nicht erfunden, sondern sie haben es aus England mitgebracht. Gerade in der Anfangszeit der europäischen Geschichte des Landes war Rugby besonders als Sportart geeignet und erfüllte wichtige Funktionen. Zum Rugbyspielen brauchte man nur eine einigermaßen freie und ebene Fläche, ein paar Latten und irgendeine Art von länglichem Ball – all das war leicht zu bewerkstelligen.

Auch morastiger Untergrund, im Neuseeland des 19. Jahrhunderts sehr häufig, war kein Problem; auch heute noch ähneln viele Rugbyspiele stark einer Schlammschlacht unter Heranwachsenden. Fußballspielen wäre dagegen schon erheblich schwieriger gewesen, und heute wird Fußball zwar insgesamt beliebter, gilt bei vielen aber immer noch als Sport für Weichlinge. Für die Einwanderer des 19. Jahrhunderts bildete Rugby eine Möglichkeit, in der Fremde auf örtlicher Ebene ein Zusammengehörigkeitsgefühl zu entwickeln; später dann mit der Entwicklung des Verbandswesens auch auf Provinz- und schließlich auf Landesebene mit der Bildung einer Nationalmannschaft, den berühmten «All Blacks».

Die jungen Gemeinden des 19. Jahrhunderts legten oft zuerst Rugbyspielfelder an, ehe sie sich anderen öffentlichen Einrichtungen zuwandten. Rugby galt und gilt dabei auch als die Verkörperung guter neuseeländischer Tugenden wie Kraft, Ausdauer, Härte, gepaart mit dem Erfindungsgeist, der im Spielwitz seinen Ausdruck findet. All das sind Tugenden, die auch bei der körperlichen Arbeit auf dem Land und bei der Erschließung desselben vonnöten waren – nicht umsonst waren und sind viele bekannte Rugbyspieler Farmer. Rugby galt durch seine Härte als charakterbildend, nach dem Motto «Was uns nicht tötet, macht uns nur noch härter» – bis in die siebziger Jahre hinein durften verletzte Spieler beispielsweise nicht ausgewechselt werden.

Schmerz musste unterdrückt werden (wie im richtigen Leben), Helden wurden geboren. Als sich ein neuseeländisches Nationalbewusstsein zu entwickeln begann, war die Rugby-Nationalmannschaft ein wichtiges Element, besonders auch in Abgrenzung zu England. Die englischen Mannschaften wurden gleich bei den ersten Besuchen des Nationalteams im Mutterland klar und deutlich besiegt, was gleichzeitig als ein Zeichen für ein erfolgreiches und gesundes Leben in der (ehemaligen) Kolonie und ein schlechtes, verweichlichendes Leben in England interpretiert wurde.

Auch heute noch werden die sportlichen Erfolge des Landes im Rugby und beim Segeln, verstärkt durch die Sensationslust der Medien, mit einer Begeisterung gefeiert, die für Außenstehende nur schwer zu begreifen ist. Offensichtlich zeigt sich hier eine besondere Art von Minderwertigkeitsgefühl in einem kleinen und jungen Land, das sich immer wieder selbst beweisen muss, was dann zuweilen auch in eine Art publizistischen Größenwahn umschlägt: «New Zealand takes on the world – Neuseeland nimmt es mit der ganzen Welt auf». Der besondere Rivale im Sport ist aber heute nicht mehr so sehr England, sondern Nachbar Australien. Rugby-Fans tragen gerne T-Shirts mit der Aufschrift «Ich unterstütze zwei Teams: Neuseeland und jedes andere Team, das gegen Australien spielt».

Wo Holz schlagen auch Sport ist – ein Wettbewerb in Murchison. Südinsel

Mit einem anderen Rivalen auf dem internationalen Rugbyparkett, Südafrika, verbindet Neuseeland eine sehr wechselvolle Geschichte. Zu Zeiten der Apartheid gab es immer wieder Kontroversen um Touren der «All Blacks» in Südafrika und südafrikanische Besuche in Neuseeland. Das Ganze fand dann seinen Höhepunkt im Jahre 1981, als die «Springboks», die südafrikanische Nationalmannschaft, wieder einmal in Neuseeland zu Besuch war. Anlässlich des Besuches kam es zu teilweise gewalttätigen Protesten, und das Land spaltete sich gemäß seiner Einstellung zu den Spielen.

Lange hatte das Land nicht mehr solche harten Auseinandersetzungen erlebt, in denen es gleichzeitig auch um die Selbstdefinition der Neuseeländer ging, um die Befürwortung beziehungsweise die Ablehnung der Rugby-Kultur mit ihrem Machotum als Verkörperung des neuseeländischen Nationalcharakters. Der Sport verlor infolge dieser Auseinandersetzungen viel von seiner Popularität, konnte sich dann aber dank der neuseeländischen Erfolge etwa bei den Weltmeisterschaften der neunziger Jahre wieder erholen.

Cricket, die älteste organisierte und heute zweitpopulärste Mannschaftssportart des Landes, hat demgegenüber ein weit besseres Image. Hier gibt es keine abgebissenen Ohren, Schlägereien, Kraftausdrücke und Alkoholexzesse. Cricket hat sich viel mehr von dem Spiel der Gentlemen bewahrt als Rugby, das ja ursprünglich auch an exklusiven Privatschulen gespielt wurde. Cricket-Begegnungen können bis zu fünf Tage dauern – man braucht also Zeit und Muße; netterweise gibt es

Bilder (Südinsel) nächste beiden Doppelseiten
• **Immerwährende Feuchtigkeit lässt die Bäume «fremde Kleider» tragen. Im Fjordland**
• **Küstenwald bei Haast**
• **Die Gletscher des Mt. Sefton (3 157 m) und Mt. Cook (3 754 m, rechts) in der Morgendämmerung**

terra magica

terra magica

terra magica

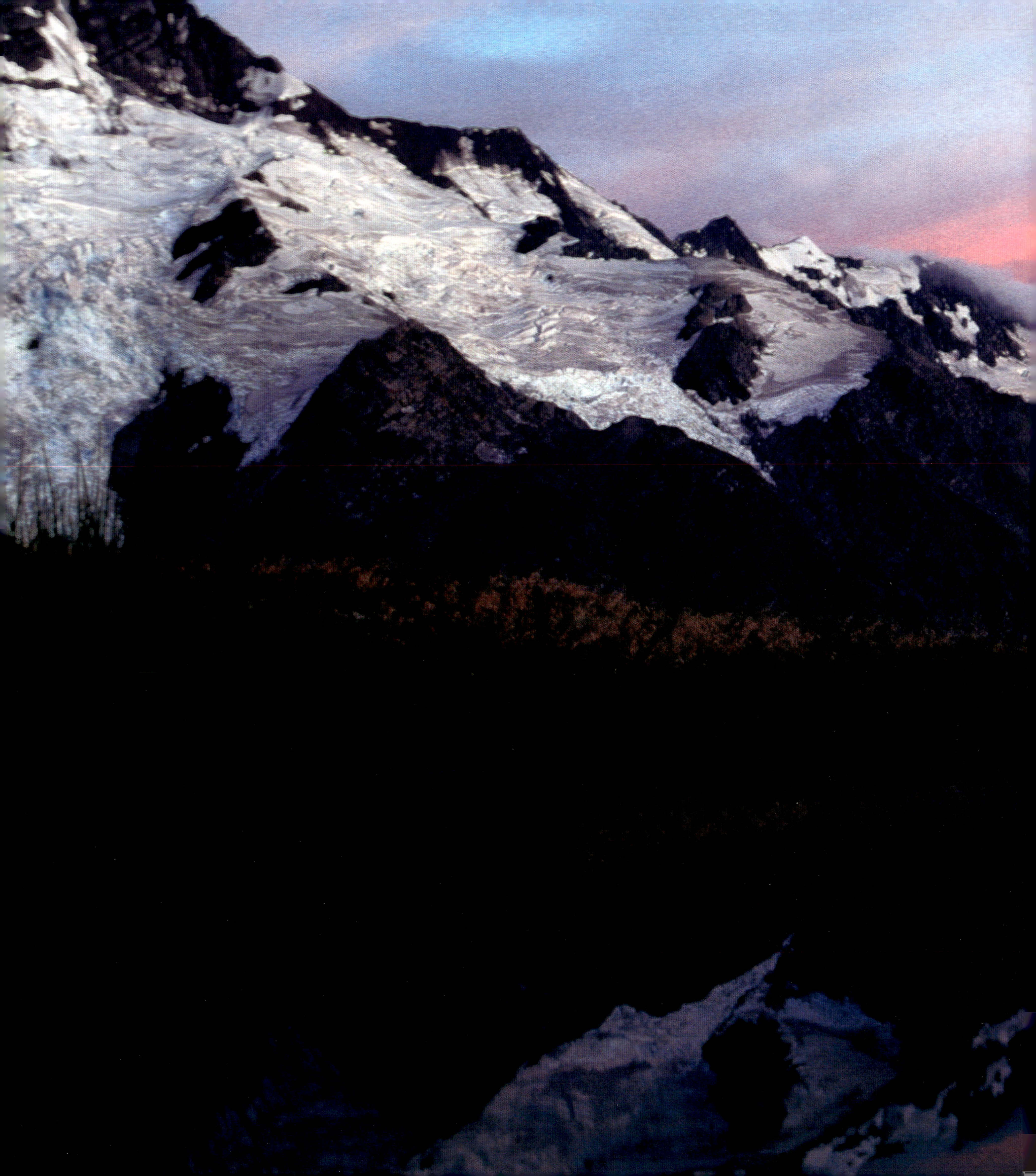

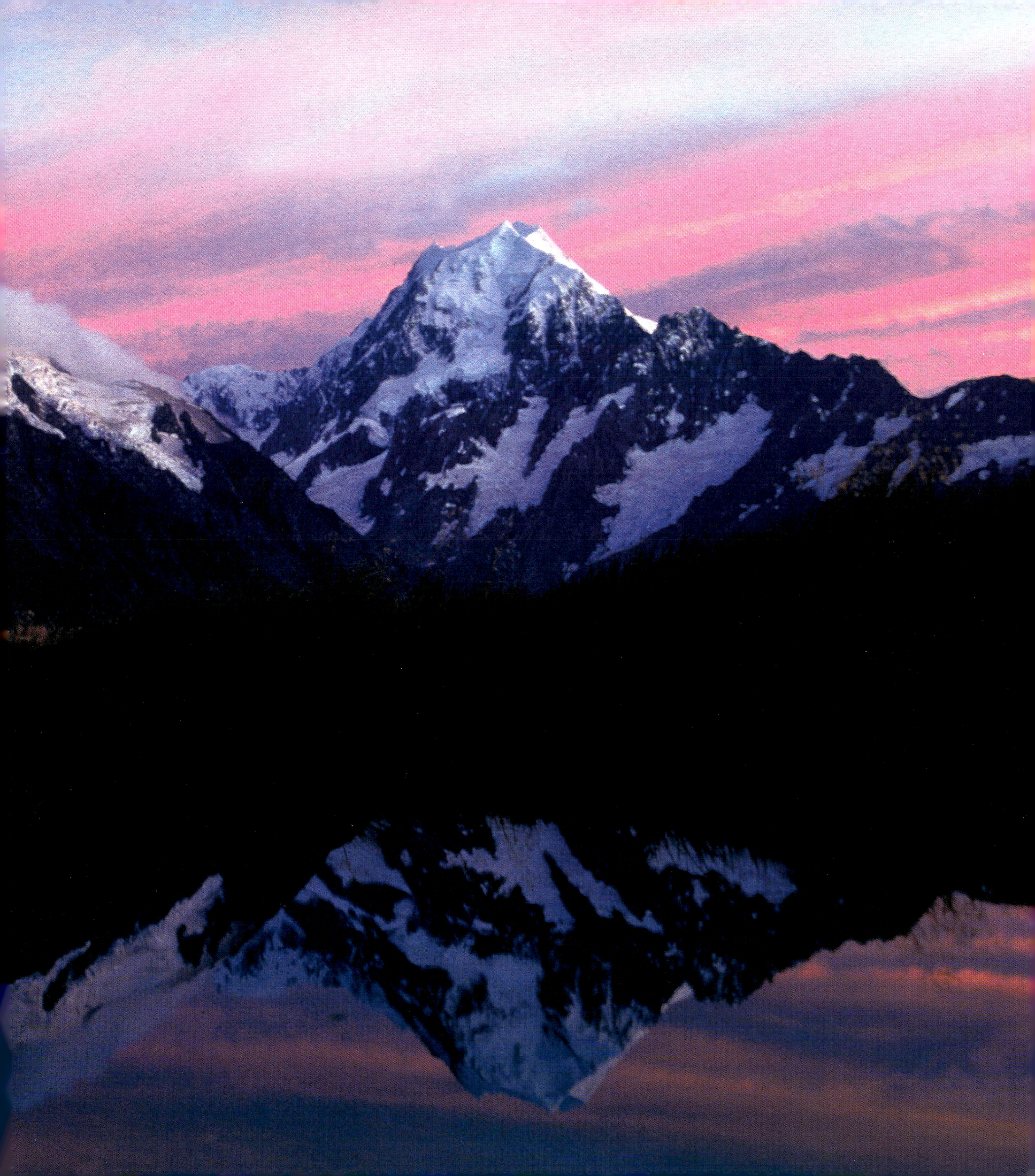

auch *tea breaks*, Unterbrechungen, damit die Spieler ein Tässchen Tee zu sich nehmen können.

Neben den mehrtägigen Matches, den so genannten *tests*, gibt es seit den siebziger Jahren auch die publikums- und fernsehfreundlicheren *one-day matches*, die nur einen Tag lang dauern. Für Nichteingeweihte ist Cricket ein Buch mit sieben Siegeln und einer ganz eigenen Sprache, das sich in seinen feinen Nuancen und taktischen Raffinessen erst dem Kenner erschließt. Leider gab es im internationalen Cricket in den vergangenen Jahren einige unerfreuliche Skandale, so dass der Sport etwas an Ansehen eingebüßt hat.

Das neuseeländische Englisch

Neuseeland verfügt über zwei offizielle Landessprachen, Maori und Englisch. Das neuseeländische Englisch hat einen eigenen Akzent, der dem australischen etwas ähnlich ist, weswegen Neuseeländer im Ausland auch oft für Australier gehalten werden. In der Aussprache des neuseeländischen und australischen Englisch gibt es jedoch klare Unterschiede, die man sich gegenseitig immer wieder gerne frotzelnd vorhält. Während Australier das Wort *fish* eher wie «Fiesch» aussprechen, tendieren Neuseeländer zu «Fösch». Die Ähnlichkeiten zwischen den beiden Akzenten rühren wohl daher, dass zu Beginn der europäischen Besiedlung Neuseelands viele Leute aus Australien ins Land kamen.

Die Ursprünge der Akzente sind jedoch schwer zu rekonstruieren, da man über keine genauen Aufzeichnungen aus den Anfangszeiten verfügt und also auch nicht sagen kann, wie in Australien und Neuseeland vor 150 Jahren gesprochen wurde. Dasselbe gilt für das Londoner Cockney, mit dem die neuseeländische und mehr noch die australische Aussprache des Englischen oft in Verbindung gebracht wird, zum Beispiel aufgrund der für breites Australisch typischen Aussprache von *day* als *die*. Eine mögliche Erklärung wäre, dass viele der nach Australien deportierten Häftlinge aus London stammten. Andererseits gibt es aber zwischen dem australischen und neuseeländischen Englisch und dem Cockney mehr Unterschiede als Gemeinsamkeiten.

Typisch für das neuseeländische Englisch ist die sich vom britischen Standard-Englisch unterscheidende Aussprache der Vokale in *pan, pen* und *pin*, die sich für Engländer wie *pen, pin* und *pun* anhören. Bei den Sprachpuristen im Mutterland und in der Kolonie selbst erweckte die als unrein erachtete neuseeländische Variante der Aussprache des Englischen oft den Vorwurf, die Neuseeländer wären zu faul, ihren Mund beim Sprechen zu öffnen, oder sie hätten Angst, ihre schlechten Zähne zu zeigen.

Auch beim Vokabular hat sich die enge Nachbarschaft zu Australien niedergeschlagen. Viele neuseeländische Ausdrücke in der Umgangssprache stammen von dort; daneben gibt es im täglichen Sprachgebrauch natürlich auch Ausdrücke aus dem Maori, wobei jetzt immer mehr Wert auf eine richtige Aussprache gelegt wird und die Anglisierung von Maori-Namen abgelegt werden soll. Die typisch neuseeländischen Lautqualitäten sind in den unteren Gesellschaftsschichten stärker ausgeprägt und verbreitet als in den höheren.

Zum Beispiel unterscheidet sich die Aussprache bei Schülern und Schülerinnen auf Privatschulen, wo ein gepflegteres, «englischeres» Englisch gesprochen wird, von derjenigen bei Schülern auf staatlichen Schulen in sozial schwachen Wohngebieten. Regional weicht das neuseeländische Englisch kaum voneinander ab. Eine Ausnahme ist das bei einigen Sprechern noch leicht schottisch geprägte Englisch in Otago und Southland, das auf die Besiedlung dieser Gebiete durch Schotten zurückzuführen ist. Typisch hierfür ist beispielsweise die Aussprache des ‚r' nach Vokalen oder auch die Bezeichnung *crib* für ein Wochenend- oder Ferienhaus, das anderswo in Neuseeland *bach* heißt.

Ansonsten ist die Ausbildung ausgeprägter Dialekte wohl durch eine recht starke Mobilität innerhalb des vergleichsweise kleinen Landes und die relativ kurze Zeitspanne, seit der Englisch in Neuseeland gesprochen wird, verhindert worden. Heute wird insbesondere die Sprache der Jugendlichen durch amerikanische Fernsehprogramme, Kinofilme und Musik beeinflusst. Jugendliche Maori und Polynesier imitieren dabei nicht nur sprachliche, sondern auch andere kulturelle Elemente der afro-amerikanischen Kultur.

Kulinarisches

Natürlich brachten die britischen Einwanderer nicht nur ihre Sprache mit nach *God's own country*, Gottes eigenem Land, im Slang auch oft einfach scherzhaft *Godzone* genannt, sondern auch ihre Sitten und Gebräuche wie zum Beispiel das Essen. Und vor ihnen nahmen die Polynesier einige ihrer Kulturpflanzen wie Kumara, Yam und Taro mit nach Aotearoa. In Neuseeland fanden die Polynesier außerdem an-

Häuschen in dem von der Tarawera-Eruption 1886 verschütteten Dorf Te Wairoa. Hier lebte ein 110-jähriger Maori, der die Katastrophe voraussagte und danach von den Überlebenden als die Ursache dafür gehalten wurde. Darum sollte er mit dem Tod bezahlen, indem sie den Verschütteten nicht befreiten. Erst vier Tage später wurde er von Suchtrupps aus Rotorua geborgen. Nordinsel

dere Nahrungsmittel wie Moas und Robben, an den Küsten dazu jede Menge Fisch, Muscheln und Krustentiere, in den Wäldern Vögel und Wurzeln und Beeren, um nur eine kleine Auswahl vom Speisezettel der Maori zu geben. Zu Kriegszeiten gab es dann gelegentlich auch mal den einen oder anderen Zweibeiner zu essen.

Traditionell wird das Essen bei den Maori in Erdöfen zubereitet, und auch heute noch werden die so genannten *hangis* zelebriert, unter anderem für Touristen. Bei einem *hangi* werden in einem Loch in der Erde auf glühenden Kohlen Steine erhitzt, auf denen in Blätter eingewickelte Speisen gegart werden – zum Beispiel Lamm, Huhn, Fisch, weiße oder Süßkartoffeln, Kohl und so weiter. Das Ganze wird mit feuchten Tüchern und dann mit Erde bedeckt. Nach ein paar Stunden kann das Essen wieder ausgebuddelt und genossen werden. Wie die australischen Ureinwohner waren auch die Maori Experten hinsichtlich dessen, was sich von dem von der Natur Bereitgestellten essen lässt und wie es zubereitet werden muss.

Als dann die ersten Europäer ins Land kamen, machten sie ihre eigenen Erfahrungen oder machten sich das Wissen der Maori zunutze. Kapitän Cook braute bei seinen Aufenthalten an den Küsten des Landes eigene Varianten von Tee und Bier. Auch die frühen europäischen Entdecker, Händler, Goldgräber und Farmer lernten, sich in abgelegenen Gebieten zum Teil von *bush tucker*, «Waldfutter», zu ernähren.

Bilder (Südinsel) nächste beiden Doppelseiten
• **Mt. Aspiring (3027 m) mit dem Bonar-Gletscher**
• **Bäume wachsen selbst an den steinigen Ufern des Lake Te Anau**

terra magica

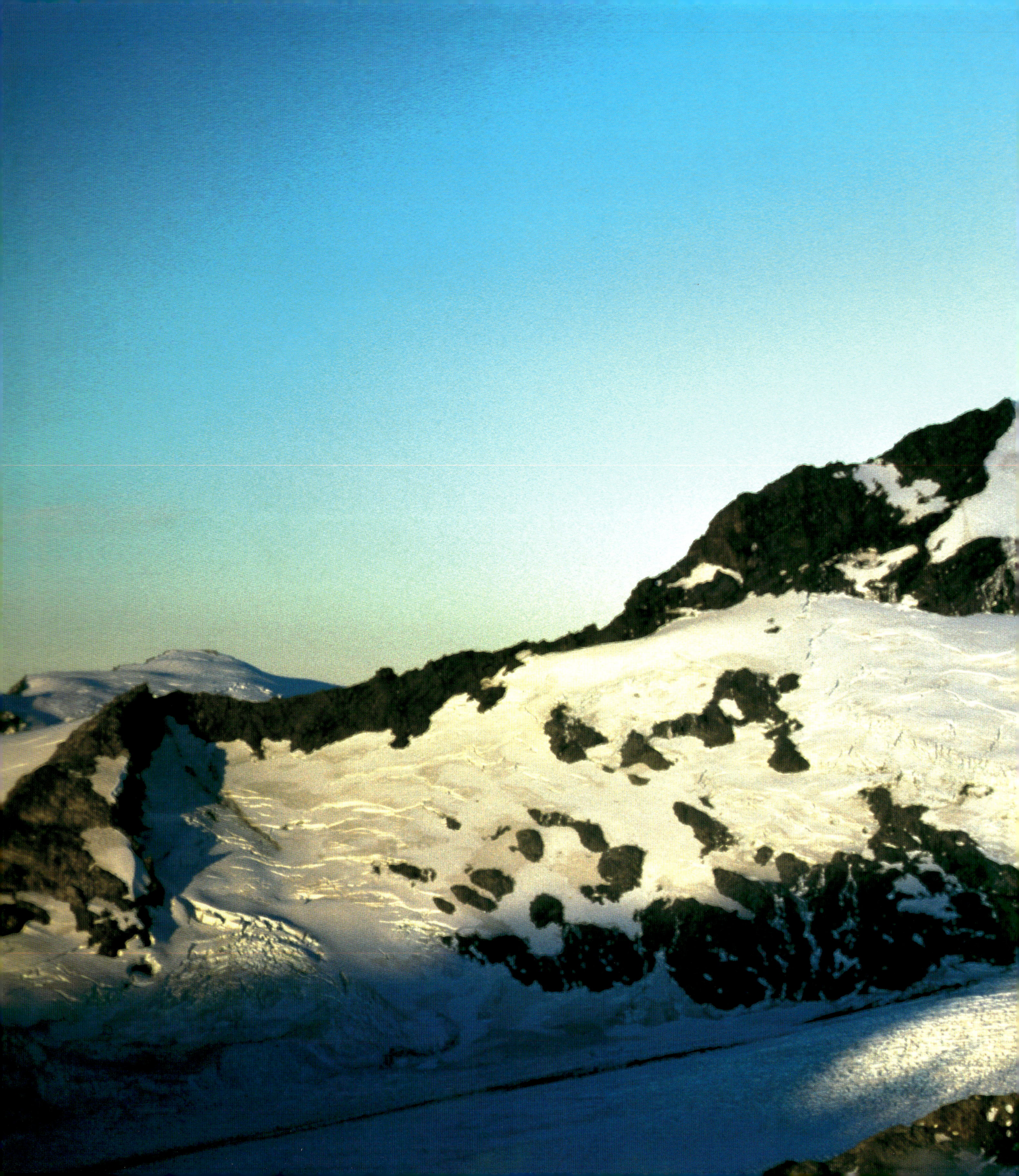

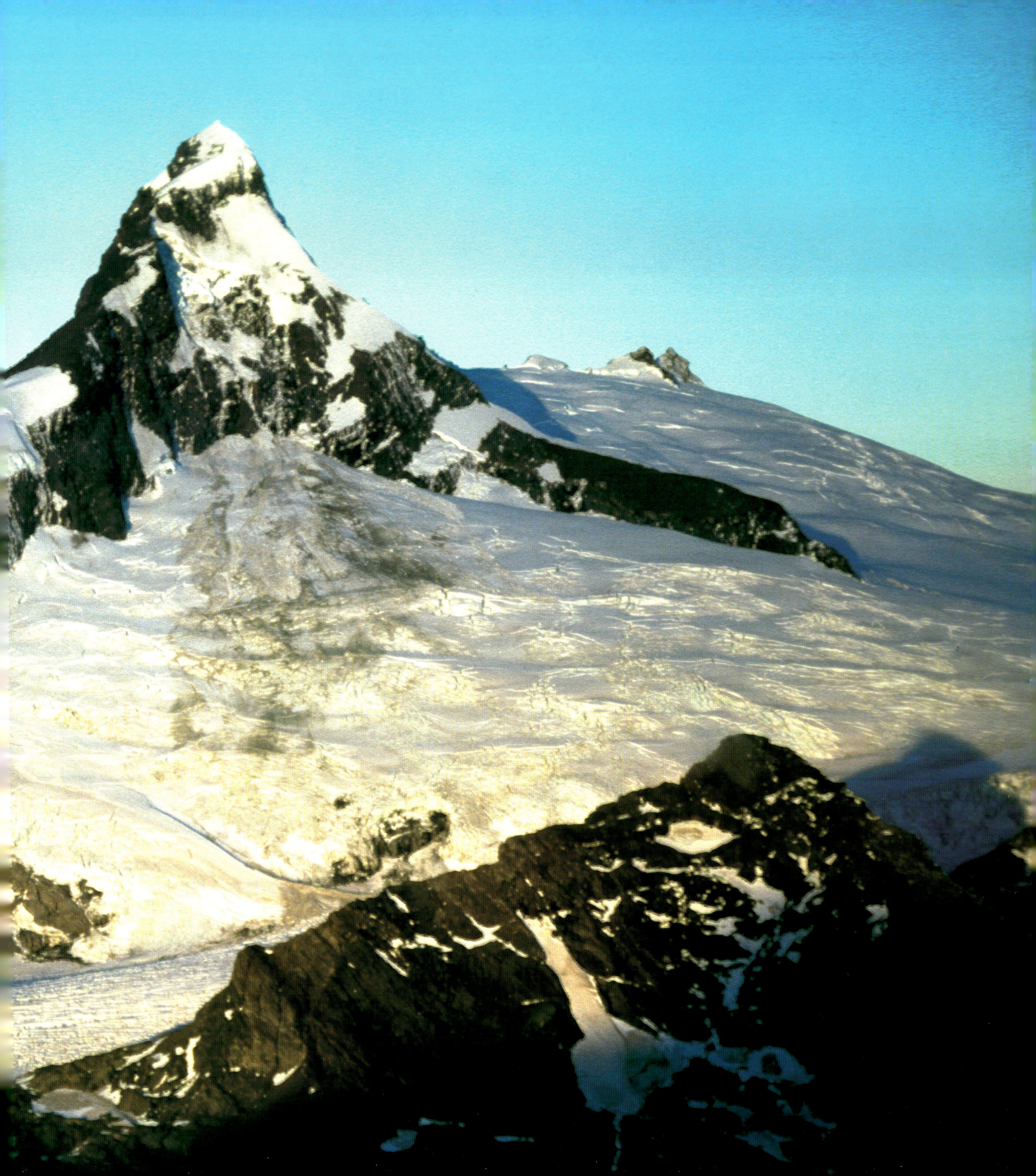

terra magica

terra magica

Querverkehr: Lebende Lammsteaks, hier auf der staubigen Straße des Matukituki Valley, genießen grundsätzlich Vortritt. Südinsel

Heute wird diese Tradition an der Westküste der Südinsel jedes Jahr mit dem «Wildfoods Festival» in Hokitika gefeiert. Hier gibt es dann alle möglichen Sachen zu essen, die sonst nicht auf den Tisch kommen würden, und manches kostet schon ein bisschen Überwindung.

Sobald mehr europäische Siedler im Land waren und in den Gärten immer mehr europäisches Gemüse angebaut wurde, versuchten vor allem die Einwanderer aus Großbritannien, die gewohnten Speisen zu produzieren. Sie merkten, dass sie sich hier besser ernähren konnten als im Mutterland, da alles frischer war und es von allem genug gab. Die Landarbeiter und Farmer, die den ganzen Tag an der frischen Luft körperlich arbeiteten, aßen auch entsprechend viel, beginnend mit einem herzhaften Frühstück mit *porridge* und *bacon*. Das traditionelle Farmeressen war und ist sehr fleischlastig, vor allem mit Lamm- und Hammelbraten, und sehr fett. Zum Fleisch gibt es *spuds* (Kartoffeln) und geröstete *vegies* (Gemüse).

Jedoch hat sich auf kulinarischem Gebiet einiges getan in Neuseeland. Heute wird die Restaurant- und Cafészene von ethnischer und internationaler Küche dominiert. Die traditionellen neuseeländischen Zutaten wie Lamm, Rind oder Rehfleisch sowie Lachs, aber vor allem auch reichlich in hervorragender Qualität vorhandenes *seafood* wie Muscheln, Austern, Hummer und diverse Speisefische werden mit Anleihen aus den Küchen Asiens und Europas angerichtet. Dadurch entsteht eine Küche, die manchmal als *pacific rim cuisine*, als Küche der Anrainerstaaten des Pazifiks, bezeichnet wird. Der neuseeländische Speiseplan wird ständig erweitert, zum Beispiel durch die Farmzüchtung von Straußen, die man zuweilen auf Speisekarten findet.

Nicht nur hinsichtlich der Vielfalt und der Qualität des Essens, auch im Hinblick auf die Zahl der vorhandenen Cafés und Restaurants hat sich in den neunziger Jahren des vorigen Jahrhunderts eine wahre Revolution ereignet. Heute gibt es in den Zentren Restaurants für jeden Geschmack und

Geldbeutel, wo noch vor zwei Jahrzehnten gähnende Leere herrschte. Und während es früher neben dem obligatorischen Tee nur Instant-Kaffee gab, findet man jetzt fast kein noch so altmodisches Café mehr, in dem nicht eine italienische Espressomaschine blubbert und faucht. Besonders in den Zentren wie Auckland, Wellington, Christchurch und Dunedin existiert eine bunte Cafészene, in der man angesichts der vielen, oft interessanten Lokale schier die Qual der Wahl hat.

Auch ein aufstrebendes Weinland

Aber obwohl sich gerade die jüngeren Neuseeländer dem Kaffeekult verschrieben haben, gibt es im Lande auch noch genügend andere Flüssigkeiten, die getrunken werden wollen, wie etwa alkoholische Getränke. Auch hier hat es in den letzten Jahren große Veränderungen gegeben; das traditionell männerzentrierte Biertrinkertum hat starke Rückschläge hinnehmen müssen, da sich eine umfassende Weinkultur herausgebildet hat. Ein großer Teil des konsumierten Rebensaftes stammt aus Neuseeland selbst, was die eigentlich bemerkenswerte Entwicklung darstellt.

Heute wird in Neuseeland bis hinunter nach Otago Wein angebaut, der auch international zum Teil einen hervorragenden Ruf genießt. Schon seit den frühesten Tagen der europäischen Besiedlung wird in Neuseeland Wein gekeltert, wobei die ersten Rebstöcke vom Missionar Samuel Marsden gesetzt worden sein sollen. Mit James Busby als offiziellem Vertreter der britischen Regierung kam dann 1833 ein echter Weinbauexperte ins Land, der schon in Australien auf diesem Gebiet Pionierarbeit geleistet und auch ein Handbuch zum Thema verfasst hatte.

Auch die französischen Siedler in Akaroa auf der Banks Peninsula auf der Südinsel brachten ihre Weinbautradition mit ins Land, konnten jedoch keinen Weinanbau etablieren. Erfolgreicher war da schon der französische katholische Bischof Pompallier, der bei Meeanee in der Hawke's Bay ein Weingut errichtete, das auch heute noch Wein produziert. Um 1900 gab es dann in der Hawke's Bay und in den Regionen Auckland und Northland eine Reihe kleiner Weingüter. In den letztgenannten Gebieten waren besonders Einwanderer aus Dalmatien und dem Libanon mit dem Weinanbau beschäftigt.

Jedoch hatten die Winzer nicht nur unter der starken Prohibitionsbewegung zu leiden, sondern auch unter dem weit verbreiteten schlechten Ruf ihrer Erzeugnisse als *plonk*, billigem Fusel. Die Einstellung der Neuseeländer zum Weinkonsum änderte sich erst nach dem Zweiten Weltkrieg langsam. Während die gesamte Weinanbaufläche in Neuseeland direkt nach dem Krieg bei etwa 400 Hektar lag, betrug sie gegen Ende der neunziger Jahre rund 10 000 Hektar, Tendenz weiter steigend, wobei jährlich etwa 60 Millionen Liter Wein produziert werden.

Die wichtigsten Anbaugebiete sind heute Auckland/Northland, Gisborne und Hawke's Bay auf der Nordinsel und Nelson, Marlborough und Canterbury/Central Otago auf der Südinsel. In den Regionen Marlborough, Gisborne und Hawke's Bay werden etwa 85 Prozent aller neuseeländischen Weine produziert. Vor allem für seine Weißweine wie Chardonnays und Sauvignon blancs ist Neuseeland bekannt, aber auch Rotweine der Rebsorten Cabernet Sauvignon, Merlot und Pinot noir finden immer größere Verbreitung; besonders auf der wärmeren Nordinsel, zum Teil aber auch im Norden der Südinsel, wo sich in der von der Sonne verwöhnten Provinz Marlborough um die Stadt Blenheim herum das größte Weinanbaugebiet Neuseelands befindet.

Die Weingüter produzieren nicht nur zum Teil hervorragende Weine, sondern viele liegen auch äußerst malerisch in der prachtvollen Landschaft, wie etwa die Neudorf Vineyards bei Nelson oder das besonders fotogene Weingut Rippon Vineyard am reizenden Lake Wanaka. Touren zu den Weingütern sind inzwischen auch bei vielen Besuchern des Landes sehr beliebt, besonders dort, wo sich mehrere Güter zu einer Tour kombinieren lassen. Das ist besonders dann überhaupt kein Problem, wenn sich wie in einigen Gegenden inzwischen Weingut an Weingut reiht; auf der kleinen Waiheke Island im Hauraki Gulf vor Auckland gibt es zum Beispiel mittlerweile rund 30 Weingüter. Im Jahre 2000 lag die Zahl der Weingüter im gesamten Land bei 365.

Aber auch beim traditionell weniger angesehenen (dafür mehr getrunkenen!) Bier hat dank der Entstehung kleiner Privatbrauereien, den *boutique breweries* oder *micro-breweries*,

Bilder (Südinsel) nächste beiden Doppelseiten
• Die Geröllflächen und weit verästelten Wasserläufe des Haast River umfassen den ganzen Talboden und sind bis 2 km breit
• Die Morgensonne beleuchtet vom Maruia River ausgewaschene Sedimente
• Glaziale Sedimente am Oberlauf des Matukituki River
• Die Schönheit unkorrigierter Flusslandschaften: In Neuseeland gibt es sie, wie hier am Rakaia River

terra magica

terra magica

terra magica

terra magica

eine Trendwende weg von der Masse und hin zur Qualität stattgefunden. Das alles heißt natürlich noch lange nicht, dass Bier oder anderer Alkohol nicht mehr im Übermaß getrunken würden; im Gegenteil gibt es gerade mit dem exzessiven Alkoholkonsum von Jugendlichen große Probleme.

Wein und Bier – eine Geschichte von Genuss und Prohibition

Neuseeland kann auf eine Trinkkultur zurückblicken, die durch exzessives Trinken der Männer auf der einen Seite und eine starke Prohibitionsbewegung auf der anderen Seite geprägt ist. Das exzessive Moment ergab sich unter anderem daraus, dass Wald- oder Landarbeiter oder während des Goldrausches auch die Goldgräber die ganze Woche irgendwo im *bush* beschäftigt waren und dann am Wochenende in die nächstgelegenen Ortschaften kamen, um ihren Wochenlohn zu vertrinken und dabei all das nachzuholen, was sie während der Woche verpasst hatten.

Außerdem fehlte angesichts des lange anhaltenden Männerüberschusses vielen Männern, die als Singles hauptsächlich nur mit anderen Männern zu tun hatten, der mäßigende Einfluss von Frau und Familie. Dieses Trinkmuster scheint sich in gewisser Weise bis heute gehalten zu haben, wenn man sich anschaut, was freitags abends in vielen Städten des Landes vor sich geht. Kein Wunder, dass viele vor allem religiös geprägte Frauen dieser Unsitte mit all den damit verbundenen Übeln ein Ende machen wollten.

So hatte die neuseeländische Frauenwahlrechtsbewegung auch eigentlich das Ziel, über eine Vertretung der Frauen im Parlament Prohibitionsgesetze durchbringen zu können. Schon 1881 wurde ein Gesetz zur Kontrolle der Vergabe von Alkoholausschanklizenzen verabschiedet, aber richtig ernst wurde es erst 1893, von wo an in allen Wahlbezirken alle drei Jahre eine Abstimmung darüber stattfinden musste, ob der Bezirk nun *wet* oder *dry* sein würde, ob also Alkohol verkauft werden durfte oder nicht. 1908 waren zwölf von 76 Wahlbezirken «trocken», und es gab erheblich weniger Schanklizenzen als 1893. Mit einer Gesetzesänderung im Jahre 1910 wurde aus den Bezirksabstimmungen eine an die allgemeinen Wahlen gekoppelte landesweite Abstimmung.

Ganz knapp war der Ausgang der Abstimmungen in den Jahren 1911 und 1919, in denen die für ein Alkoholverbot benötigten 60 Prozent der Stimmen jeweils fast erreicht worden wären. Danach sank der Anteil der Befürworter eines Alkoholverbotes rapide. Gebiete, die vor 1910 «trocken» gewesen waren, konnten es weiter bleiben, wenn sich die Wähler im Bezirk weiterhin dafür aussprachen. So verblieb zum Beispiel die Stadt Invercargill ganz im Süden des Landes bis 1943 dry.

Ein weiterer augenfälliger Aspekt neuseeländischer Alkoholgesetzgebung waren die Öffnungszeiten der Kneipen. Im Jahre 1917 wurden die Öffnungszeiten, nachdem 1881 der Alkoholausschank an Sonntagen verboten worden war, im Zuge kriegsbedingter Maßnahmen von vormals 6.00 bis 22.00 Uhr auf 9.00 bis 18.00 Uhr eingeschränkt – so entstand der berühmte *six o'clock swill*; nach der Arbeit eilten die Männer in die Pubs, um noch schnell ein paar Pints hinunterzuschütten. Auch wenn in abgelegenen Orten wie an der Westküste der Südinsel auch weiterhin nach sechs Uhr abends getrunken wurde, dehnte man die Öffnungszeiten erst 1967 wieder offiziell auf 22 Uhr aus.

Bis in die sechziger Jahre hinein wurden Alkohollizenzen fast ausschließlich nur an hotelähnliche Etablissements vergeben, die also auch Unterkünfte anboten – mit ein Grund dafür, dass so viele alte Kneipen «Hotel» im Namen tragen. Seitdem ist allerdings vieles anders geworden, besonders zu Beginn der neunziger Jahre. Inzwischen gibt es nur noch wenige Restaurants, die überhaupt keine Schanklizenz haben, wo man also nicht einmal selbst Alkohol mitbringen darf gemäß der alten weit verbreiteten Sitte des *BYO (bring your own)*.

Erst seit Ende der 1990er Jahre haben die *liquor stores*, die Alkoholläden, auch an Sonntagen geöffnet. Man braucht sonntags also nicht unbedingt etwas zu essen (oder zumindest so zu tun, als wollte man etwas essen), um in Kneipen Alkohol bestellen zu können – vorher war der Alkoholkonsum an eine einzunehmende Mahlzeit gebunden. Alle möglichen Arten von Etablissements verkaufen Alkohol, jedoch zum Beispiel keine Tankstellen oder Eckläden. Und die Cafés, Restaurants, Bars und Klubs können Schanklizenzen für rund um die Uhr bekommen.

Bilder (Südinsel) rechts und nächste beiden Doppelseiten
• **Die vorherrschende Tussockgras-Vegetation setzt eine besondere Note ins voralpine Gebirge am Lindis Pass**
• **Mt. Cook mit Sealy Tarns und Morgennebel im Hooker Valley**
• **Tasman-See – Brandung und Lichtblicke**
• **Bei Pilch Point im fernen Norden der Südinsel**
• **Im Abel Tasman National Park**
• **Bizarre Felsen und weite Strände südlich von Cape Farewell**

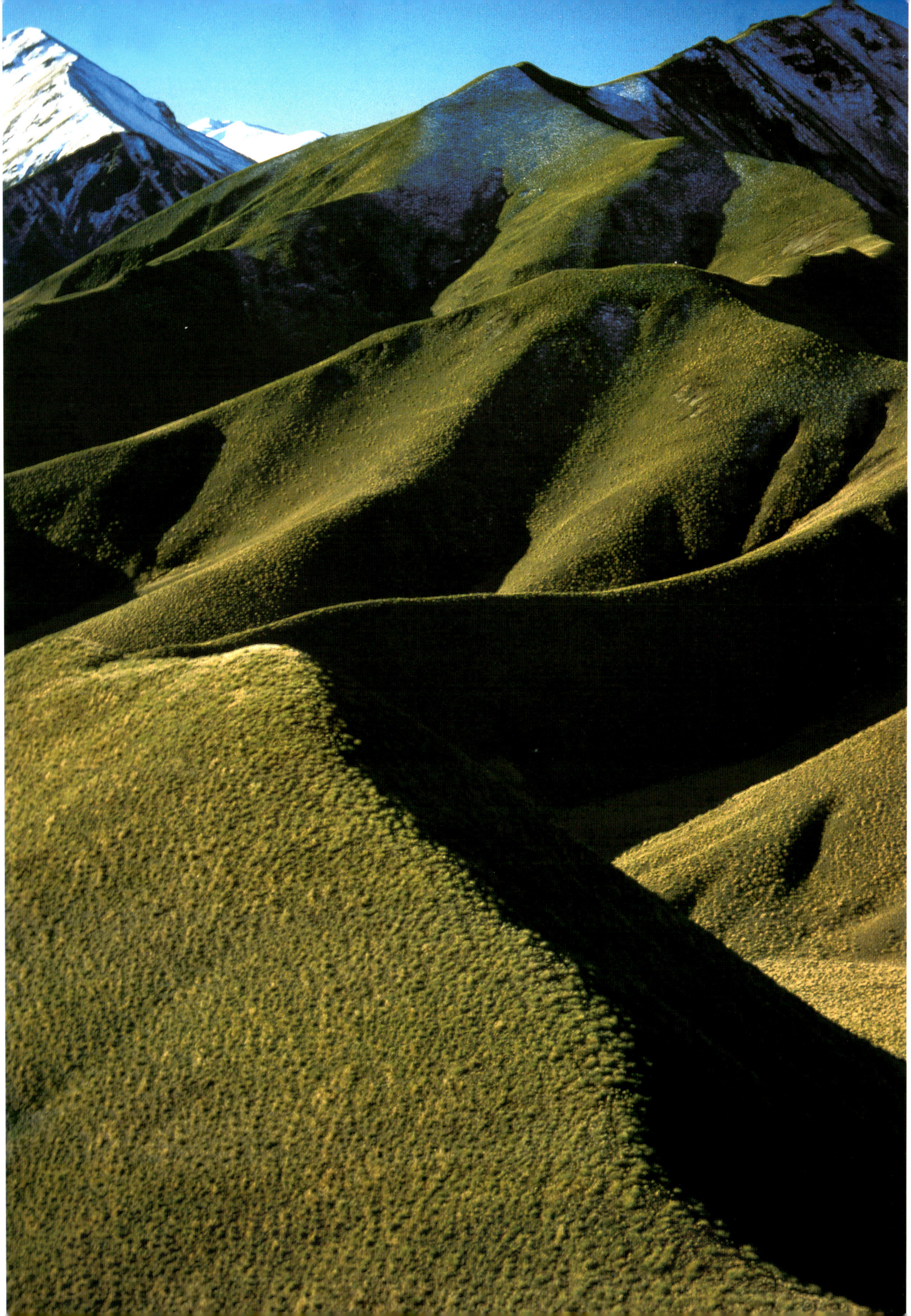

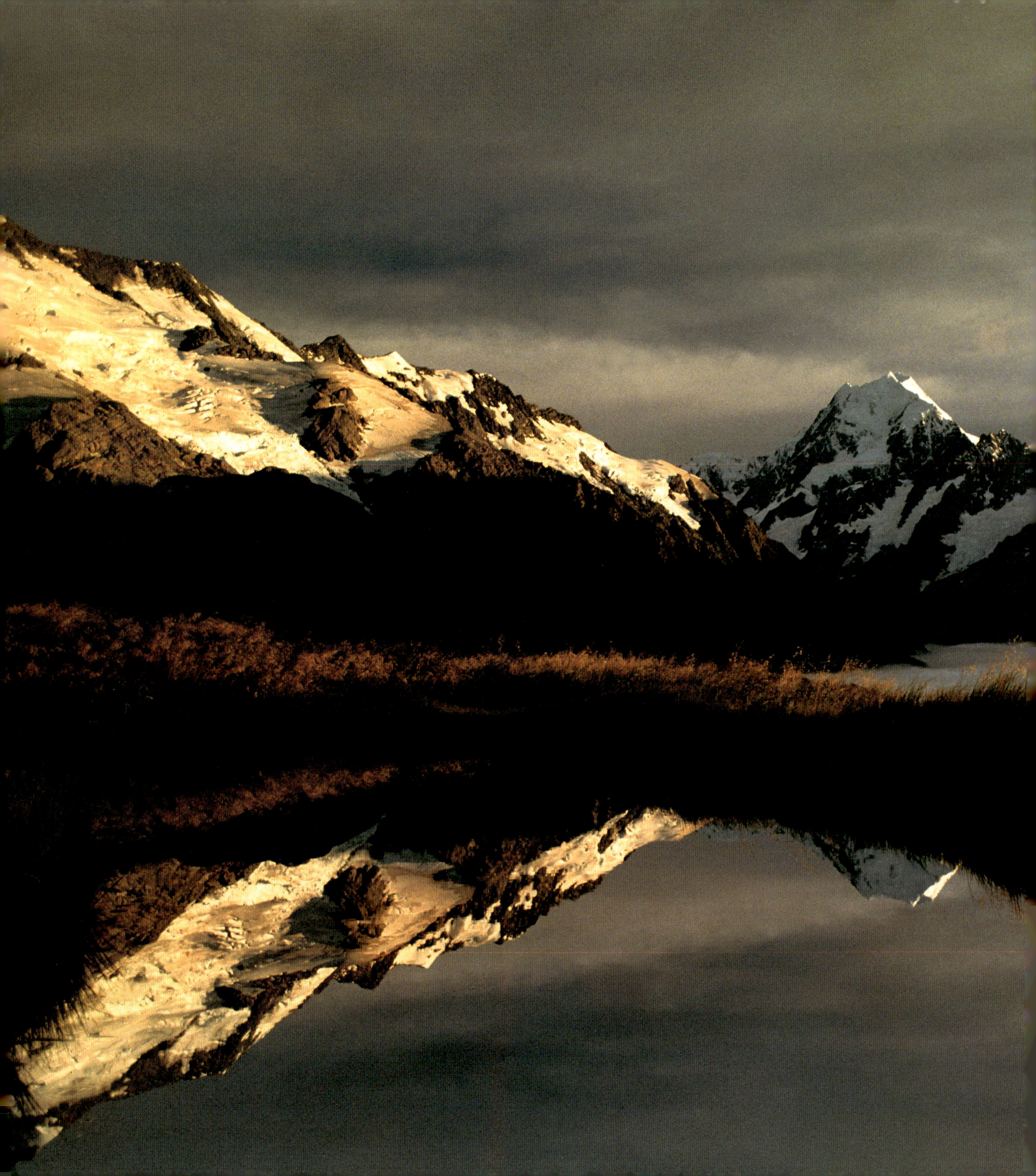

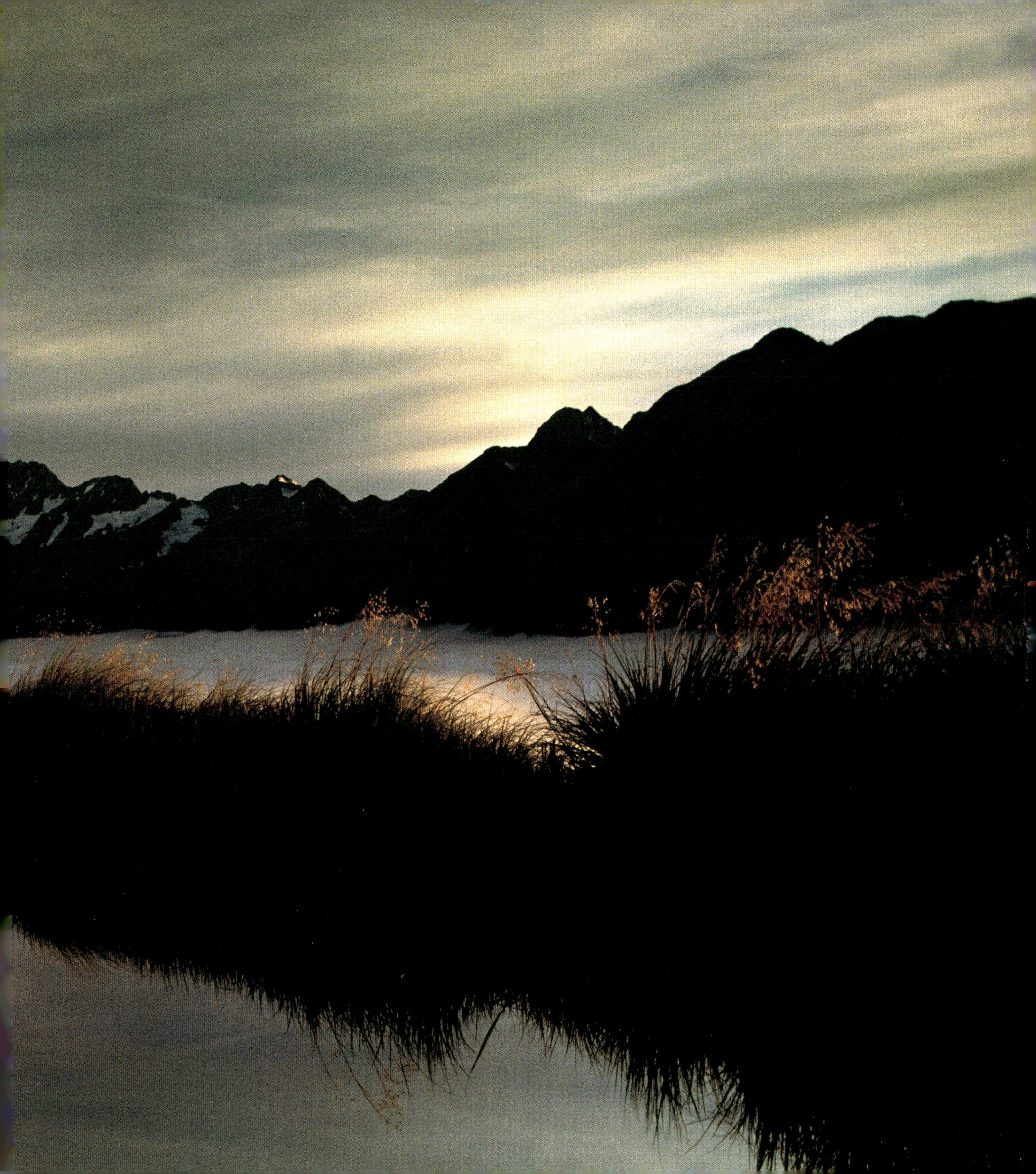

terra magica

terra magica

Polyglotte Offenheit und insulare Beschränktheit

Im Ganzen bietet sich somit hinsichtlich der neuseeländischen Gesellschaft ein Bild, das von einer starken Öffnung gegenüber internationalen Einflüssen sowie einer inneren Liberalisierung geprägt ist. Ethnische Küche besonders aus Asien sowie eine lebendige Cafékultur sind nur die äußeren Anzeichen dieser Entwicklung. Und doch scheint das Land auch weiterhin in gewisser Weise von seiner abgeschiedenen Insellage beeinflusst zu sein. Wenn die Neuseeländer in der Werbung von Air New Zealand auch als Reiseweltmeister gepriesen werden und viele «Kiwis» in der Tat ständig auf Achse sind, man sie überall auf der Welt antrifft, sei es als Reisende oder als Zugewanderte, und sie insgesamt überaus mobil sind, so scheint der Blick bei vielen doch auch insular beschränkt zu sein und sich vorwiegend auf das Innenleben der Inseln zu konzentrieren.

So muss schon etwas außerordentlich Dramatisches im Ausland passiert sein, um Berichte über Ereignisse in Neuseeland von den Spitzenpositionen in den Fernsehnachrichten verdrängen zu können. Oft erinnert diese introspektive Beschränktheit des Blickes an die vom «New Yorker» inspirierten Reliefkarten verschiedener Städte, Gebiete oder Länder, die dann überproportional aufgeblasen erscheinen mit dem Rest der Welt als Hintergrund, den man mit der Lupe suchen muss. Entsprechend diesem Bild ist der beschränkte Blick häufig mit einer Art Überschätzung der eigenen Bedeutung gepaart – Neuseeland «on top of the world», also ganz oben in der Welt, was ja auch tatsächlich auf der Weltkugel im Signet der Vereinten Nationen der Fall ist. Dabei ist diese Selbstüberschätzung genauso unsinnig wie das Minderwertigkeitsgefühl des kleinen, vergleichsweise jungen Landes am Rand der Welt.

Obwohl den Neuseeländern im Allgemeinen schon ein gewisser Nationalstolz eigen ist, der sich vorwiegend auf die Schönheit des Landes und sportliche Erfolge gründet, mangelt es im Großen und Ganzen vielleicht eben doch noch an einer ureigenen neuseeländischen Identität. Deswegen misst man sich, zumindest in den Medien, oft und gern auf hin und wieder krampfhaft erscheinende Weise mit anderen Ländern, besonders mit dem Nachbarn Australien. Eventuell leiden viele Neuseeländer europäischer Abstammung darunter, quasi ein Ableger eines Landes auf der anderen Seite des Globus zu sein und in historischer Verlängerung vielleicht immer noch als wilde Kolonialisten in einer unzivilisierten Wildnis zu gelten.

Sie schwanken zwischen Loyalität zum Mutterland und Ablehnung desselben, in der Mehrheit an der Monarchie festhaltend, aber andererseits auch Witze über die vermeintlich verweichlichten Briten reißend. Sie befinden sich also immer noch in den letzten Stadien der Abnabelung vom Mutterland, der Entkolonisierung, die auch in der Hinwendung zu Asien und zum Pazifik ihren Ausdruck findet. Die Maori leben mit der Geschichte ihrer eigenen Kultur und der Geschichte der Begegnung mit der westlichen Welt, was auch sehr unterschiedliche Reaktionen hervorruft, aber eine einfache Identitätsfindung in den meisten Fällen heutzutage verhindert. Wie immer dieses alles auch zu beurteilen sein mag, der Offenheit und Freundlichkeit der Bewohner des Landes tut das im Allgemeinen Gott sei Dank keinen Abbruch.

Kunst auf den Inseln

Obwohl die meisten Besucher wegen der landschaftlichen Schönheiten nach Neuseeland kommen, ist das Land am anderen Ende der Welt auch kulturell beileibe keine Wüste. Natürlich fallen dem Reisenden vor allem die vielen Kunsthandwerksläden auf, die sich vor allem da, wo es die Touristen hinzieht, ausgebreitet haben – heutzutage gibt es ja kaum noch Flecken im Land, die vom Tourismus unberührt geblieben sind.

Dennoch existieren nach wie vor besondere Kunsthandwerkszentren wie zum Beispiel der Raum Nelson mit seinen vielen Töpfern, Schmuckherstellern und anderen Kunsthandwerkern und Künstlern. Nicht von ungefähr ist in Nelson auch die «Wearable Arts Show» ins Leben gerufen worden, eine faszinierende Veranstaltung, bei der Kleidung in Form von phantasievollen Kunstwerken vorgeführt wird.

Bilder (Südinsel) rechts und nächste beiden Doppelseiten
- *Lake Rotoroa im Nelson Lakes National Park*
- *Graphische Eindrücke in der Craigieburn Range südöstlich des Arthur's Pass*
- *Im Karstgebiet bei Castle Hill*
- *Skulpturierter Fels in The Casm, Cleddau Valley im Milford Sound*
- *Ein Spiegel im wasserpolierten Urgestein im Cleddau Valley*

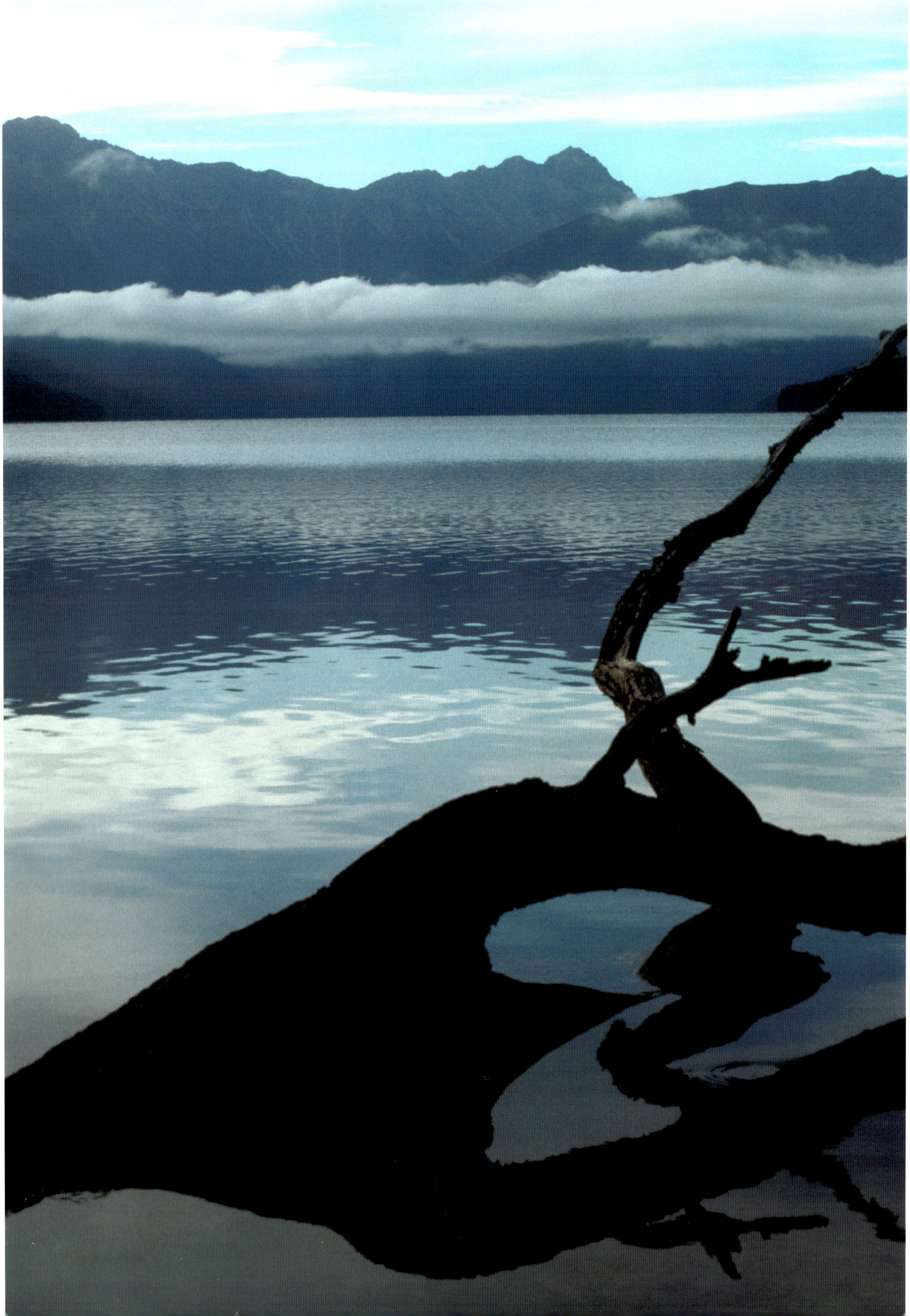

terra magica

terra magica

terra magica

terra magica

Ein Teil dieser Kunsthandwerker führt dabei eine von den Maori begonnene Tradition fort. Heute findet man Kunsthandwerk, das an von den Maori geschaffene Formen angelehnt ist, vor allem bei denjenigen, die *greenstone*- oder Knochenschnitzereien herstellen. Vor allem in der klassischen Periode der Maori-Kultur, als die Maori durch Verbesserungen bei der Kultivierung und bei der Lagerung der Süßkartoffel etwas mehr Muße hatten als vorher, produzierten sie komplexe Kunstgegenstände, die mit ihren spirituellen Vorstellungen in Verbindung standen und zeremoniellen Zwecken oder als Ausdruck der Autorität bei hochgestellten Persönlichkeiten wie den Stammeshäuptlingen dienten.

Dabei wurde insbesondere die Holzschnitzerei zu einer hohen Kunst entwickelt, wie man sie auch heute noch in Versammlungshäusern bewundern kann und wie sie auch jetzt noch praktiziert wird, zum Beispiel im «Maori Arts and Crafts Institute» in Rotorua. Die Bearbeitung der «harten» Materialien wie Holz, Stein und Knochen ist traditionell den Männern vorbehalten, während die Frauen etwa aus Flachsfasern Matten, Kleidung und Körbe weben und flechten.

Die ersten von Europäern geschaffenen Kunstwerke in Neuseeland stammten vom Niederländer Isaac Gilseman, der den Entdecker Abel Tasman begleitete, als dieser Neuseeland «entdeckte» und Zeichnungen der Küste des Landes sowie auch eine Darstellung der Auseinandersetzungen zwischen Maori und Niederländern anfertigte, wobei er allerdings nie Land betrat. Ähnlich sahen die folgenden künstlerischen Betätigungen von Europäern aus. Die Zeichner, die Captain – ursprünglich Kohlenschiffsjunge – Cook auf seinen drei Reisen Ende des 18. Jahrhunderts begleiteten, Sydney Parkinson, William Hodges und John Webber, hielten ihre Eindrücke von Land und Leuten auf Papier und Leinwand fest. Von diesen Künstlern war der eher seinem romantischen Ideal als ethnographischer Genauigkeit verpflichtete Landschaftsmaler Hodges der bekannteste.

In der Anfangsphase der europäischen Besiedlung des Landes waren dann Zeit, Muße und Geld für eine künstlerische Betätigung zumeist nicht vorhanden. Andere Dinge besaßen zunächst Priorität, da die praktischen Anforderungen des harten Lebens in der Fremde den Alltag bestimmten. Landschafts- und Porträtmalerei dominierten die Kunst des 19. Jahrhunderts. Entweder statteten europäische Künstler dem Land einen Besuch ab, wie etwa Augustus Earle, der Ende der zwanziger Jahre in seinen Werken die neuseeländische Landschaft wie auch das Leben der Maori festhielt, oder George French Angas, der sich in den 1940er Jahren ebenfalls den Maori widmete. Auch wurden Zeichner und Maler von den Kolonisationsgesellschaften nach Neuseeland geschickt. Unter letzteren tat sich besonders der Entdecker, Landvermesser und eben auch Zeichner und Maler Charles Heaphy durch die Qualität seiner in den 1840ern auf vielen Erkundungstouren entstandenen, in zarten Tönen gehaltenen Landschaftsaquarelle hervor. Gegen Ende des 19. Jahrhunderts wandte sich die Landschaftsmalerei dann der noch weniger erschlossenen, von kriegerischen Auseinandersetzungen mit den Maori weitgehend verschonten Südinsel zu.

Dort boten sich in den Alpen auch die imposanteren Landschaftssujets an, wobei der frühere romantische Realismus jetzt eine dramatischere Note annahm. Dies vor allem in den Gemälden des 1890 aus den Niederlanden eingewanderten Petrus van der Velden, der zusammen mit zwei weiteren zur selben Zeit angekommenen Europäern, dem Schotten James Nairn und dem Italiener Girolamo Nerli, der Entwicklung der Kunst in Neuseeland neue Anstöße gab.

1870 war zuvor mit der Otago School of Art die erste öffentliche Kunstschule des Landes eröffnet worden. Mit der Einrichtung anderer Kunstschulen, der Bildung von Kunstgesellschaften und der Eröffnung der ersten öffentlichen Kunstmuseen in Dunedin und Auckland wurde in den beiden Jahrzehnten zwischen 1870 und 1890 der organisatorische Grundstock für die weitere künstlerische Entwicklung des Landes gelegt. Da gegen Ende des 19. Jahrhunderts die Zahl der Maori drastisch abgenommen hatte, widmeten sich einige Künstler besonders der Produktion von Porträts von Maori.

Hier seien besonders die fotografisch wirkenden Arbeiten des böhmischen Einwanderers Gottfried Lindauer und die ebenfalls detailgenauen Porträts von Charles F. Goldie genannt. Zu Beginn des 20. Jahrhunderts machten sich dann neue Einflüsse bemerkbar. Die international vielleicht bekannteste neuseeländische Künstlerin, Frances Hodgkins, begann ihre Karriere in Neuseeland, verließ das Land aber zu

Bilder (Südinsel) rechts und nächste beiden Doppelseiten
- **Langsam schmelzende Toteismassen bilden gelegentlich türkisfarbene, nur vorübergehend existente Teiche, wie hier am Fox-Gletscher**
- **Landschaft bei Te Anau Downs**
- **Routeburn Flats in den Humboldt Mountains**
- **Eigenwillige Erosionsskulptur in Meybille Bay bei Punakaiki**
- **Der versteinerte Wald von Curio Bay im äußersten Süden**

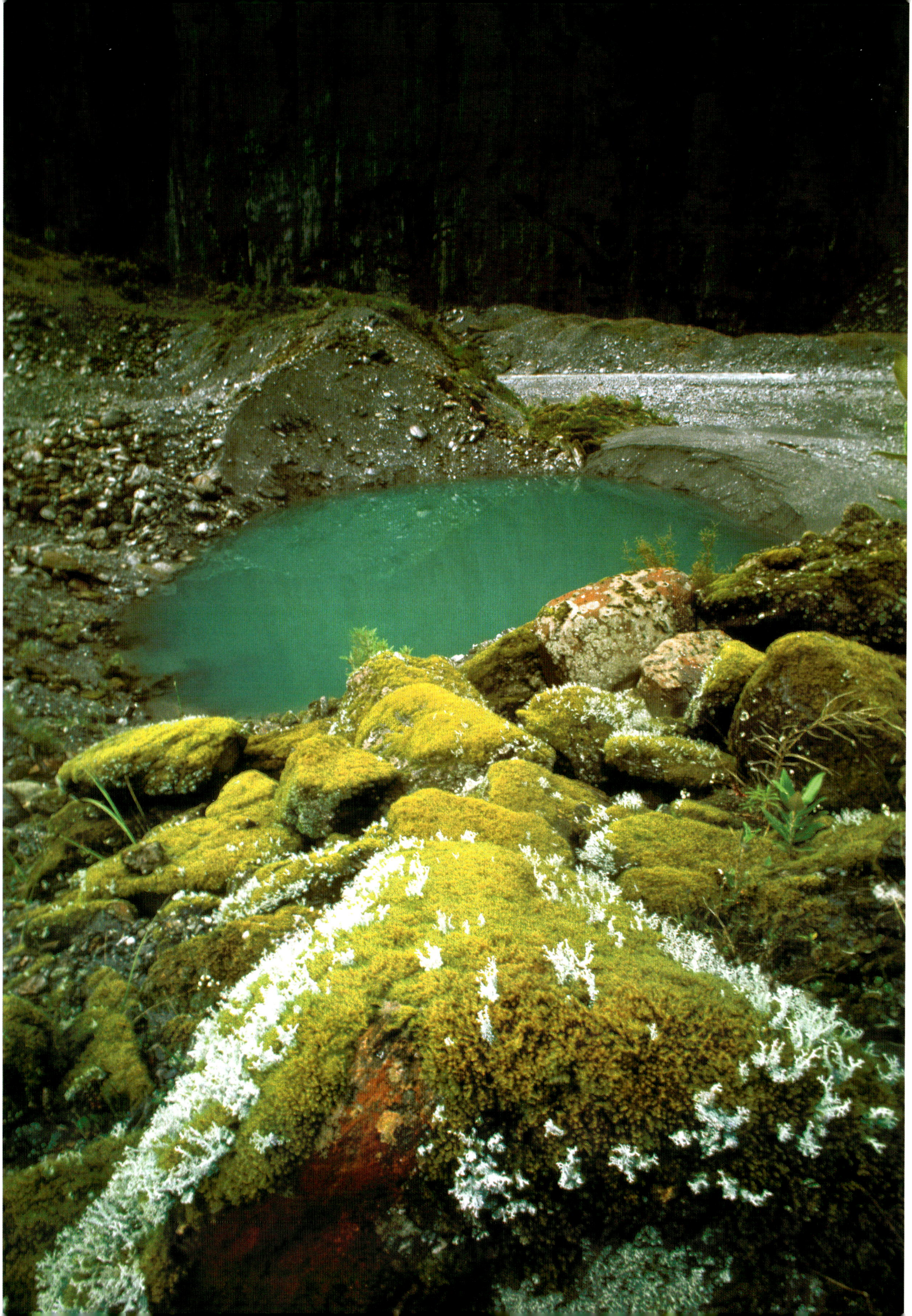

terra magica

136

terra magica

terra magica

terra magica

Beginn des Jahrhunderts und machte dann mit ihren vom Expressionismus beeinflussten Landschaftsbildern und Stillleben Karriere.

Eine Wanderin zwischen den Welten war auch die in der Nähe von Queenstown geborene, aus einer deutsch-jüdischen Familie stammende Mina Arndt, die unter Lovis Corinth in Berlin studierte. Sie kehrte 1917 nach Neuseeland zurück und lebte die meiste Zeit bis zu ihrem Tod im Jahre 1926 in Motueka bei Nelson. Ihr expressionistisch beeinflusster Stil fand zu ihren Lebzeiten nicht die gebührende Anerkennung, und sie ist erst in den letzten Jahrzehnten als wichtige neuseeländische Malerin «wiederentdeckt» worden. Im weiteren Verlauf des 20. Jahrhunderts brachten nach Europa gereiste Künstler immer auch neue Ideen und Stile mit zurück nach Neuseeland.

Gleichzeitig verstanden sich mehr und mehr Maler als dezidiert neuseeländische Künstler, was sich unter anderem in einer starken Hinwendung zu den Landschaften des Landes ausdrückte. Das war zum Beispiel im Werk der drei Künstler der Fall, die der neuseeländischen Kunst in den dreißiger und vierziger Jahren eine eigene Richtung verliehen, Rita Angus, Toss Woollaston und Colin McCahon. Rita Angus malte neben Porträts von Maori und anderen Neuseeländern auch neuseeländische Landschaften mit ihren typischen Farben und harten Lichtkontrasten.

Toss Woollaston, der auf dem Umweg über die Malerin Flora Scales, die auch beim Münchner Hans Hofmann studiert hatte, vom Kubismus beeinflusst war, malte vor allem die Landschaften der Regionen um Nelson und Greymouth auf der Südinsel. Als bedeutendster neuseeländischer Maler des 20. Jahrhunderts gilt Colin McCahon, dessen abstrakte, kubistische Landschaftsbilder unter anderem durch die Verwendung von Worten und Zahlen stark symbolistisch aufgeladen sind und oft religiöse Themen beinhalten. Andere Künstler ab den 1950ern, die der Moderne verpflichtet waren, sind zum Beispiel Gordon Walters, dessen Werke an der Verwendung von Maori-Formen wie insbesondere dem *koru*, dem sich entrollenden Farnwedel, zu erkennen sind.

Auch der Litauer Rudolf Gopas zählt zu ihnen, der seinen expressionistischen Stil mit nach Neuseeland brachte und damit einige seiner Schüler wie den heute bekannten Maler Philip Trusttum prägte. Im Verlaufe der sechziger, siebziger und achtziger Jahre öffnete sich die neuseeländische Kunstszene immer weiter den international verbreiteten Stilen, so dass schließlich auch hier jetzt alles an Stilrichtungen vertreten ist, was man auch anderswo findet. Dabei kam und kommt es zu interessanten Mischungen von Alt und Neu, Importiertem und Neuseeländischem, von westlicher und Maori-Kunst. Für letzteres ist besonders der Maori-Künstler Ralph Hotere bekannt, heute einer der bedeutendsten Künstler des Landes.

Andere, auch gerade jüngere Künstler wie der in Berlin lebende Peter Robinson gehen mit dem historischen und künstlerischen Erbe des Landes und der globalen Vielfalt der Stile eher spielerisch-provozierend um. In den Zentren des Landes gibt es jede Menge Galerien, in denen sowohl die etablierten als auch die jungen Künstler ein Publikum finden, und auch im Ausland nimmt man immer mehr Notiz von neuseeländischer Kunst mit dem ihr eigenen kulturellen und historischen Erbe.

Literatur auf den Inseln

Die Kultur der Maori basierte bis zu den Kontakten mit den Europäern auf rein mündlicher Überlieferung, wobei umfangreiche und komplizierte Genealogien und Mythologien von Generation zu Generation weitergereicht wurden und Poetisches sowohl in zeremoniellen Texten als auch Liedern reichlich vorhanden war. Die erste Literatur im Sinne von schriftlich fixierten Texten entstand anhand der Reiseberichte der verschiedenen Entdecker, die dann zum Teil als Bücher veröffentlicht wurden. Das sind etwa der offizielle Bericht über die erste Reise Cooks von John Hawkesworth und derjenige über Cooks zweite Reise von Georg Forster, der seinen Reisebericht in Englisch schrieb und danach für die deutsche Veröffentlichung selbst übersetzte.

Bilder rechts und nächste beiden Doppelseiten
- *Schwemmlandebene bei Omarama mit den Erosionszinnen (namens Paritea) einer übergelagerten Mergelsedimentlage. Südinsel*
- *Mineralische Ablagerungen am Rande der heissen Quelle Champagne Pool. Nordinsel (zwei Bilder)*
- *Champagne Pool: mit 60 m Tiefe und 60 m Durchmesser die größte heiße Quelle in Neuseeland. Antimonverbindungen sind nebst anderen Mineralien für die rote Färbung verantwortlich. Die in Blasen aufsteigenden Kohlendioxide verleihen der Quelle die naheliegende Bezeichnung*

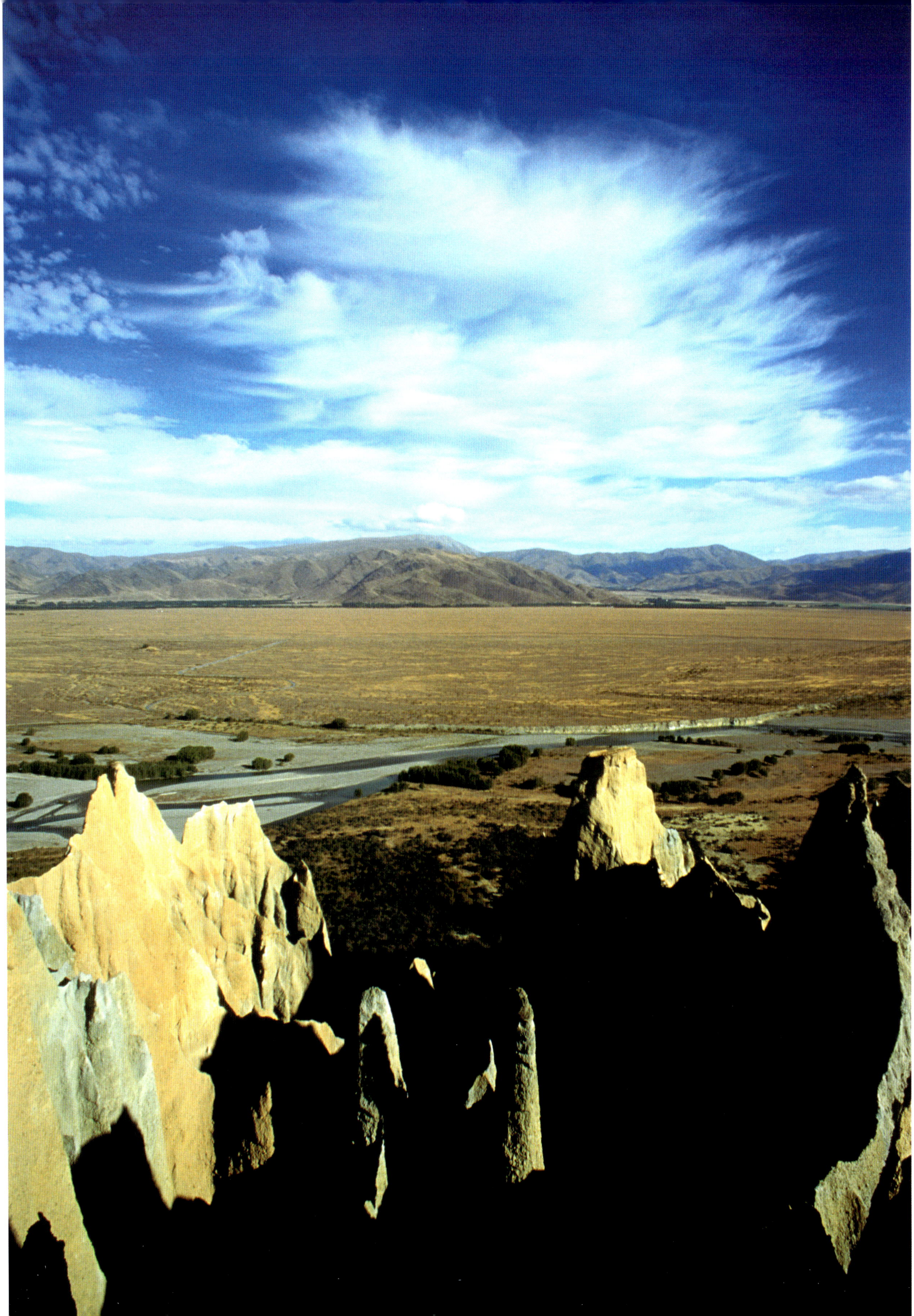

terra magica

terra magica

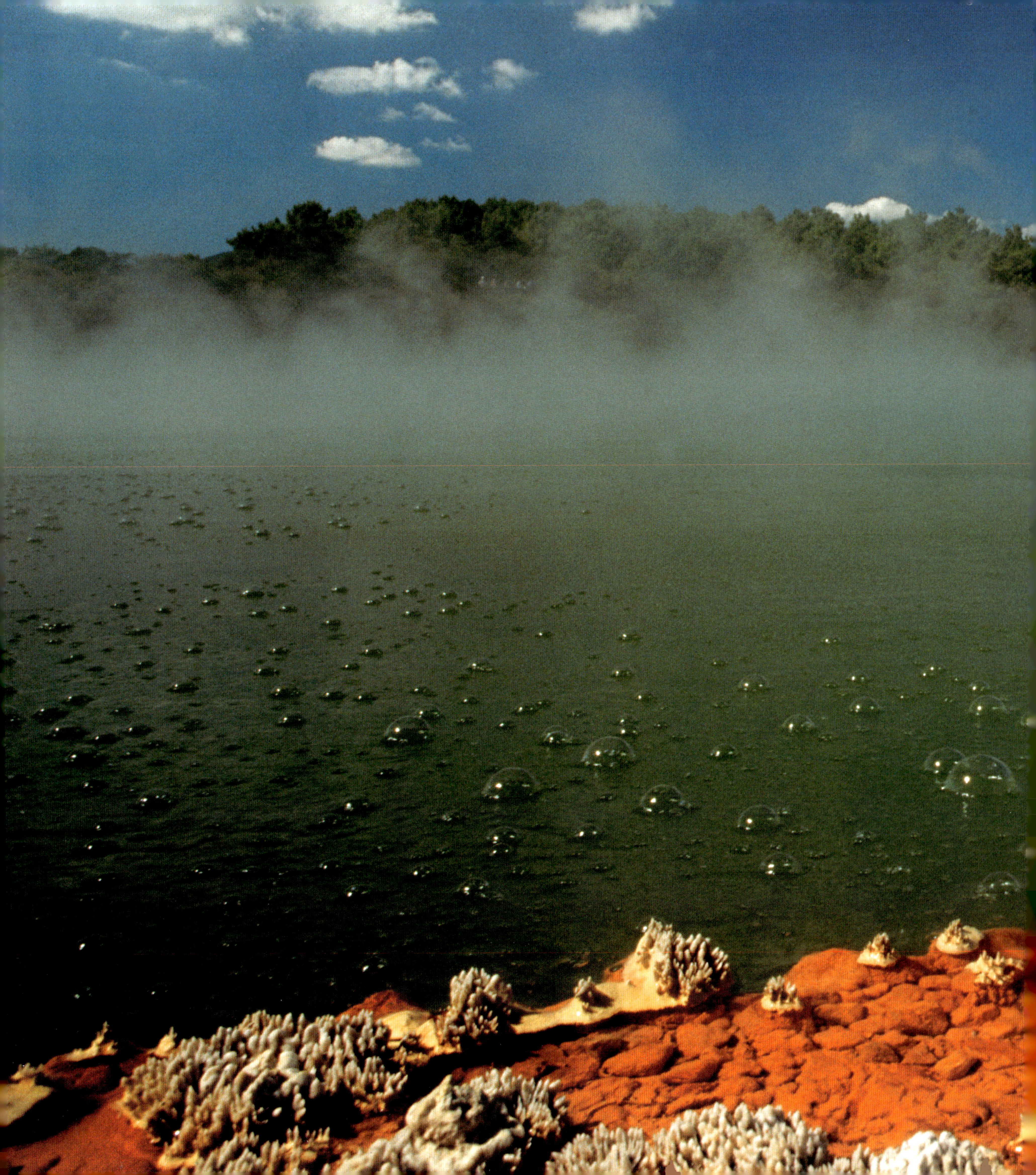

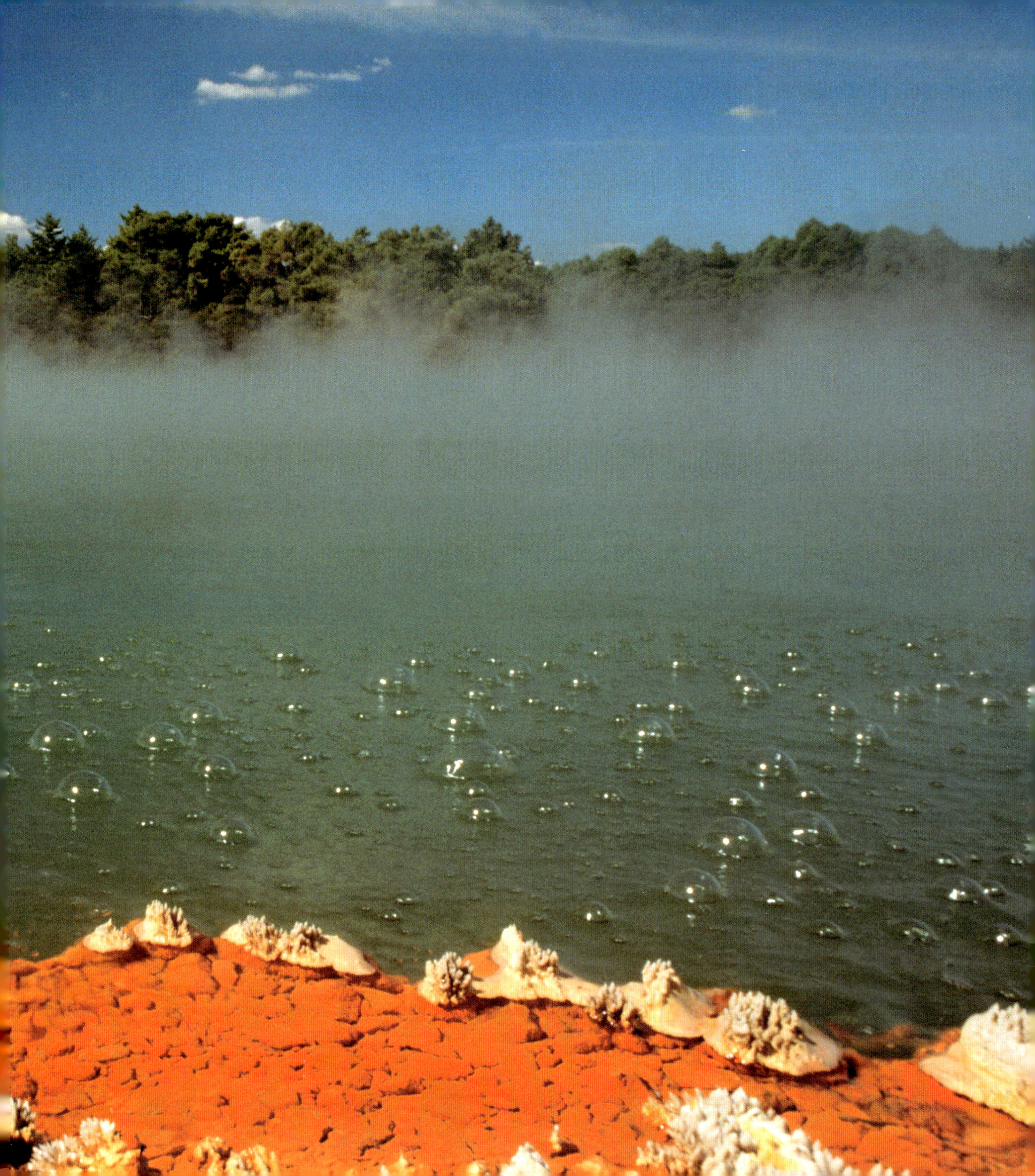

Auch in der Folge der französischen Entdeckungsfahrten von de Surville, du Fresne, d'Entrecasteaux und Dumont d'Urville erschienen Berichte über die neuseeländischen Inseln. Dieses setzte sich dann später im Zuge der Kolonisierung des Landes weiter fort, unter anderem in geographischen, ethnologischen und geologischen Büchern und Zeitschriftenartikeln, sowohl in Neuseeland selbst als auch im Ausland, in Deutschland zum Beispiel in *Petermann's Mittheilungen.*

Das erste in Neuseeland publizierte Buch wurde 1815 vom Missionar Thomas Kendall geschrieben; es trug den Titel *A Korao no New Zealand* und war der erste Versuch einer schriftlichen Fixierung des Maori. Während dieses Werk in Sydney gedruckt wurde, war das erste in Neuseeland selbst gedruckte Buch William Colensos 1837 erschienene Übersetzung des Neuen Testaments in die Sprache der Maori. Der erste Roman erschien 1861 in Auckland, *Taranaki: a Tale of War* von Henry Butler Stoney. Weitere fiktionale Texte folgten, erschienen in England und/oder Neuseeland, zum Beispiel der bekannte utopische Roman *Erewhon* des englischen Schriftstellers Samuel Butler. Dieser flüchtete vor der Strenge seines puritanischen Elternhauses ab 1860 für ein paar Jahre nach Neuseeland und betrieb in Canterbury eine Schafzucht.

Insgesamt entstand im 19. Jahrhundert in Neuseeland nur wenig, was die Zeiten überdauert hat. Das sollte sich schon zu Beginn des 20. Jahrhunderts ändern, als sich Katherine Mansfield als Verfasserin von Kurzgeschichten einen Namen machte, allerdings nicht in Neuseeland, sondern in England. Ihre erste Sammlung von Kurzgeschichten erschien 1911 in London und trug den Titel *In a German Pension (In einer deutschen Pension)*, basierend auf bei Aufenthalten in Bayern gesammelten Erfahrungen. In ihren Kurzgeschichten konzentrierte sich Katherine Mansfield auf die alltäglichen, scheinbar nichtigen Ereignisse des Alltags und ließ in diesen Wesentliches zutage treten, indem sie dem inneren Erleben Ausdruck verlieh.

Da ihre Gesundheit stets von einem Lungenleiden bedroht war, betrachtete sie die Welt mit der Sehnsucht einer Gezeichneten, die trotz allem das Leben bejahte. Erst 34 Jahre jung starb Katherine Mansfield 1923 in Fontainebleau. Die von ihr begründete Tradition der Kurzgeschichte lebte und lebt auch weiterhin in der neuseeländischen Literatur fort. Besonders Frank Sargeson spezialisierte sich auf diese literarische Form, als anderer herausragender Verfasser von Kurzgeschichten ist Owen Marshall zu nennen.

Eine weitere besonders im Ausland sehr bekannte neuseeländische Schriftstellerin war Ngaio Marsh, die von 1934 bis zu ihrem Tode im Jahr 1982 über 30 Kriminalromane veröffentlichte, die in der ganzen englischsprachigen Welt gelesen wurden – nur wenige davon spielten allerdings in Neuseeland. Nur langsam entwickelte sich eine spezifisch neuseeländische Literatur. Als Meilenstein gilt in dieser Hinsicht der 1939 erschienene Roman *Man Alone* des damals in England lebenden Neuseeländers John Mulgan. Das Thema des einsamen Mannes in der fremden Welt findet sich auch schon in den Schriften von Entdeckern des 19. Jahrhunderts, als einzelne Männer den Kampf mit der neuseeländischen Natur aufnahmen.

Es setzt sich bis heute in der Werbung, vor allem für Bier, und im Rugby fort, aber auch zum Beispiel in den witzigen Geschichten über das unverfälschte Landleben des sehr populären Barry Crump. Dieser gilt als neuseeländisches Original und machte konsequenterweise auch Werbung für Bier, die genau dieses Stereotyp des einsamen, aber aufrechten Kämpfers fernab der hektischen und versnobten Großstadt verarbeitete; besonders sein erster Roman, *A Good Keen Man,* war ein großer Erfolg. Der einsame Pioniertypus des harten, aber im Grunde herzensguten, bescheidenen und vor allem aufrechten Naturburschen – als dessen Verkörperung vielen in Neuseeland Sir Edmund Percival Hillary gilt, der Erstbezwinger des Mount Everest – findet sich aber nicht nur in der neuseeländischen Kulturgeschichte, sondern gehört in den meisten Kulturen der Neuen Welt zum Arsenal kulturhistorischer Ikonen.

Das von John Mulgan angestoßene Bestreben, dem Land eine eigene literarische Stimme zu geben, wurde dann besonders von Frank Sargeson weiterentwickelt. Seine Geschichten spielten vor allem auf dem Land und in den Kleinstädten und in ihnen bediente er sich der Sprache seiner Protagonisten, mit einem Ohr für das neuseeländische Englisch, wie es vor ihm noch kein Schriftsteller gehabt hatte. Außerdem beeinflusste er eine ganze Generation junger neuseeländischer Schriftsteller, unter ihnen Janet Frame. Ein Zeitgenosse von Frank Sargeson war der Dichter Denis Glover, der neuseeländischen Slang mit traditionellen Formen zu kraftvollen Gedichten vereinte.

Die beiden bedeutendsten Dichter der zweiten Hälfte des vorigen Jahrhunderts waren Allen Curnow und James K. Baxter. Baxter ist sicher eine der schillerndsten Künstlerpersönlichkeiten, die Neuseeland je hervorgebracht hat. Er versuch-

Weltraumarchitektur an der Queenstreet in Auckland

te sich zunächst in allen möglichen Jobs, war Alkoholiker, bekehrte sich dann zum Christentum und gründete schließlich im Jahre 1969 in Jerusalem am Whanganui River eine Kommune. Der kleine bärtige Mann wurde zur Leitfigur aller gesellschaftlichen Randgruppen des Landes, sowohl Maori als auch Pakeha, und überzog seine Landsleute wegen ihrer Kleinbürgerlichkeit und materialistischen Einstellung mit beißendem Spott. Als er 1972 starb, hinterließ er dem Land ein dichterisches Werk, das ob seiner Schönheit heute in der Literaturgeschichte Neuseelands eine zentrale Stellung einnimmt. In der zweiten Hälfte des 20. Jahrhunderts begann dann auch der Roman seinen Siegeszug als literarische Form in Neuseeland.

Zu den im Ausland bekanntesten neuseeländischen Schriftstellern gehört sicher Janet Frame, unter anderem aufgrund der Verfilmung ihrer eigenen Lebens- und Leidensgeschichte, der dreibändigen Autobiographie *An Angel at My Table (Ein Engel an meiner Tafel)*. Zu Weltruhm gelangte auch Keri Hulme mit ihrem anspruchsvollen Roman *The Bone People (Unter dem Tagmond)*, für den sie den renommierten Booker Prize gewann. Andere bekannte und erfolgreiche Romanschriftsteller der siebziger und achtziger Jahre waren Maurice Gee, Ian Cross, Maurice Shadbolt und Sue McCauley, die auch heute noch weiter produzieren.

Außerdem seien noch Ian Wedde, C. K. Stead, Vincent O'Sullivan, Stevan Eldred-Grigg und Fiona Kidman genannt, zu denen immer wieder neue Talente wie Elizabeth Knox oder Catherine Chidgey stoßen. Heute werden in Neuseeland jedes Jahr etwa 50 Titel erzählerischer Literatur publiziert, während es vor 1980 weniger als zehn waren. Zu den profiliertesten gehören dabei auch einige, die sich als Maori oder Polynesier insbesondere mit der Geschichte und dem Alltag

terra magica

der Maori und der Einwanderer aus dem Pazifik beschäftigen. Die bekanntesten Vertreter dieser Richtung sind Witi Ihimaera, Patricia Grace, Alan Duff und der aus Samoa stammende Albert Wendt.

Als einer der besten Dichter des Landes gilt überdies Hone Tuwhare. Den größten Coup von allen landete im Jahre 1990 Alan Duff mit seinem Roman *Once Were Warriors*, einer schonungslosen Darstellung des Alltags der Maori in den Großstädten, die auch mit großem Erfolg verfilmt wurde (deutsch: *Die letzte Kriegerin*). Da er mit seinen provokanten und nicht zimperlich vorgetragenen Meinungen nicht hinter dem Berg hält, ist er eine der kontroversesten Persönlichkeiten des öffentlichen Lebens in Neuseeland.

Filmschaffen auf den Inseln – seit 1898

Die ersten Filme in Neuseeland entstanden 1898, als A. H. Whitehouse in Auckland einige Wochenschaufilmchen herstellte. Der erste Spielfilm wurde im Jahre 1914 gedreht, als George Tarr die Maori-Legende von Hinemoa verfilmte, die noch des öfteren als Filmstoff dienen sollte. Jedoch dümpelte die neuseeländische Filmindustrie bis 1978 vor sich hin; in diesem Jahr wurde die New Zealand Film Commission eingerichtet, die bei der Finanzierung von Filmen hilft. Ende der siebziger und Anfang der achtziger Jahre entstanden dann einige auch außerhalb des Landes bekannte Filme wie *Sleeping Dogs*, *Smash Palace* und *Goodbye Pork Pie*.

Später machte eine neue Generation von Regisseuren von sich reden, unter anderen Vincent Ward mit seinen Filmen *Vigil* aus dem Jahre 1984 und *The Navigator* aus dem Jahre 1988. Zur bekanntesten Regisseurin der neunziger Jahre machte sich die in Australien ansässige Jane Campion mit *An Angel at My Table (Ein Engel an meiner Tafel)* und vor allem mit ihrem Meisterwerk *The Piano (Das Piano)* aus dem Jahre 1994, das mit allerhand Preisen überschüttet wurde. Obwohl die damals elfjährige Neuseeländerin Anna Paquin für ihre Rolle im *Piano* einen Oscar erhielt, spielte die Hauptrolle in dem durch seine Bildersprache und sein Einfühlungsvermögen beeindruckenden Film der neuseeländische *bush*.

Ebenfalls mit angesehenen Preisen ausgezeichnet wurden die Verfilmung von Alan Duffs Roman *Once Were Warriors* unter der Regie von Lee Tamahori, der inzwischen in Hollywood arbeitet, sowie der auf einem wahren Mordfall basierende Film *Heavenly Creatures* von Peter Jackson. Obwohl die neuseeländische Filmindustrie darunter leidet, dass viele Talente in die USA abwandern, wird Neuseeland auf der anderen Seite bei amerikanischen und vor allem auch indischen Filmproduzenten als Drehort immer gefragter. Zur Jahrtausendwende drehte der neuseeländische Regisseur Peter Jackson mit amerikanischem Geld in Neuseeland die aufwendige dreiteilige Verfilmung des englischen Fantasy-Romans *Der Herr der Ringe*, wodurch das neuseeländische Filmschaffen und das Land selbst noch bekannter werden.

Musik bei unseren Gegenfüßlern

Neuseeland hat bekannte Interpreten hervorgebracht, die die internationale Szene bereichert haben, besonders die Opernwelt. Die musikalische Tradition Neuseelands reicht bis in die Zeiten zurück, als das Land ausschließlich von den Maori besiedelt war, zu deren Kultur verschiedenste Arten von Gesängen und Liedern gehörten, die zum Teil mit flötenähnlichen Instrumenten begleitet wurden. Bei den Zeremonien, wie sie auch heute noch anlässlich von Besuchen auf den *marae* abgehalten werden, sind Lieder ein fester Bestandteil, indem auf eine Rede immer ein Lied folgt. Lieder und Gesänge hatten traditionell außerdem eine spirituelle Dimension, da durch sie Verbindungen zu den Geistern hergestellt werden konnten, egal ob es sich um Liebeslieder oder Gesänge bei einer Bestattungsfeier handelte.

Mit den britischen Siedlern kamen dann zunächst vor allem das Chormusikwesen und militärische Blaskapellen ins Land. Beim allgemeinen Publikum war in den Jahrzehnten um die 19./20. Jahrhundertwende vor allem leichte Unterhaltungsmusik gefragt wie Balladen und Operetten, verdrängt dann als beliebteste Unterhaltungsformen von Radio und Film. Aber hier boten sich auch die mehr oder weniger ersten Möglichkeiten für Musiker, professionell zu arbeiten, zunächst in Orchestern zur Untermalung von Stummfilmen und dann durch die Etablierung von Rundfunkorchestern.

In den 1940er Jahren wurde schließlich das erste National Orchestra of New Zealand gegründet. Gleichzeitig betrat mit Douglas Lilburn der erste wichtige neuseeländische Komponist die Bühne, unter anderem mit Kompositionen wie *Aotearoa Overture* und *Landfall in Unknown Seas*. In der Folgezeit wurden immer mehr Institutionen der Musikerziehung und Organisationen zur Förderung des Musiklebens im Lande eingerichtet.

Das Parlament «Beehive» (Bienenkorb) genannt. Wellington

Heute – zu Beginn des 3. Jahrtausends – erfreut sich Neuseeland einer sehr bunten Musikszene. Das Angebot reicht vom New Zealand Symphony Orchestra und New Zealand String Quartet über Jazz und Country Music bis hin zu Rockmusik jeglicher Richtung und Lautstärke sowie Maori-Hip-Hop. Dabei bilden die Schulen und Musikabteilungen der Universitäten immer wieder neue Talente aus. In der Tat hat Neuseeland einige weltbekannte Musiker hervorgebracht, bisher vor allem Opernsänger und -sängerinnen wie Kiri Te Kanawa, Malvina Major, Donald McIntyre, Inia Te Wiata und Christopher Doig.

In Sachen Rockmusik war der bekannteste neuseeländische Export sicherlich die Band Crowded House der Gebrüder Finn; zu den berühmtesten Rockmusikern im Land selbst zählen heute der Altrocker Dave Dobbyn und die Band The Mutton Birds. Neben den sehr zahlreichen regelmäßigen Musikveranstaltungen in Konzertsälen, Klubs und Kneipen finden auch noch eine Reihe von Kulturfestivals statt, die neben Musikdarbietungen auch Theater und Tanz bieten. Als profiliertestes Kulturfestival hat sich in den letzten Jahren das «International Festival of the Arts» in Wellington etabliert, das alle zwei Jahre stattfindet.

terra magica

Eine neuseeländische Inselreise

Die Nordinsel – Schwarze Magie in den Kernlanden der Maori

Wenn man den Bewohnern von Neuseelands Südinsel Glauben schenkt, dann sind die Einwohner der Nordinsel, in der Maori-Mythologie *Te Ika-a-Maui,* der Fisch des Maui, die eigentlichen neuseeländischen Insulaner – die Südinsel nennt sich nämlich auch gern das *mainland*, das Festland. Und immer wieder gibt es Witzbolde, die für eine Unabhängigkeit der Südinsel von der Nordinsel streiten, und zwar unter dem Motto «cut the cable» – man solle doch einfach das Kabel durchschneiden, mit dem die Nordinsel am «Festland» verankert sei, und dann würde die Nordinsel in die Weiten des Südpazifiks davondriften.

Die Abneigung einiger Südinsulaner gegenüber der Nordinsel rührt wohl daher, dass sie mit dem Ballungsraum Auckland und der bösen Zentralregierung in Wellington die Grundübel repräsentiert, die den einfachen Mann im Süden seines natürlichen Lebens berauben. In der Tat halten viele Neuseeländer Auckland für einen ganz besonderen Teil des Landes – oder eben gar nicht für einen Teil ihres Landes.

Auckland ist die einzige wirkliche Metropole Neuseelands, die auch im Weltmaßstab nicht wie ein winziger Klecks auf der Landkarte wirkt. Mit den mehr als eine Million Einwohnern, die den Großraum Auckland bevölkern, lebt hier über ein Viertel aller Bewohner des Landes. Fast von Beginn der europäischen Kolonisierung der Inseln an war Auckland das wichtigste urbane Zentrum Neuseelands, und zu Anfang war es auch die Landeshauptstadt. Nur in der zweiten Hälfte des 19. Jahrhunderts wurde Auckland infolge des Goldrausches im Süden als wichtigste Stadt des Landes vorübergehend von Dunedin abgelöst.

Ähnlich wie das australische Sydney ist Auckland von seiner wunderschönen Lage am Wasser geprägt; es ist gleich an zwei ausgedehnten Naturhäfen gelegen, dem Manukau Harbour im Westen und dem Waitemata Harbour im Norden des Stadtzentrums. Das Wasser wird von einer Vielzahl enthusiastischer Bootsfreaks ausgiebig genutzt, weswegen die Stadt auch den Beinamen «City of Sails», die «Stadt der Segel», trägt. Ein weiteres besonderes geographisches Merkmal der Stadt sind seine rund 50 über das Stadtgebiet verteilten Vulkankegel wie etwa der Mount Eden und das berühmte Wahrzeichen One Tree Hill. Im Hauraki Gulf liegt zudem die Insel Rangitoto, der größte und jüngste Vulkankegel der Stadt, der sich durch eine Eruption vor etwa 600 Jahren aus dem Meer erhob.

Für die neuseeländischen Segelfreunde fielen am 14. Mai 1995 Weihnachten und Ostern auf einen Tag, als die neuseeländische Jacht *Black Magic* in San Diego im Final gegen die Amerikaner den America's Cup gewann, eine Art Weltmeistertrophäe der Segler. Da der neuseeländische Chef der Mannschaft, Peter Blake, der für seine roten Socken bekannt war, nicht an Bord war, als die neuseeländische Jacht ihr einziges Vorrundenrennen verlor, wurde das Missgeschick der Abwesenheit der roten Socken zugeschrieben. Darauf wurde in Neuseeland die Rote-Socken-Kampagne gestartet, bei der im ganzen Land Leute mit roten Socken als Zeichen der Unterstützung ihres Teams herumliefen. Natürlich wurde der Sieg im Lande als eine Neuauflage der Geschichte von David und Goliath frenetisch gefeiert.

Besonders freuten sich in der Folge die Bewohner von Auckland, als klar wurde, dass die Stadt den nächsten Wettbewerb ausrichten würde, der immer im Lande der Sieger stattfindet. Daraufhin wurde das Viaduct Basin im Stadtzentrum komplett umgestaltet, um die verschiedenen Jachtteams aufnehmen zu können, und es entstanden direkt am Wasser unzählige neue Cafés und Restaurants. So stand Auckland zwischen Oktober 1999, als die Vorausscheidung begann, und Februar und März 2000, als die Finalrennen stattfanden,

Bilder (Nordinsel) rechts und nächste drei Doppelseiten
• **Ruaumokos Throat (Schlund), ein mit heißem Wasser gefüllter, gelegentlich überlaufender Explosionskrater im Waimangu Valley**
• **Ninety Mile Beach im fernen Norden. Die Dünen bei Te Pak** *(zwei Bilder)*
• **Land der Vulkane: Mt. Ngauruhoe im Tongariro National Park** *(großes Bild und kleines oben)***, Mt. Egmont oder Taranaki. Der Vulkan Ngauruhoe (mit Mond) verhält sich zur Zeit ruhig. Die Ruhe täuscht, denn die letzte Eruption ereignete sich in allerjüngster Zeit im Jahre 1975**
• **Impressionen in Auckland mit alter Hotelfassade vor Glas-/Alubau, Aotea-Zentrum, Skytower und Westhafen Marina**

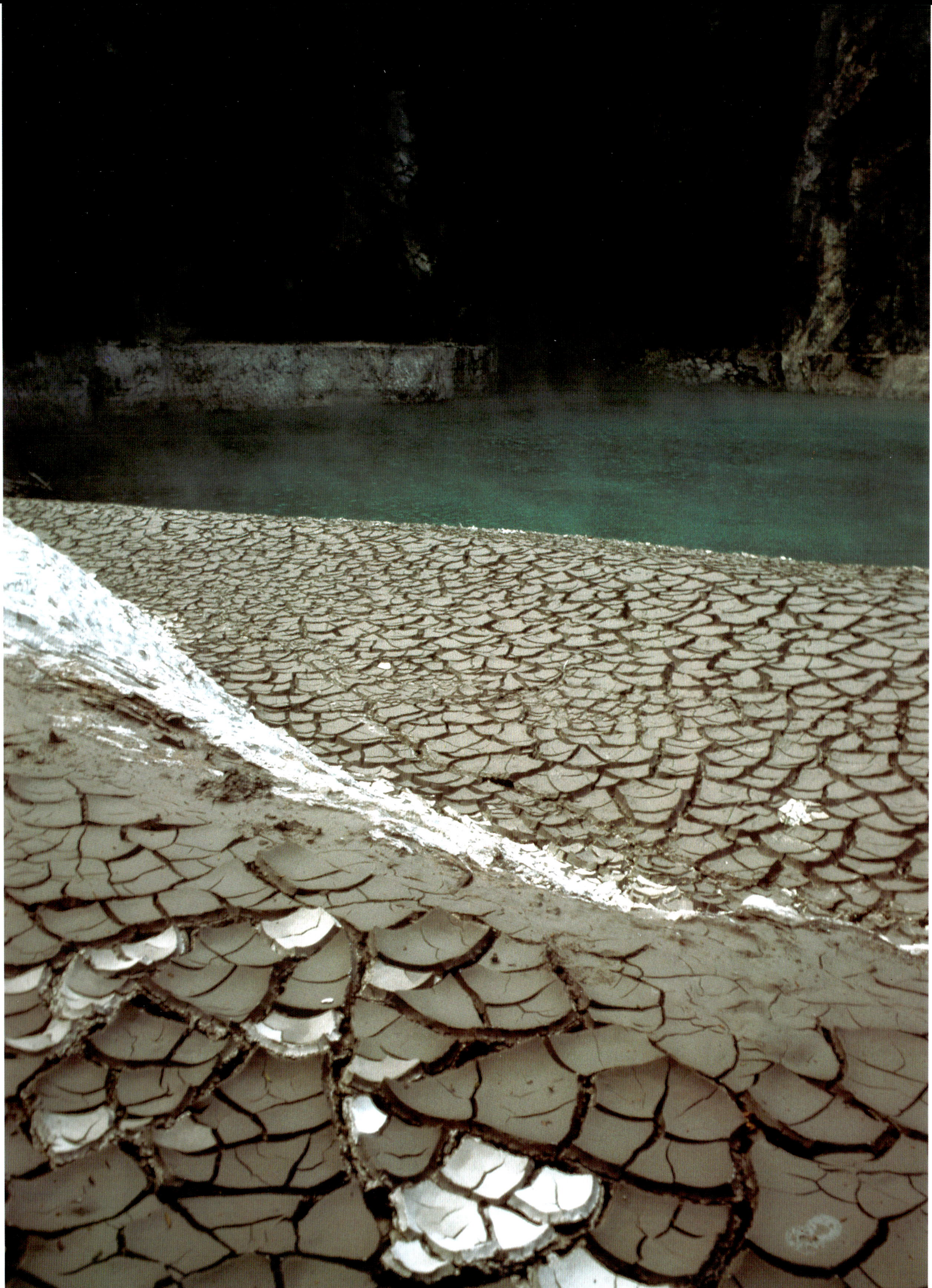

terra magica

terra magica

terra magica

terra magica

terra magica

terra magica

im Mittelpunkt des Interesses der gesamten Segelwelt. Und wiederum gewann *Black Magic* den Cup, und nicht nur Aucklands Gaststätten- und Hotelgewerbe und Makler, Baulöwen und Investoren freuten sich gewaltig.

Aber auch für Leute, die sich nicht fürs Segeln interessieren, hat Auckland einiges zu bieten. Es ist eine lebendige, multikulturelle Stadt, in die es besonders in den 1960er und 70er Jahren Einwanderer von den südpazifischen Inseln zog, so dass Auckland heute die größte polynesische Stadt überhaupt ist. Danach folgten Einwanderer aus asiatischen Ländern, und Auckland wächst weiterhin sehr schnell. Besonders in der Innenstadt wie auch in den schicken Vororten Parnell und Ponsonby findet man eine Unzahl verschiedenster Restaurants und Cafés.

Hier stößt man auch auf das alte, koloniale Auckland, während in der City die glitzernden Wolkenkratzer der Metropolen der Neuen Welt dominieren. Im Westen ist die Stadt von den wilden Waitakere Ranges begrenzt, und dahinter findet man von der Brandung gepeitschte Strände wie den aus dem Film *Das Piano* bekannten Karekare Beach.

Nördlich von Auckland liegt die Region Northland, bekannt für ihre Kauri-Wälder und die populäre Ferienregion Bay of Islands. Sowohl für die Geschichte der Maori als auch für die der europäischen Besiedlung ist das Northland eine bedeutende Region. Hier kam es zu den ersten länger dauernden Kontakten zwischen Maori und Pakeha; in Waitangi an der Bay of Islands wurde im Jahre 1840 auch der berühmte Vertrag zwischen der britischen Krone und den Maori unterzeichnet. Noch heute lebt im Northland der höchste Anteil an Maori aller Regionen Neuseelands.

Das, was von den ausgedehnten Kauri-Wäldern nach der Rodung durch die Maori, die die Bäume zum Bau von Kanus und Hütten sowie für Schnitzereien benutzten, und dann vor allem durch die Europäer, bei denen die Stämme der Baumriesen unter anderem als Schiffsmasten und dann für den

Bilder (Nordinsel) rechts und nächste beiden Doppelseiten
• **Starke Fumarolenaktivität am Ufer des Säuresees im Krater von White Island vor der Ostküste der Nordinsel**
• **Einsamer Strand und Erosionsloch an der North Taranaki Bay**
• **Quellen, Schwefel, Krater: heiße Quelle bei Waiotapu, heißer Red Crater im Tongariro National Park, Schwefelkrater auf dem Quellenfeld von Waiotapu, von Schwefel und verschiedenen chemischen Verbindungen eingefärbtes Wasser der Emerald Lakes im Tongariro National Park**

terra magica

terra magica

terra magica

terra magica

terra magica

Hausbau beliebt waren, übrig geblieben ist, ist heute als Northland Forest Park geschützt. Die bis zu 50 Meter hohen Mammutbäume sind nach wie vor sehr beeindruckend. Im Northland befindet sich auch das Cape Reinga, das allgemein als der nördlichste Punkt des neuseeländischen Festlands gilt, der es aber genau genommen nicht ist.

Neben dem viel fotografierten Leuchtturm steht hier am Kap ein uralter Pohutukawa-Baum, unter dessen Wurzeln sich der Mythologie der Maori gemäß der Eingang befindet, durch den die Seelen der Toten in die Unterwelt gelangen. Deutlich an den unterschiedlichen Farben zu erkennen, treffen hier auch die Tasmansee und der Pazifische Ozean aufeinander. Neben den reizenden Inseln, Buchten und Stränden des Erholungs- und Seglerparadieses Bay of Islands hat das Northland ansonsten noch mit einigen friedlichen Buchten und Naturhäfen wie dem Hokianga Harbour und der Doubtless Bay aufzuwarten.

Was für die Waldbestände des Northlands gilt, ist leider auch im Hinblick auf den Rest der Nordinsel wahr. Bevor Menschen einen Fuß auf die Nordinsel setzten, war diese fast gänzlich mit immergrünem Urwald bestanden. Heute ist sie vorwiegend von der landwirtschaftlichen Nutzung geprägt, mit den typischen saftig-grünen Weiden und ihren unvermeidlichen Schafen, die allerdings immer häufiger Rindern Platz machen müssen. Während es in ganz Neuseeland im Jahre 1982 auf dem Höhepunkt der Entwicklung über 70 Millionen Schafe gab, waren es 1999 nur noch 45 Millionen. Zum einen liegt dies daran, dass sich viele Farmer auf die Milchviehhaltung verlegt haben, andererseits aber auch daran, dass immer größere Flächen forstwirtschaftlich für die Pflanzung kommerzieller exotischer Wälder genutzt werden.

Was die Nordinsel neben den idyllischen Stränden, von denen zum Beispiel die Coromandel Peninsula im Osten von Auckland besonders viele und besonders schöne zu bieten hat, für Besucher interessant macht, sind die vielen Zeugnisse dessen, was da so unter der Erdoberfläche brodelt und kocht. An zahlreichen Stellen der Nordinsel ist dies deutlich sichtbar in Form von Geysiren, brodelnden Schlammlöchern, heißen Quellen und nicht zuletzt mächtigen Vulkanen. Das Zentrum der geothermischen Aktivitäten ist das Gebiet um die Stadt Rotorua, in der man schon vom beißenden Schwefelgeruch in der Luft darauf hingewiesen wird, dass sich hier einige heiße Dinge abspielen.

Wegen der warmen Mineralquellen ist Rotorua seit langem ein beliebter Badeort. Die meisten Besucher kommen jedoch nicht aus Gesundheitsgründen hierher, sondern um sich die Thermalgebiete anzusehen, von denen Whakarewarewa mit dem Pohutu-Geysir, mit heissen Gasen und Schlammlöchern das bekannteste ist. Außerdem ist Rotorua reich an Maori-Kultur und -Geschichte.

In der Umgebung der Stadt findet man zudem eine Reihe reizender Seen sowie zahlreiche Hügel, zumeist Produkte oder Überreste vulkanischer Aktivität. Besonders durch den gewaltigen Ausbruch des Mount Tarawera 25 Kilometer südlich der Stadt Rotorua im Jahre 1886 wurde die Landschaft noch einmal kräftig umgestaltet. Die Eruption riss eine 17 Kilometer lange Spalte in die Landschaft, und die Umgebung des Vulkans wurde unter Asche und Schlamm begraben, darunter auch mehrere Dörfer, wobei über hundert Menschen den Tod fanden.

Rotorua liegt genau in der Vulkanzone von Taupo, einem schmalen Gürtel entlang einer Verwerfungslinie, die durch das Aufeinandertreffen zweier Erdkrustenplatten entstanden ist. Dieser Gürtel zieht sich von den Vulkanen des Tongariro-Nationalparks bis zur 50 Kilometer vor Whakatane in der Bay of Plenty gelegenen White Island, dem aktivsten Vulkan des Landes. Auch der Lake Taupo, mit mehr als 600 Quadratkilometern der größte See Neuseelands, ist das Produkt einer gewaltigen Vulkanexplosion vor knapp etwa 2 000 Jahren, die als eine der mächtigsten der vergangenen 5 000 Jahre gilt. Auch um den Lake Taupo herum gibt es thermalaktive Gebiete, und der See selbst ist besonders bei Forellenanglern sehr populär.

Südwestlich des Lake Taupo liegt dann der Tongariro-Nationalpark mit den drei Vulkanen Mount Ruapehu, Mount Tongariro und Mount Ngauruhoe, von denen der Ruapehu mit 2 797 Metern der höchste ist. Der Tongariro-Nationalpark ist der älteste Nationalpark des Landes und einer der ältesten der Welt. Im Jahre 1887 schenkte der Ngati-Tuwharetoa-Häuptling Te Heuheu Tukino IV. der britischen Krone die be-

Bilder (Nordinsel) rechts und nächste drei Doppelseiten
- **Mt. Egmont aus 130 km Ferne vom Vulkan Ruapehu gesehen**
- **Einer der wenigen übrig gebliebenen Kauri-Baumriesen des Nordlandes, dessen Krone ein vielfältiges Pflanzenreservat beherbergt. Der große Rest fiel wirtschaftlichen Interessen zum Opfer**
- **Kaum ein Tag ohne Regen – Vegetation am Fuße des Mt. Egmont**
- **Fünf Impressionen in der Hauptstadt Wellington**
- **Felsentor bei Hahei auf der Coromandel Peninsula**
- **Mangrovenlandschaft in Whangaroa Bay**

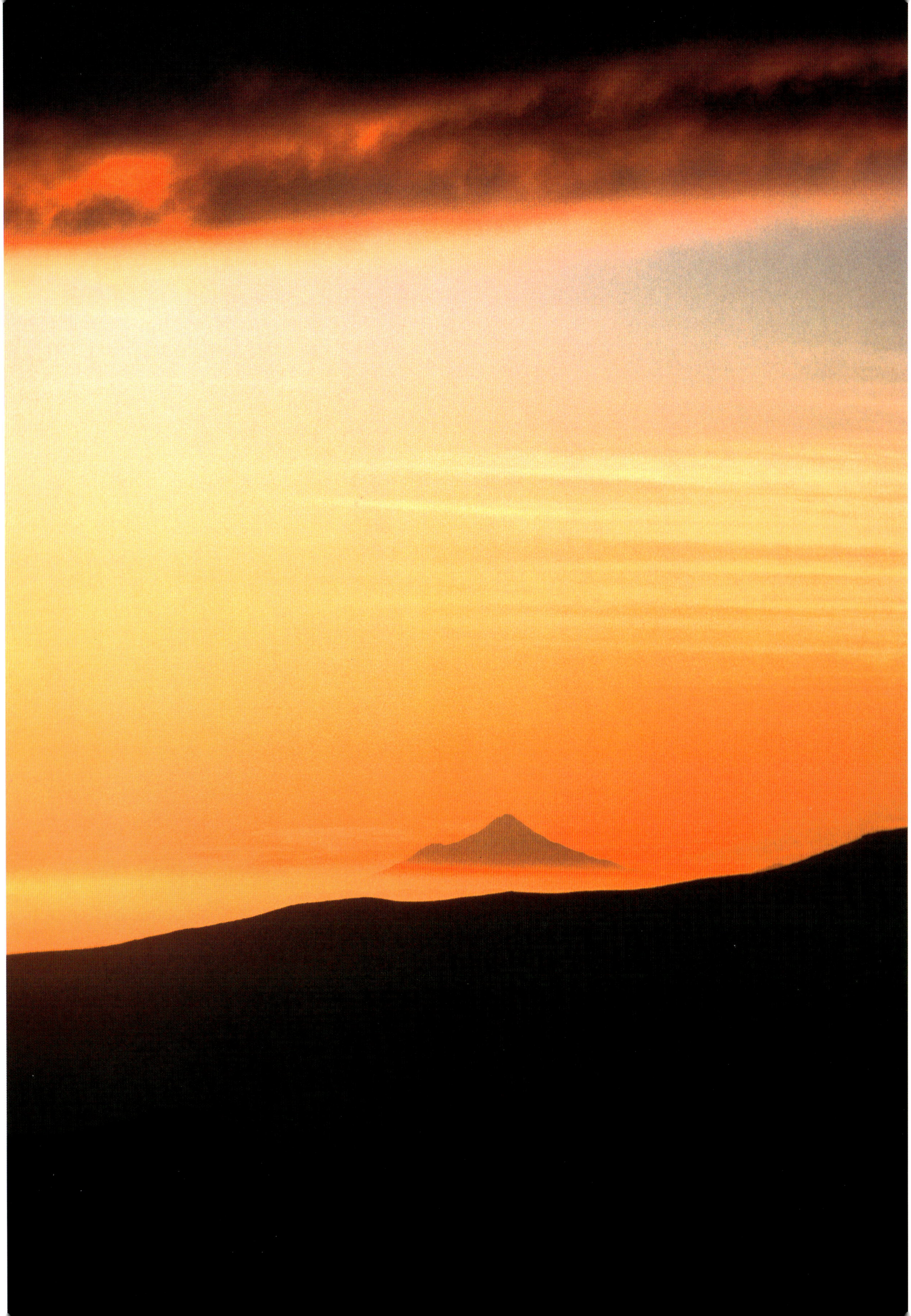

terra magica

terra magica

terra magica

terra magica

terra magica

terra magica

deutenden heiligen Gipfel der drei Berge, um diese davor zu bewahren, in private Hände zu fallen. Noch vor wenigen Jahren zeigte sich der Mount Ruapehu von seiner feurigen Seite und spie Asche, Gestein und Wolken heißen Dampfes und bewies damit, dass die Vulkane des Tongariro noch nicht zur Ruhe gekommen sind.

Der Nationalpark ist trotz und auch gerade wegen dieser Aktivitäten ein beliebtes Besuchsziel für Wanderer und Skifahrer und fasziniert seine Gäste durch seine Mondlandschaften, den dampfenden Kratersee am Mount Ruapehu und weitere Seen am Mount Tongariro und Mount Ngauruhoe. Aufgrund der spirituellen Bedeutung der Berge für die Maori ist der Tongariro heute nicht nur ein Weltnatur-, sondern auch ein Weltkulturerbe.

Eine weitere feurige Attraktion der Nordinsel ist der 2 518 Meter hohe Mount Taranaki oder Mount Egmont südlich von New Plymouth. Erhaben wirkt der klassisch geformte Vulkankegel in der landwirtschaftlich geprägten Umgebung. Als erster Europäer bestieg ihn der deutsche Arzt Ernst Dieffenbach, der aus politischen Gründen aus Deutschland in die Schweiz und später dann nach London geflohen war. Von dort aus begab er sich im Auftrag der New Zealand Company im Jahre 1839 auf der *Tory* als Schiffsarzt und Naturkundler nach Neuseeland, wo er vor allem das Innere der Nordinsel erkundete.

An der Südspitze der Nordinsel liegt die Hauptstadt des Landes, Wellington. Der Großraum Wellington ist mit etwa 350 000 Einwohnern der zweitgrößte Ballungsraum des Landes, die eigentliche Stadt Wellington verfügt über rund 200 000 Einwohner. Der Agent der New Zealand Company, Colonel William Wakefield, wählte den Standort im Jahre 1839 aufgrund der günstigen Lage an einem geschützten Naturhafen als Ort für die erste planmäßige Siedlung der New Zealand Company. Weil es im Zentrum des Landes liegt, wurde Wellington dann im Jahre 1865 zur Hauptstadt Neuseelands.

Allerdings meint es die Natur trotz der reizvollen Lage der Stadt nicht nur gut mit Wellington. Bei den übrigen Neuseeländern ist es als die «Windy City» verschrien, da oft stürmische Winde durch die Cook Strait pfeifen, die Meerenge zwischen Nord- und Südinsel, die wie eine Windschleuse wirkt. Außerdem liegt Wellington direkt auf mehreren Verwerfungslinien, was die Gegend äußerst erdbebenanfällig macht. In der Tat gab es seit der Gründung der Stadt schon mehrere zum Teil recht heftige Beben, wobei große Teile des heutigen Stadtgebietes erst durch das Beben des Jahres 1855 über den Meeresspiegel angehoben wurden. Von daher wird in Wellington besonderer Wert auf erdbebensicheres Bauen gelegt, und die Gefährdung durch Beben war einer der Gründe dafür, dass viele ältere Steingebäude im kommerziellen Zentrum der Stadt modernen Hochhäusern weichen mussten.

Somit zeigt sich Wellingtons City heute recht großstädtisch, während man in den Randgebieten sowie in den Vororten noch sehr viele wunderschöne alte Holzhäuser findet, die sich zum Teil recht abenteuerlich an die steilen Berge klammern. Die Stadt rivalisiert mit Auckland um den Titel als Kulturzentrum des Landes. Tatsächlich hat Wellington auch in dieser Richtung einiges zu bieten. Hier haben das New Zealand Symphony Orchestra und das Royal New Zealand Ballet ihren Sitz, jedes zweite Jahr findet ein hochkarätiges internationales Kulturfestival statt.

Seit einigen Jahren beherbergt die Stadt auch noch das Museum of New Zealand, Te Papa, das wie ein ziemlich großer Klotz direkt am Wasser liegt und dessen Bau heftig umstritten war; seine Ausstellungskonzeption aber gilt als sehr innovativ. Zudem bietet Wellington eine Restaurant- und Cafészene, die in Neuseeland auf vergleichbar engem Raum ihresgleichen sucht – in der Tat ist die Stadt stolz darauf, dass es hier mehr Cafés pro Einwohner gibt als in New York. So ist Wellington also eine sehr interessante und überaus lebendige Mischung aus Modernem und Historischem.

Die Südinsel – Natur pur

Die Südinsel, je nach Überlieferung auf Maori Te Wai Pounamu (die Insel des *greenstone*), Te Waka-o-Maui (das Kanu des Maui) oder Te Waka-o-Aoraki (das Kanu des Aoraki), ist sicher die landschaftlich reizvollere und dramati-

Bilder (Südinsel) rechts und nächste Doppelseite
• Blowhole bei Truman Beach nahe Punakaiki. Wenn hohe Wellen auf unterhöhlte Felsen schlagen, entsteht ein hoher Druck, der Wasser- und Luftmassen explosionsartig durch Öffnungen in der Gesteinsdecke emporschießen lässt
• Die Ostflanke des Mt. Cook mit dem Tasman-Gletscher im Hintergrund, mit etwa 27 km Länge der Grösste Neuseelands
• An der Stirn des Tasman-Gletschers hat sich wegen ständigem Eisrückzug eine ausgedehnte Gletscherlagune gebildet

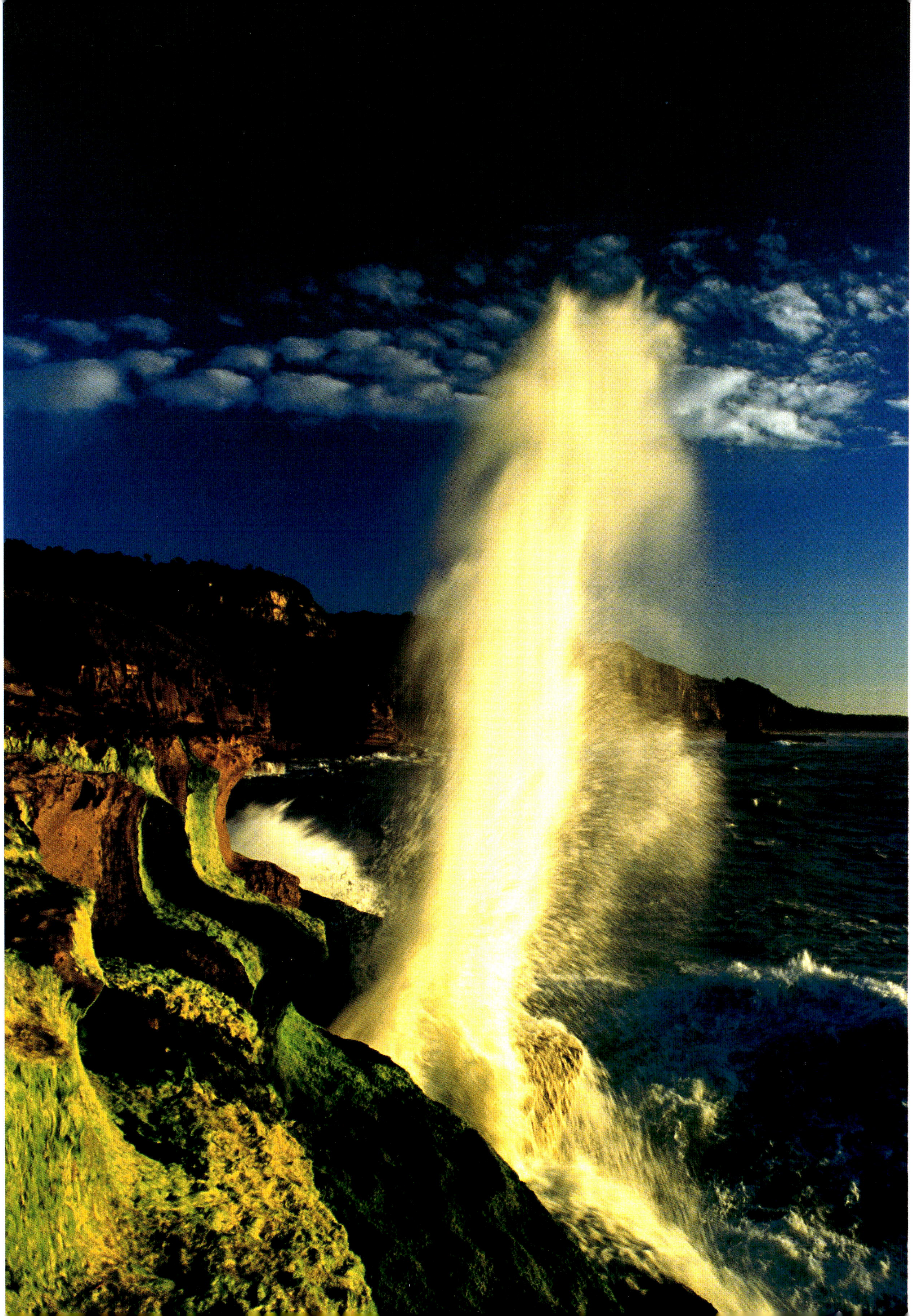

terra magica

terra magica

schere der beiden Hauptinseln Neuseelands. Auf der langgestreckten Insel zieht sich die Kette der Neuseeländischen Alpen, der Southern Alps, entlang, die mit dem Aoraki/Mount Cook den mit 3 754 Metern höchsten Berg Neuseelands – gut 1 500 Meter höher als Nachbar Australiens Höchster! – beherbergen. Neun der dreizehn Nationalparks Neuseelands liegen auf ihr, darunter die drei größten des Landes.

Im Vergleich zur Nordinsel ist die Südinsel noch dünner besiedelt; nur etwa ein Viertel aller Neuseeländer lebt dort, knapp eine Million. Im 19. Jahrhundert hatte die Südinsel bei der Verteilung der Bevölkerung die allermeiste Zeit die Nase vorn, aber ab 1896 war immer die Nordinsel die bevölkerungsreichere der beiden, und der Abstand zwischen den Inseln nimmt weiterhin zu. Denn der Großteil der Zuwanderer lässt sich vor allem im Norden der Nordinsel nieder, und diese weist aufgrund des größeren Anteils von Nichteuropäern auch die höhere Geburtenrate auf. Die Bevölkerungsdichte der Nordinsel ist mit rund 24 Einwohnern pro Quadratkilometer viermal so hoch wie die der Südinsel mit etwa sechs Einwohnern pro Quadratkilometer.

So wie heute war auch schon zu Zeiten Aotearoas die Südinsel bei weitem weniger besiedelt als die Nordinsel. Daher war sie für die europäischen Siedler eine leichtere Beute und bot sich mit den weiten Graslandschaften im Osten der Alpenkette geradezu für die Schafzucht an. Ihre größte Bedeutung erlangte die Südinsel dann in den sechziger Jahren des 19. Jahrhunderts mit dem Goldrausch in Otago und an der Westküste.

Aber mit dem Ende des Goldrauschs und den großen Landkonfiszierungen infolge der Land Wars auf der Nordinsel, durch die weite Teile in deren Zentrum für die europäische Besiedlung geöffnet wurden, geriet die Süd- gegenüber der Nordinsel immer mehr ins Hintertreffen. Obwohl sich dieser Trend in demographischer Hinsicht auch heute noch weiter fortsetzt, ist man darüber im Süden nicht sehr unglück-

Bilder (Südinsel) rechts und nächste drei Doppelseiten
• **Brandungserosion in den Kalksteinschichten bei Punakaiki**
• **Lake Wanaka mit Roys Peninsula ist einer der vielen großen Seen, die durch eiszeitliches Wirken entstanden sind**
• **Flechten, Moose und Polsterpflanzen siedeln auf dem erst wenige Jahrzehnte eisfreien Land am Tasman-Gletscher**
• **Hartpolsterpflanze vor dem Mt. Sefton (3 157 m)**
• **Eine Lagune am Gillespies Beach und den Südalpen im Hintergrund**

terra magica

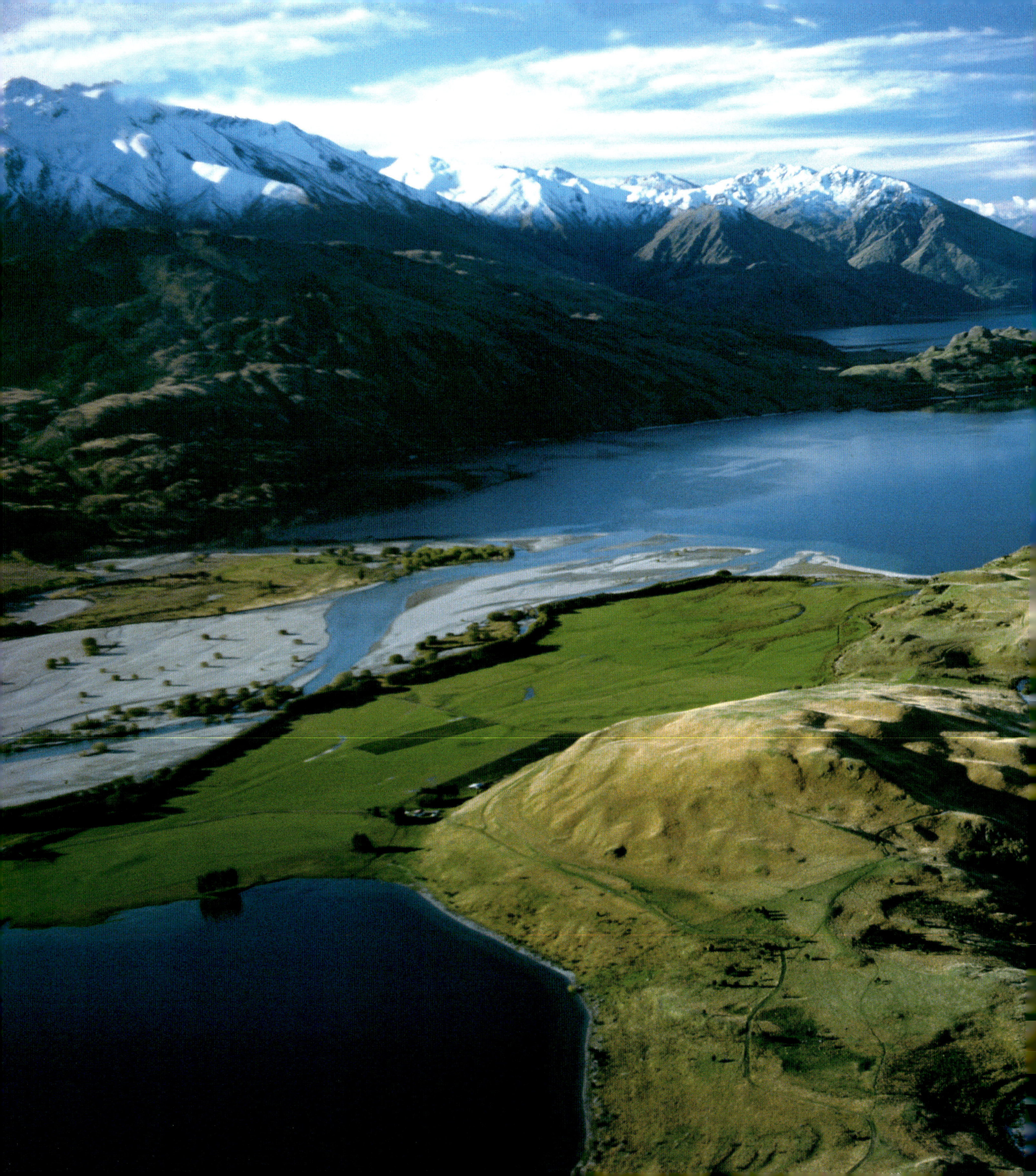

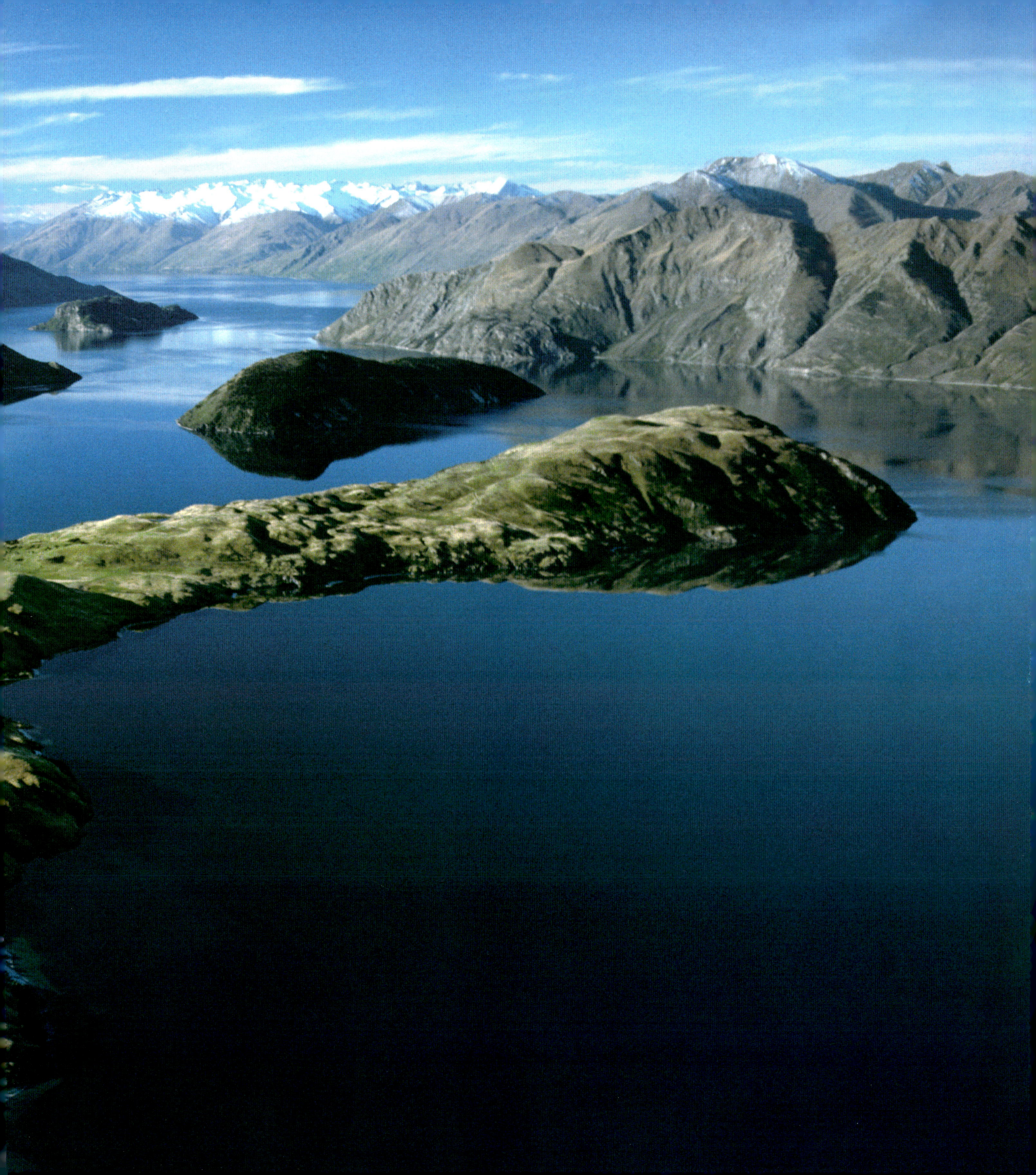

terra magica

terra magica

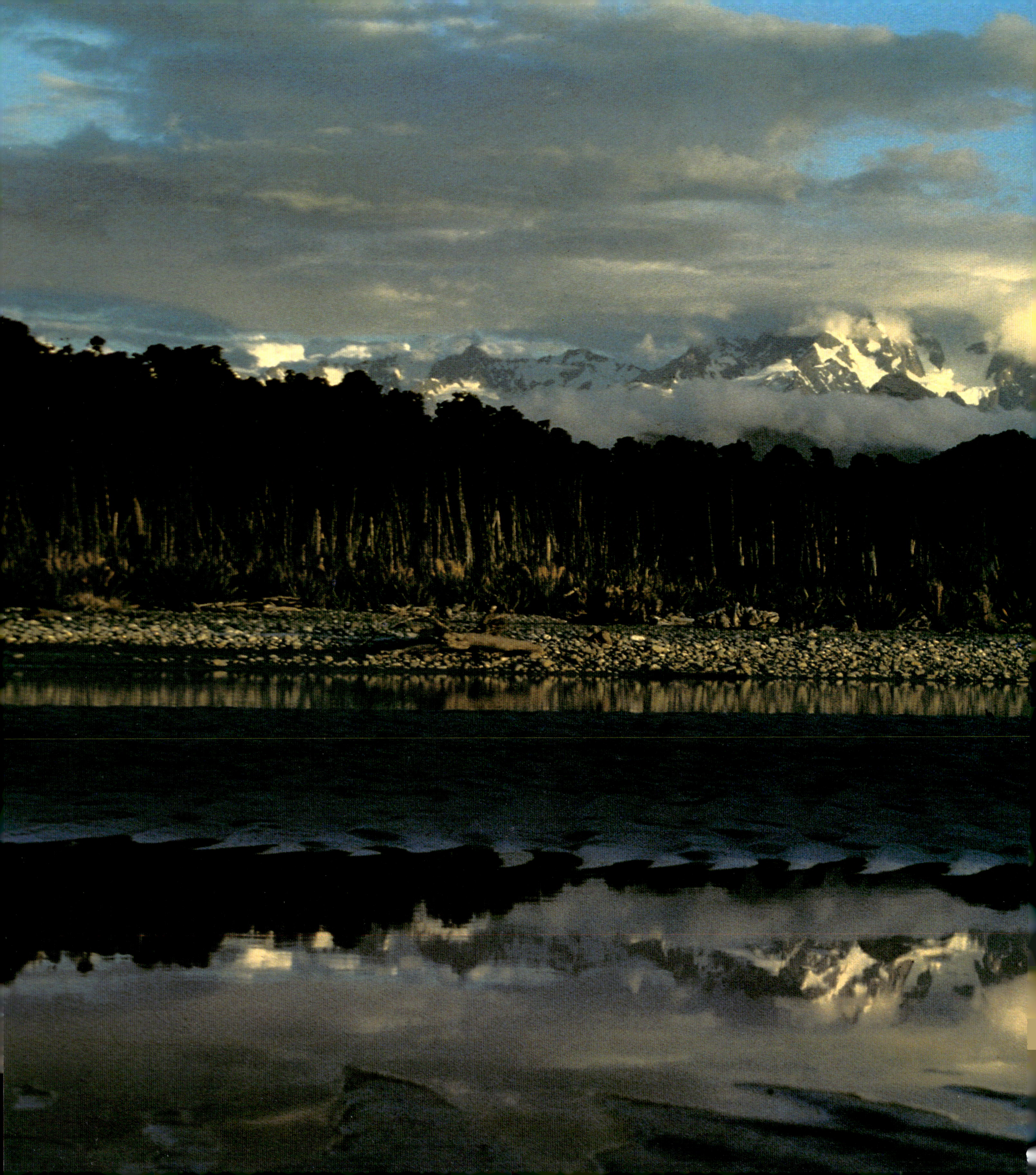

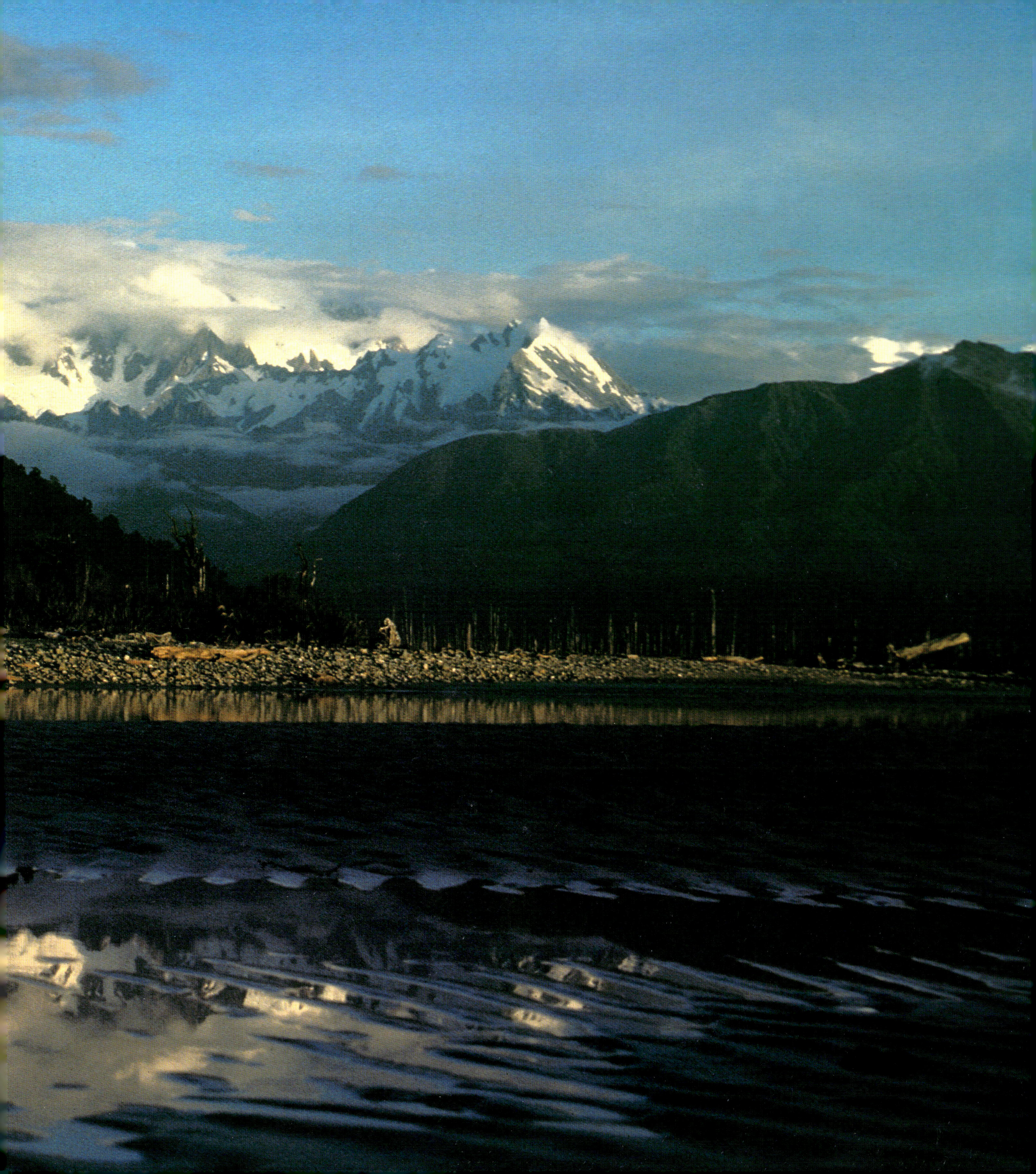

lich, denn die Südinsel lebt vor allem vom Tourismus, für den es sehr wichtig ist, dass die Besucher weiterhin die Natur vorfinden, derentwegen sie das Land besuchen. Nicht umsonst kommt es bei geplanten Erschließungsmaßnahmen immer wieder zu Protesten von Naturschützern und besorgten Einheimischen, die die längerfristige Bewahrung der Naturschätze und somit auch des touristischen Potentials der Insel dem schnellen Dollar vorziehen. Der Tourismus ist heute der größte Devisenbringer für die neuseeländische Wirtschaft, und wenn das Land auch in Zukunft noch Besucher aus aller Herren Länder anlocken soll, so ist der sorgsame Umgang mit den natürlichen Ressourcen von größter Wichtigkeit.

Und tatsächlich hat die Südinsel dem Besucher viel zu bieten. Neben der grandiosen Bergwelt der Alpen mit ihren Dreitausendern, ihren Gletschern, die bis auf Meereshöhe hinunterreichen, mit den unzähligen Möglichkeiten zum Wandern wie im Winter zum Skifahren wartet die Südinsel an der wilden Westküste mit wunderschönen üppigen Regenwäldern, besonders im Norden der Insel mit reizenden Küstenlandschaften und zudem mit einer vielfältigen und einzigartigen Tier- und Pflanzenwelt auf.

Vor allem Tiere wie Wale, Delphine, Pinguine, Albatrosse, Kiwis und Keas locken die Besucher an. Ein Großteil des touristischen Angebots ist auf die Beobachtung dieser Tiere spezialisiert. Das fängt mit der Walbeobachtung vor der Küste von Kaikoura an, die vom Maori-Stamm Ngai Tahu betrieben wird, und reicht bis zur Beobachtung von Pinguinen im südlichen Teil der Südinsel. In den Alpen erfreuen sich die Besucher der Gesellschaft des vorwitzigen Spaßvogels unter Neuseelands Vögeln, des Bergpapageis Kea.

Außerdem bietet sich Gelegenheit zu jeder Menge körperlicher Aktivitäten, von Wanderungen auf den vielen, zum Teil weltbekannten *tracks* bis hin zu Kajaktouren entlang der Küste des populären und malerischen Nationalparks Abel Tasman, in den verzweigten Marlborough Sounds oder auf den beeindruckenden Fjorden im Südwesten der Insel. Wer es etwas abenteuerlicher mag, der kann in der Nähe von Queenstown, dem Touristen- und Abenteurermekka auf der Südinsel, mit einem Gummiband am Bein von Schwindel erregend hohen Brücken springen, in den Karstgebieten an der Westküste Höhlen erkunden oder auf vielen Flüssen Wildwasser-Kajakfahrten unternehmen.

Wer es hingegen lieber etwas besinnlicher haben will, den laden jede Menge Weingüter, besonders im Norden der Südinsel, zu einem Besuch ein. Auf der Südinsel findet man auf relativ kleinem Raum unterschiedlichste Landschaften, was die Insel für Reisende geradezu ideal erscheinen lässt.

Als schönster Teil der ohnehin schönen Südinsel gilt vielen die wilde Westküste. Heute gelangt sie meistens dann in die Schlagzeilen, wenn sich Umweltschützer und Holzindustrie um die Bewahrung beziehungsweise Ausbeutung der üppigen Regenwälder des Gebietes streiten. Dabei kommt es immer wieder zu Baumbesetzungen und unschönen Szenen. Früher war die Küste vor allem wegen ihrer Naturschätze bekannt; bei den Maori war das der begehrte neuseeländische Jade, *greenstone* oder auf Maori *pounamu*, der zu Waffen und Schmuck verarbeitet wurde. Im 19. Jahrhundert wurde an der Küste Gold gefunden, was der Region für eine gewisse Zeit einen starken Zustrom an Glücksrittern bescherte; das heute eher verschlafen wirkende Hokitika etwa war zu dieser Zeit ein sehr lebendiger Ort. Später wurde dann Kohle abgebaut.

Heute liegen an der Westküste mehrere Nationalparks, in denen die landschaftlichen Schönheiten und natürlichen Schätze der Küstenregion bewahrt werden. Dichter, üppiger Regenwald im Schatten von schneebedeckten Bergen, Gletscher, Seen, Lagunen, wilde Flüsse, Karstgebiete mit ausgedehnten Höhlensystemen und die wildromantischen Küstenlandschaften selbst locken jedes Jahr Tausende von Besuchern an, die sich auch vom vielen Regen und den nervenden Sandfliegen nicht abschrecken lassen. Nicht zu vergessen sind natürlich die urigen Bewohner der Westküste, die bei den übrigen Neuseeländern als ein eigener Menschenschlag gelten.

Aber es gibt nicht nur die Natur, sondern auch größere Städte wie Christchurch, mit über 300 000 Einwohnern die größte Stadt auf der Südinsel, und Dunedin, die südlichste Großstadt des Landes. Beide Städte begannen ihr Dasein als zum Teil religiös motivierte planmäßige Ansiedlungen, im Fal-

Bilder (Südinsel) rechts und nächste beiden Doppelseiten
* **Ein Steinzeitfußball? Jedenfalls nicht von Menschenhand geschaffen**
* **Die wohl berühmteste Kulisse Neuseelands: Mitre Peak (1 692 m) am Milford Sound abends**
* **Bowen Falls am Milford Sound**
* **Mitre Peak am Morgen und die Gezeitenzone am Milford Sound**
* **Lake Te Anau und die Berge im Fjordland National Park**

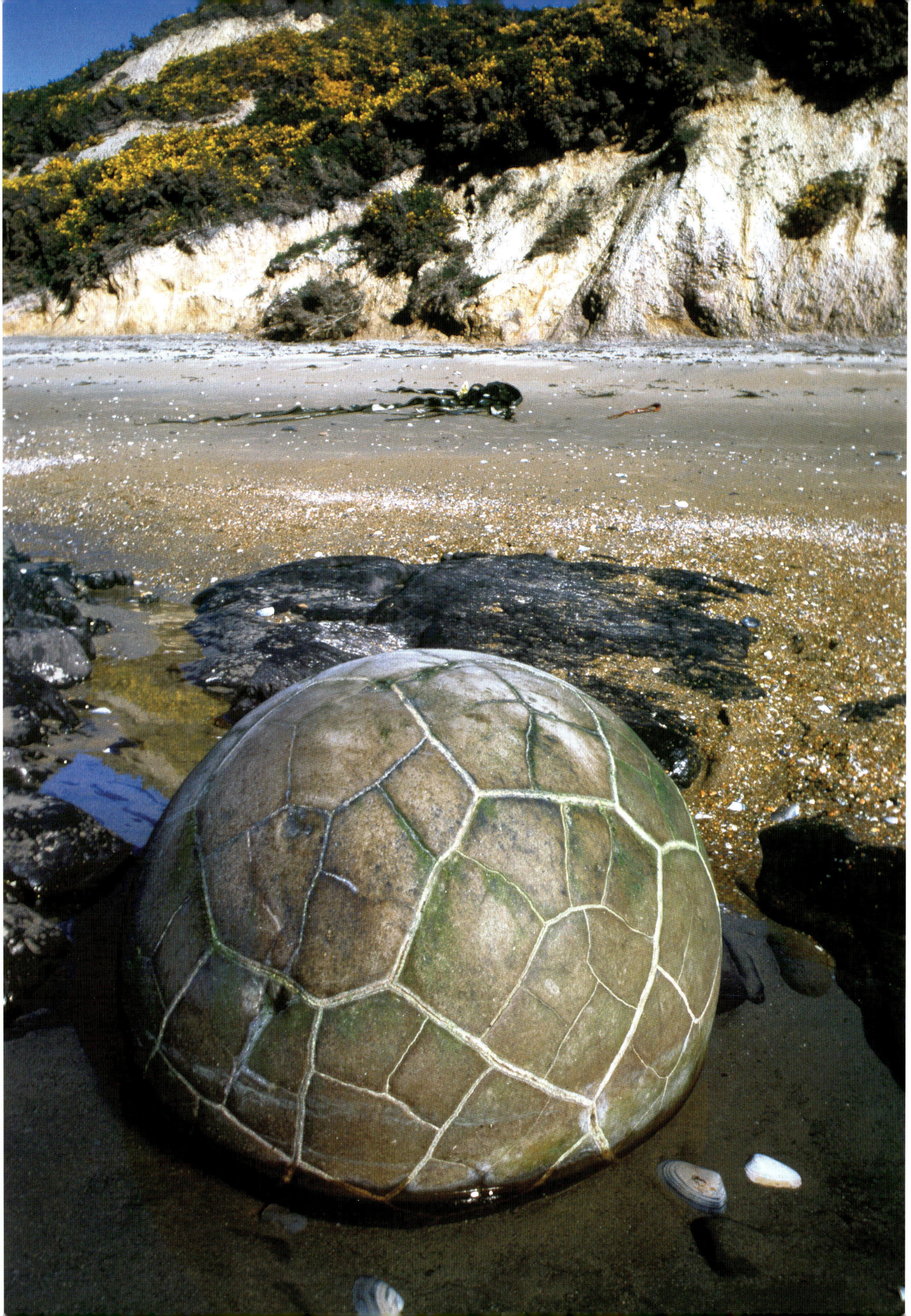

terra magica

terra magica

terra magica

terra magica

le von Christchurch anglikanisch und im Falle von Dunedin schottisch-freikirchlich orientiert. Beide haben sich bis heute in ihrem Stadtbild etwas von diesem historischen Erbe bewahrt.

Dunedin, benannt nach dem keltischen Namen Edinburghs, Dun Edin, ist besonders stolz auf sein schottisches Erbe. Eine Statue des schottischen Nationaldichters Robert Burns ziert die City, es gibt eine Whisky-Brennerei, die südlichste auf der ganzen Welt, und zu offiziellen Anlässen kann man oft die sanften Klänge einer Dudelsackband vernehmen. Der Traum von einer geordneten, gesitteten Siedlung zerstob dann allerdings in den sechziger Jahren des 19. Jahrhunderts quasi über Nacht, als sich nach den ersten Goldfunden in Otago die Einwohnerzahl der Stadt innerhalb von fünf Jahren verfünffachte.

Darum wurde Dunedin dann für eine gewisse Zeit zur wichtigsten Industrie- und Handelsstadt Neuseelands. Der Reichtum der Stadt führte auch dazu, dass hier am Ende der 1860er Jahre die erste Universität und medizinische Hochschule des Landes gegründet wurde. Heute gilt Dunedin mit seinem hohen Anteil an Studenten, den *scarfies*, als die typischste Universitätsstadt des Landes. Östlich von Dunedin erstreckt sich die Otago Peninsula, an deren Spitze es die seltenen Gelbaugenpinguine sowie die imposanten Königsalbatrosse zu bestaunen gibt.

Während sich Dunedin also gern mit seinen schottischen Wurzeln schmückt, präsentierte sich Christchurch lange als die englischste Stadt Neuseelands, teilweise sogar als die englischste Stadt außerhalb Englands. Allerdings war das zum größten Teil Bestandteil des Bemühens, sich in der jungen Kolonie gegenüber den anderen Ansiedlungen hervorzuheben. Zwar verströmen einige der neugotischen Gebäude, die vielen Parks und der durch die City fließende Avon mit seinen flachen, viereckigen Booten, den *punts*, mit denen sich Besucher wie in den alten englischen Universitätsstädten durch die Innenstadt schippern lassen können, eine gewisse englische Atmosphäre. Dies wird auch dadurch genährt, dass Christchurch als englisch-anglikanische Mustersiedlung am anderen Ende der Welt als eine Art englische Idylle konzipiert war.

Heute jedoch überwiegt der Eindruck einer für die Neue Welt recht typischen Stadt. Christchurch beherbergt eine der sieben Universitäten des Landes, wobei in den ehemaligen Gebäuden der Universität jetzt Cafés und Restaurants, Kinos, Galerien, Kunsthandwerksläden und Theater untergebracht sind. Nicht weit von diesem *Arts Centre* befindet sich das Canterbury Museum, das von dem aus Bonn stammenden Julius von Haast aufgebaut wurde. Dieser machte sich als Geologe einen Namen und war unermüdlich auf der gesamten Südinsel zu Erkundungstouren unterwegs, teilweise zusammen mit Ferdinand von Hochstetter, den die österreichische *Nowara*-Expedition 1858 bis 59 nach Neuseeland führte. Beide haben neben zahlreichen Arbeiten über Geographie und Geologie Neuseelands auch ihre Namen in der Landschaft der Südinsel hinterlassen.

Christchurch war und ist außerdem das neuseeländische Tor zur Antarktis. Viele historische Antarktis-Erforscher wie Scott und Shackleton stachen von Lyttelton, dem Hafen von Christchurch, Richtung Süden in See, und auch heute noch werden die Antarktis-Stationen verschiedener Länder von Christchurch aus versorgt, wo es auch ein Internationales Antarktis-Zentrum gibt. Die kleine Quail Island im Lyttelton Harbour diente bei den frühen Expeditionen als Quarantänestation für die aus der Antarktis zurückkommenden Tiere. Eine andere kleine Insel im Hafen, Ripapa Island, fungierte in ihrer Geschichte oft als Gefängnisinsel, unter anderem während des Ersten Weltkrieges für den deutschen Admiral Graf Luckner, den «Seeteufel».

Andere deutsche Namen fand man zumindest bis zum Ersten Weltkrieg, als viele deutsche Bezeichnungen nicht nur in Neuseeland aus der Landschaft wegradiert wurden, vor allem im Raum Nelson. Dorthin waren schon in den 1840er Jahren aufgrund einer besonderen Abmachung mit der New Zealand Company zwei Schiffsladungen norddeutscher Lu-

Bilder (Südinsel) rechts und nächste beiden Doppelseiten
- **Tramrestaurant und Kathedrale in Christchurch und im Stadtzentrum**
- **Das Bahnhofgebäude von Dunedin wirkt wie eine Kathedrale**
- **Lake Matheson mit einer seiner berühmten Morgenspiegelungen und den Southern Alps (Südalpen) im Hintergrund, Westland National Park**
- **Gegensätze in Neuseeland: Welches Bild ist von der Nord-, welches von der Südinsel? – Falsch geraten, denn das Bild links zeigt keine Eiszapfen, sondern wir sind in der Aranui-Höhle bei Waitano auf der Nordinsel. Das üppige Grün wächst am Fox-Gletscher auf der Südinsel**

terra magica

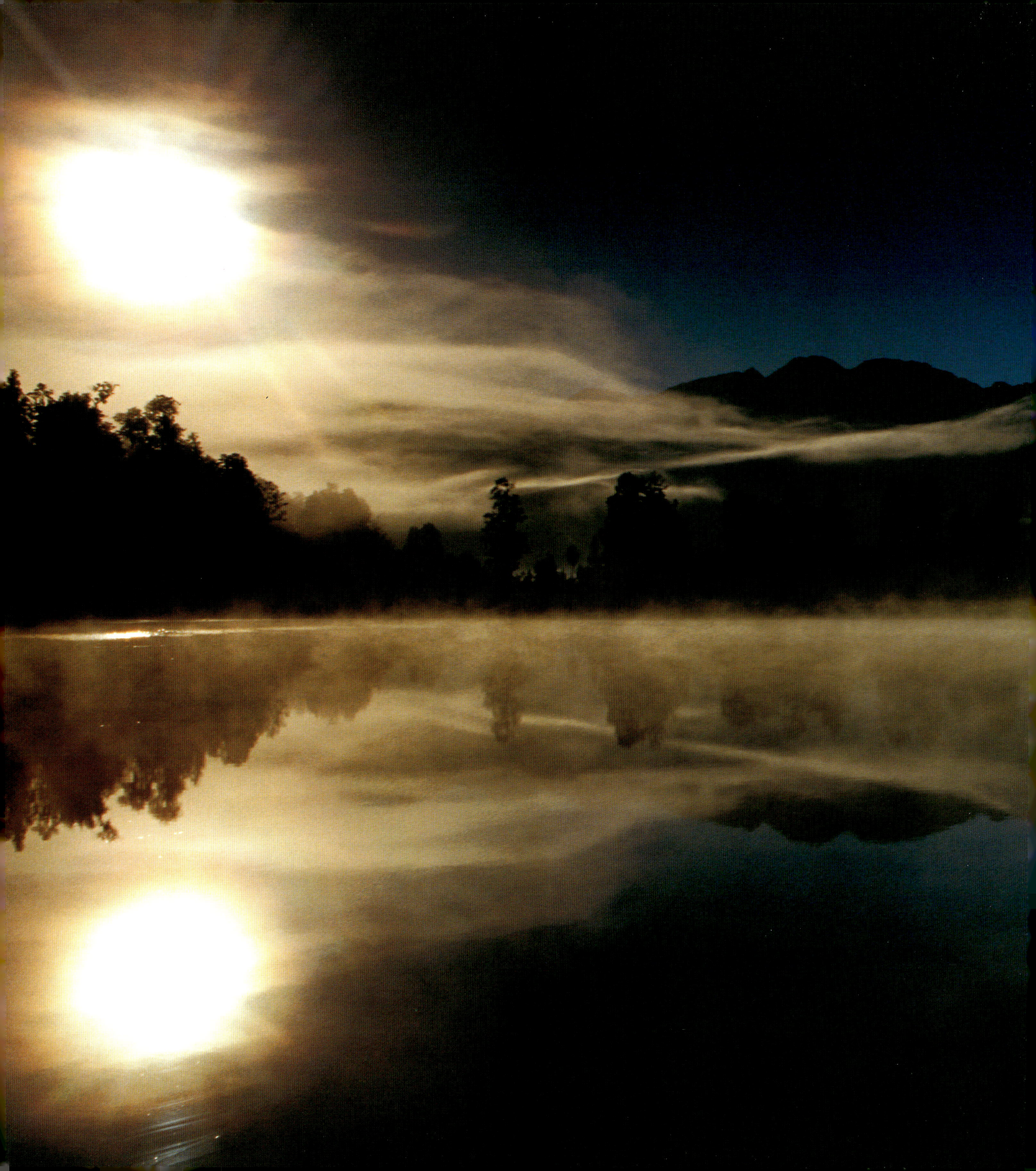

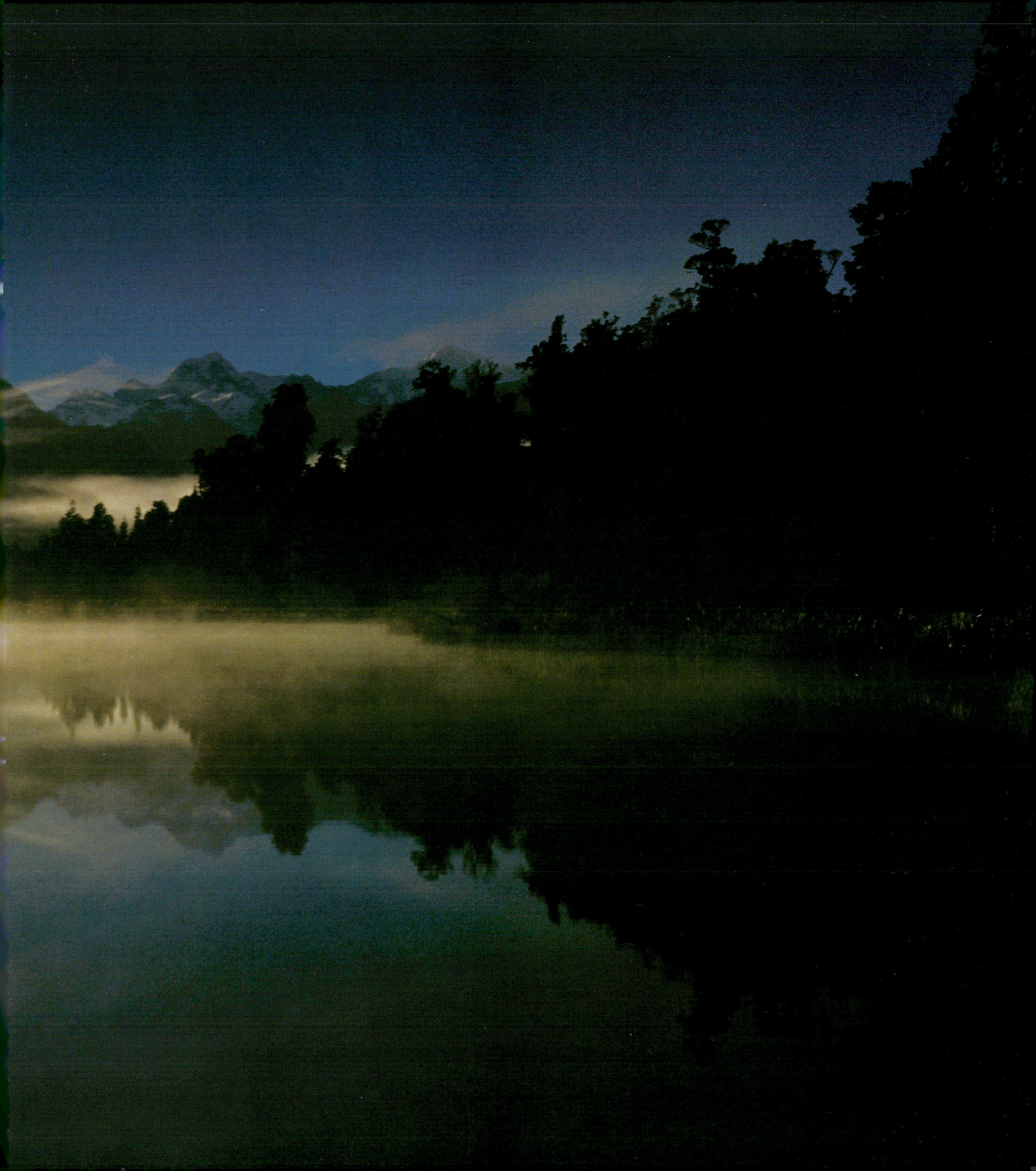

terra magica

terra magica

theraner samt einigen Missionaren der Norddeutschen Missionsgesellschaft gekommen, die sich in der Umgebung von Nelson niederließen und Orte wie Sarau, Ranzau und Neudorf gründeten.

Sie haben nicht viele Spuren hinterlassen, aber man findet in Upper Moutere, dem ehemaligen Sarau, noch eine lutherische Kirche mit einem Friedhof voller alter Grabsteine mit Namen wie Heine, Bensemann, Drögemüller und Eggers. Nicht weit von Upper Moutere liegt Neudorf, das heute nur noch aus einigen wenigen verstreuten Häusern, einer Schule und den aufgrund seiner Lage toskanisch anmutenden Vineyards besteht. Die Gegend ist außerdem bekannt als neuseeländisches Zentrum für den Anbau von Hopfen, eine Hinterlassenschaft der deutschen Siedler.

Die Chatham Islands

Eigentlich waren die deutschen Siedler, die schließlich in Nelson landeten, für die Chatham Islands bestimmt gewesen. Beseelt von philanthropischen, patriotischen, kommerziellen und romantischen Ideen, vom Wunsch nach der geschützten Ansiedlung deutscher Emigranten in einer freien, christlichen und deutschen Kolonie nach dem Programm Wakefields, wo die Siedler ohne den Assimilierungsdruck in den anderen Zielländern noch Deutsche bleiben könnten, trat der Hamburger Syndikus Karl Sieveking mit der New Zealand Company in Verhandlungen, um die Chatham Islands zwecks eines solchen kolonialen Projekts zu erstehen. Sievekings Aktivitäten in dieser Richtung in den Jahren 1841 und 1842 gediehen recht weit, scheiterten jedoch letztendlich an der Weigerung der britischen Regierung, den Ankauf der Inseln durch die New Zealand Company von den Maori anzuerkennen.

Damit wurde auch der Vertrag der Company mit der in Hamburg gegründeten Deutschen Colonisations-Gesellschaft

Bilder (Südinsel) rechts und nächste Doppelseite
• **Eine Figur der Verwitterung am Cape Farewell mit der sandigen lang gestreckten Halbinsel Farewell Spit am Horizont**
• **Eine Gezeitenlagune am südlichsten Ende der Südinsel**
• **Porpoise Bay vor Sonnenaufgang. Südküste**
• **Das berühmte Blowhole in den zerklüfteten Felsen von Punakaiki** *(zwei Bilder)*

terra magica

terra magica

terra magica

Gletscherschliffe mit dem Franz-Josef-Gletscher im Westland National Park. Südinsel

hinfällig. Trotz des Scheiterns des Plans verhalfen die Pressereaktionen auf Sievekings Vorstoß dem Thema der Auswanderung und auch Neuseeland zu einiger Publizität. Die britische Regierung zeigte sich willig, deutsche Einwanderer in ihren Kolonien zuzulassen, dann natürlich unter Verlust der deutschen Nationalität.

Wahrscheinlich hätten die Hanseaten an ihrer Kolonie auf den 860 Kilometer östlich von Christchurch gelegenen recht wilden und trostlosen Inseln keine große Freude gehabt. Nur wenige Besucher verirren sich heute auf die abgelegenen windgepeitschten, kalten und nassen Inseln mit ihren etwa 750 Einwohnern, die hauptsächlich vom Fischfang und von der Landwirtschaft leben. Im 19. Jahrhundert dienten die Chathams zum Teil als Walfang- und Robbenjägerstation, aber auch als Ort der Verbannung für rebellische Maori von der Nordinsel.

Der prominenteste von diesen war Te Kooti, einer der Maori-Propheten, die eine neue Mischreligion begründeten. Ihm gelang im Jahr 1868 mit etwa 200 seiner Anhänger die Flucht von den Chatham Islands zurück zur Nordinsel. Außerdem sind die Chathams bekannt für die Geschichte ihrer polynesischen Bewohner, der Moriori, die wahrscheinlich von der Südinsel stammten und mehrere Jahrhunderte in völliger Isolation als Jäger und Sammler lebten.

Ihre friedliche Kultur, die sich in vielen Dingen und Ansichten von der der übrigen Maori unterschied, wurde im 19. Jahrhundert von anderen auf den Chathams siedelnden Maori zerstört, die meisten Moriori entweder getötet oder versklavt, wobei sie aufgrund ihrer pazifistischen Einstellung keinen Widerstand leisteten. Der letzte vollblütige Moriori starb 1933, jedoch leben auch heute noch Nachfahren der Moriori auf der Inselgruppe.

terra magica

Paterson Inlet auf Stewart Island südlich der Südinsel

Stewart Island und die Subantarktischen Inseln

Die Dritte im Bunde der eigentlichen Inseln Neuseelands ist die kleine Stewart Island 30 Kilometer südlich der Südinsel, von dieser durch die stürmische Foveaux Strait getrennt. Wegen der betörend schönen Sonnenauf- und -untergänge heißt die Insel bei den Maori Rakiura, «Land der glühenden Himmel». Die etwas mehr als 400 Einwohner der Insel leben hauptsächlich vom Fischfang und in letzter Zeit auch zunehmend vom Tourismus, wobei die größtenteils unberührte und unverfälschte Natur der Insel mit dichten Wäldern und wilden Küstenlandschaften die Hauptattraktion für Besucher ist. Auch für Vogelfreunde ist die Insel ein wahres Paradies. Und wenn es einem nichts ausmacht, sich durch teilweise tiefen Schlamm zu kämpfen, dann kann man hier tagelang wunderschöne Wanderungen in völliger Abgeschiedenheit unternehmen.

Neuseeland verwaltet zudem noch eine Reihe von Inseln, die zwischen Neuseeland und der Antarktis liegen und besonders als Tierschutzinseln von Bedeutung sind: die Snares, Auckland, Bounty und Antipodes Islands sowie Campbell Island. Viele der zahlreichen Inseln und Inselchen gelten als die von Menschenhand unverfälschtesten Ökosysteme auf der Welt, weshalb die Subantarktischen Inseln als Ganzes im Jahre 1998 von der UNESCO zum Weltnaturerbe erklärt wurden.

Diese Inseln beherbergen zum Teil riesige Kolonien von Seevögeln und Meeressäugern, darunter zum Beispiel einige seltene Pinguinarten. Der Besuch dieser von Wind und Wetter gebeutelten Inseln ist stark eingeschränkt, einige Inseln dürfen überhaupt nicht betreten werden.

terra magica

Zeittafel

v. Chr.
80 Mio Trennung Neuseelands von Gondwanaland
8000 Ende der letzten Eiszeit

n. Chr.
1000–1200 Beginn der Besiedlung Neuseelands durch die Polynesier
1642 Abel Tasman «entdeckt» Neuseeland, kann aber nicht an Land gehen
1769–1779 Drei Forschungsfahrten von Captain James Cook mit Landungen in Neuseeland
1790er Jahre Beginn der europäischen Handelsaktivitäten in und um Neuseeland: Walfang, Robbenjagd, Flachs- und Holzhandel; erste kleine europäische Ansiedlungen und Krankheitsepidemien unter den Maori
1814 Gründung der ersten anglikanischen Missionsstation durch Samuel Marsden; Einführung von Schafen, Rindern, Pferden und Federvieh
1821 Beginn der Musket Wars, die das ganze Jahrzehnt über andauern
1823 Ausdehnung der Jurisdiktion der Gerichte von New South Wales auf britische Staatsangehörige in Neuseeland; Einrichtung einer Missionsstation der Wesleyan Mission Society
1827 Beginn von Te Rauparahas Invasion der Südinsel von Kapiti Island aus
1833 Ankunft des Vertreters der britischen Regierung, James Busby, in der Bay of Islands
1835 Unabhängigkeitserklärung der United Tribes of New Zealand durch 34 Häuptlinge des Nordens
1837 Gründung der New Zealand Association, aus der 1839 die New Zealand Company wird, in London auf Initiative von Edward Gibbon Wakefield
1838 Gründung einer römisch-katholischen Missionsstation in Hokianga durch den französischen Bischof Pompallier
1839 William Hobson erhält den Auftrag, in Neuseeland als Dependance der Kolonie New South Wales die britische Herrschaft zu etablieren; Ankunft Colonel William Wakefields auf der Tory, um Land für die New Zealand Company zu kaufen
1840 Ankunft von Siedlern der New Zealand Company in Port Nicholson (Wellington); Unterzeichnung des Vertrags von Waitangi, Neuseeland wird britische Kolonie; Ankunft französischer Siedler in Akaroa; Hobson wird erster Gouverneur Neuseelands
1841 Gründung der Siedlungen New Plymouth und Wanganui; Auckland wird Hauptstadt
1842 Ankunft von Siedlern der New Zealand Company in Nelson, in den folgenden Jahren auch aus Deutschland
1843 «Wairau Massacre»: 22 europäische Siedler werden getötet; Robert FitzRoy wird Gouverneur
1844 Beginn der Auseinandersetzungen im Norden durch Hone Heke; New Zealand Company gerät in finanzielle Schwierigkeiten
1845 George Grey wird Gouverneur
1846 Beginn der Erkundung der Westküste durch Heaphy, Fox und Brunner; erstes Dampfschiff in neuseeländischen Gewässern
1848 Gründung der schottischen Siedlung Otago mit Dunedin
1850 Gründung der anglikanischen Siedlung Canterbury mit Christchurch
1852 Schaffung einer Generalversammlung und von sechs Provinzen mit repräsentativer Verwaltung
1853 Ausbreitung der Idee von der Ausrufung eines Maori-Königs
1855 Ankunft des neuen Gouverneurs Thomas Gore Browne; schwere Erdbeben auf beiden Seiten der Cook Strait
1856 Neuseeland erhält das Recht auf unabhängigere innere Verwaltung; Bildung der ersten Regierung unter Henry Sewell
1858 Te Wherowhero wird erster Maori-König unter dem Namen Potatau I.
1859 Entdeckung von Gold im Buller River an der Westküste
1860 Kriegerische Auseinandersetzungen zwischen Europäern und Maori in Taranaki
1861 Grey wird erneut Gouverneur; Entdeckung von Gold in Otago
1863 Wieder Auseinandersetzungen in Taranaki, außerdem in Waikato; Gesetz über Landkonfiszierungen; Eröffnung der ersten Eisenbahnlinie
1864 Entdeckung von Gold in Marlborough und Westland
1865 Wechsel des Regierungssitzes nach Wellington; Widerstand der Maori gegen Landkonfiszierungen geht weiter
1867 Maori erhalten vier feste Sitze im neuseeländischen Parlament
1869 Gründung der ersten Universität Neuseelands in Dunedin
1870 Abzug der letzten britischen Truppen aus Neuseeland; Beginn des Programms der öffentlichen Bau- und Erschließungsmaßnahmen und der subventionierten Einwanderung unter Vogel
1871 Freisetzung von Wild in Otago
1872 Rückzug Te Kootis ins King Country; Ende des bewaffneten Widerstandes der Maori
1876 Abschaffung der Provinzen; telegraphische Verbindung mit Australien
1879 Festlegung des Abstands zwischen Parlamentswahlen auf drei Jahre; Ausdehnung des Wahlrechts auf alle Männer ab 21
1881 Gewaltsame Auflösung der Maori-Siedlung Parihaka, Zentrum der pazifistischen Propheten Te Whiti und Tohu Kakahi
1882 Erste Verschiffung von Gefrierfleisch nach England auf der Dunedin
1883 Einrichtung einer direkten Dampfschiffverbindung nach England
1884 Erste Auslandstour einer neuseeländischen Rugbymannschaft (nach New South Wales)
1886 Ausbruch des Vulkans Mount Tarawera
1887 Einrichtung des ersten Nationalparks Neuseelands, des Tongariro National Park, – Geschenk von Te Heuheu Tukino IV.; Reefton erhält als erste Stadt Elektrizität
1888 Geburt der Schriftstellerin Katherine Mansfield
1890 Hafenarbeiterstreik von 8000 gewerkschaftlich organisierten Arbeitern; erste Wahlen mit gleichem Wahlrecht (der Männer)
1891 Verabschiedung der ersten Maßnahmen zur engeren Besiedlung des Landes; John Balance wird Premierminister der ersten liberalen Regierung
1893 Ausdehnung des aktiven Wahlrechts auf Frauen; Richard Seddon wird Nachfolger von John Balance; Einführung der Abstimmungen über Prohibition; Elizabeth Yates wird erste Bürgermeisterin des Landes (von Onehunga)
1894 Gesetze über Tarifvereinbarungen und Arbeitsrecht; Erstbesteigung des Mount Cook
1898 Verabschiedung neuer Rentengesetze; Einfuhr der ersten Automobile
1899 Teilnahme neuseeländischer Truppen am Burenkrieg
1900 Verabschiedung des Gesetzes zur Errichtung eines öffentlichen Gesundheitswesens

Westport – kleines Städtchen, weite Straßen und ein nicht zu übersehendes Theaterhaus. Südinsel

1901	Annexion der Cook Islands und anderer Inseln im Pazifik
1905	Tour der neuseeländischen Rugby-Nationalmannschaft, in der Folge als «All Blacks» bekannt, durch England
1906	Joseph Ward wird Nachfolger von Seddon als Premierminister
1907	Neuseeland erhält Status als Dominion
1908	Eröffnung der Eisenbahnlinie zwischen Auckland und Wellington; der neuseeländische Atomphysiker Ernest Rutherford erhält den Nobelpreis für Chemie; Bevölkerungszahl Neuseelands erreicht eine Million
1912	William Massey wird erster Premierminister der Reformpartei
1913	Streiks der Hafenarbeiter in Auckland und Wellington
1914	Erster Weltkrieg, Besetzung der deutschen Kolonie Samoa; Entsendung neuseeländischer Truppen nach Ägypten
1915	Landung von neuseeländischen und australischen Truppen auf Gallipoli
1916	Gründung der Labour Party
1917	3700 Neuseeländer fallen in der Schlacht von Passchendaele; Einführung der Schließungszeiten von Kneipen um 18.00 Uhr
1918	Ende des Ersten Weltkrieges; Grippeepidemie

terra magica

1919	Frauen erhalten auch das passive Wahlrecht
1920	Einrichtung des ANZAC Day als Feiertag; Neuseeland erhält Mandat des Völkerbundes zur Verwaltung Westsamoas; erster Flug über die Cook Strait
1923	Eröffnung des Otira-Eisenbahntunnels auf der Südinsel; Tod Katherine Mansfields
1928	Erster Flug über die Tasmansee durch Kingsford-Smith
1929	Depression verschärft sich
1931	Erdbeben in der Hawke's Bay
1932	Abschaffung der Zwangsschlichtung bei Tarifverhandlungen; Arbeitslosenkrawalle in Auckland, Dunedin und Christchurch
1933	Elizabeth McCombs wird erste Parlamentsabgeordnete
1935	Erste Labour-Regierung unter Michael Savage
1936	Einführung eines staatlichen Hausbauprogramms; Bildung der National Party; Verkürzung der Wochenarbeitszeit auf 40 Stunden
1938	Neue Wohlfahrtsgesetze
1939	Beginn des Zweiten Weltkrieges; Entsendung neuseeländischer Truppen
1941	Eintritt Japans in den Krieg
1942	Wirtschaftliche Stabilisierung; neuseeländische Truppen in der Schlacht von El Alamein
1943	Teilnahme neuseeländischer Truppen an der Invasion Italiens
1945	Ende des Krieges; Neuseeland unterzeichnet die Charta der Vereinten Nationen
1947	Durch Annahme des Statuts von Westminster wird Neuseeland formell unabhängig
1950	Entsendung neuseeländischer Truppen nach Korea; Woll-Boom
1951	Ausgedehnter Hafenarbeiterstreik, Erklärung des Staatsnotstandes; Unterzeichnung des ANZUS-Abkommens zwischen Neuseeland, Australien und den USA
1952	Die Zahl der Einwohner überschreitet die Zweimillionenmarke
1953	Erstbesteigung des Mount Everest durch Edmund Hillary und Sherpa Tenzing Norgay
1956	Entsendung neuseeländischer Truppen nach Malaysia
1957	Zweite Labour-Regierung unter Walter Nash; Einrichtung der Scott Base in der Ross Dependency in der Antarktis
1958	Erstmals Erzeugung geothermischen Stroms, in Wairakei
1959	Unterzeichnung des Antarktis-Abkommens; Eröffnung der Harbour Bridge in Auckland
1960	Beginn regelmäßiger Fernsehprogramme in Auckland
1961	Abschaffung der Todesstrafe
1962	Unabhängigkeit Westsamoas
1965	Unterstützung der USA in Vietnam; Proteste gegen Beteiligung am Vietnamkrieg; Cook Islands erhalten Selbstverwaltung
1967	Ausdehnung des Alkoholausschanks bis 22.00 Uhr; Umstellung des Geldsystems auf das Dezimalsystem
1969	Ausdehnung des Wahlrechts auf 20-Jährige; National Party gewinnt die vierte Wahl nacheinander
1972	Labour-Regierung unter Norman Kirk; Gesetz über die gleiche Bezahlung von Männern und Frauen
1973	Großbritannien wird EWG-Mitglied; Bevölkerung Neuseelands erreicht drei Millionen
1975	National-Regierung unter Robert Muldoon; Protestmärsche der Maori gegen Landverluste; Einrichtung des Waitangi-Tribunals
1976	Einführung des metrischen Systems bei Maßen und Gewichten
1977	Besetzung des Bastion Point durch Maori-Demonstranten
1979	Absturz einer Air-New-Zealand-Maschine am Mount Erebus in der Antarktis mit 257 Toten
1981	Ausgedehnte Proteste gegen Tour der südafrikanischen Rugby-Nationalmannschaft
1983	Proteste gegen Besuch der atomgetriebenen US-Fregatte Texas
1984	Labour unter David Lange gewinnt vorgezogene Neuwahlen; Beginn der Deregulierung der Wirtschaft durch Finanzminister Roger Douglas; Abwertung des Neuseeland-Dollars um 20 Prozent
1985	Anti-Atomkraft-Politik führt zu Spannungen mit USA; Versenkung des Greenpeace-Schiffs Rainbow Warrior im Hafen von Auckland durch französische Agenten; Freigabe des Wechselkurses für den Neuseeland-Dollar; Keri Hulme gewinnt den Booker Prize für The Bone People; Ausdehnung der vor dem Waitangi-Tribunal zu verhandelnden Landansprüche auf die Zeit ab 1840
1986	Einführung der Mehrwertsteuer (GST)
1987	Verfall der Aktienkurse um 59 Prozent in vier Monaten; Labour als Regierung bestätigt; Maori wird zweite offizielle Landessprache; Anti-Atomkraft-Gesetze werden verabschiedet; Neuseeland gewinnt die Rugby-Weltmeisterschaft
1988	Arbeitslosenzahlen steigen auf über 100000; Schließung von 432 Postämtern; Fischereiquoten für Maori
1989	Bildung der New Labour Party durch Jim Anderton aus Protest gegen die Regierungspolitik; Rücktritt Langes, Nachfolger Geoffrey Palmer; Ausdehnung der Öffnungszeiten der Geschäfte auf Sonntage
1990	Rücktritt von Geoffrey Palmer als Premierminster, Nachfolger Mike Moore; Wahlsieg der National Party unter Jim Bolger; Verkauf der staatlichen Telefongesellschaft; Kürzung der Sozialleistungen
1991	Bildung der Alliance Party; Beschneidung der Rolle der Gewerkschaften und Abschaffung von kollektiven Tarifverträgen; durch einen Felssturz verliert der Mount Cook 10,5 Meter an Höhe
1992	Reformierung des öffentlichen Gesundheitswesens; Privatisierung des sozialen Wohnungswesens
1993	Gründung der Partei New Zealand First durch Winston Peters; Referendum zur Wahlrechtsreform
1995	Neuseeland gewinnt den America's Cup; Besetzung der Moutua Gardens in Wanganui durch Maori-Aktivisten; Proteste gegen französische Atomversuche auf Mururoa
1996	Eröffnung des 13. Nationalparks, Kahurangi; erste Wahlen unter Verhältniswahlrecht; Regierungskoalition aus National und New Zealand First
1997	Unterzeichnung über Kompensationszahlungen an die Ngai Tahu in Höhe von 170 Millionen Neuseeland-Dollar; Jenny Shipley erste Premierministerin nach Sturz von Jim Bolger
1998	Über einen Monat andauernder Stromausfall im Geschäftszentrum von Auckland; Kursverfall des Neuseeland-Dollars gegenüber dem US-Dollar; Zerbrechen der Regierungskoalition, National regiert als Minderheitsregierung
1999	Entsendung von Friedenstruppen nach Osttimor; Labour-Wahlsieg, Helen Clark wird erste gewählte Premierministerin, Koalition mit Alliance Party und Duldung durch Green Party; erstmaliger Einzug der Grünen ins Parlament
2000	Teilweise Rücknahme der Neoliberalen Reformen durch Labour-Regierung; erfolgreiche Verteidigung des America's Cup

terra magica – DIE SCHÖNSTEN SEITEN DER WELT

Max Schmid und Rainer Höh
ALASKA
208 Seiten mit 166 Farbfotos,
73 doppelseitige Farbtafeln,
farbige Karte
Spektrumformat
ISBN 3-7243-0339-4

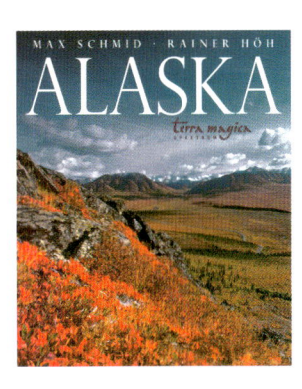

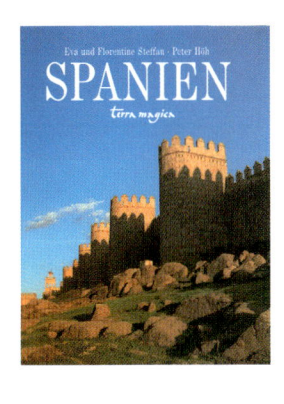

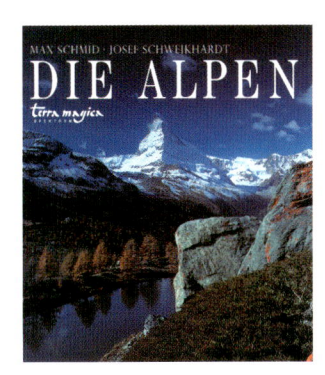

Max Schmid /
Josef Schweikhardt
DIE ALPEN
208 Seiten mit 161 Farbfotos,
davon 62 doppelseitige Farbtafeln, farbige Karte
Spektrumformat
ISBN 3-7243-0354-8

Sabine Berger /
Annaliese Wulf
THAILAND
200 Seiten mit 166 Farbfotos,
43 s/w-Abb., Karte,
ISBN 3-7243-0327-0

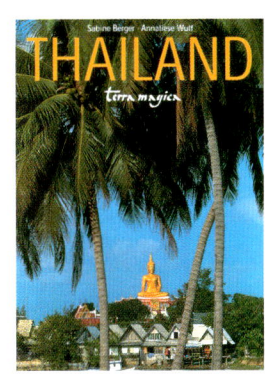

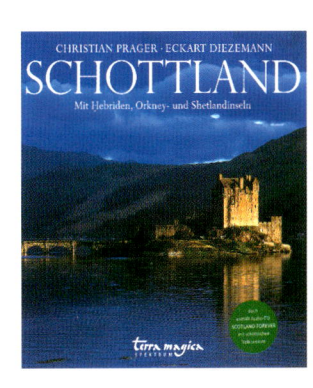

Erhard Pansegrau /
Angelika Viets
SHANGHAI
180 Seiten mit 148 Farbfotos,
farbiger Stadtplan,
ISBN 3-7243-0368-8

Heinz Knapp / Kristine Jaath
ÄGYPTEN
208 Seiten mit 192 Farbfotos,
farbige Karte,
Spektrumformat
ISBN 3-7243-0370-X

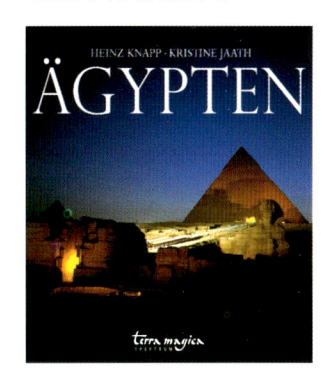

Oliver Bolch
CHINA
208 Seiten mit 210 Farbfotos,
farbige Karte,
Spektrumformat
ISBN 3-7243-0369-6

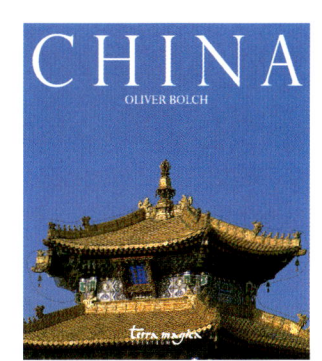

Max Schmid / Udo Sautter
USA
240 Seiten mit 160 Farbfotos,
48 s/w-Abb., Karte,
ISBN 3-7243-0330-0

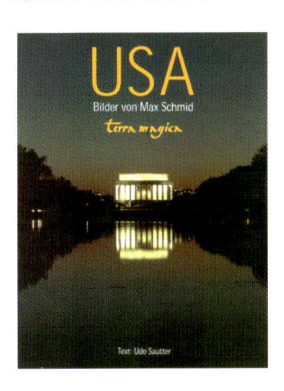

Georg Brunion und Rainer Höh
CANADA
208 Seiten mit 180 Farbfotos,
62 doppelseitige Farbtafeln,
farbige Karte
Spektrumformat
ISBN 3-7243-0357-2

Christian Prager /
Eckhart Diezemann
TOSCANA
180 Seiten mit 153 Farbfotos,
39 doppelseitige Farbtafeln,
farbige Karte,
ISBN 3-7243-0363-7

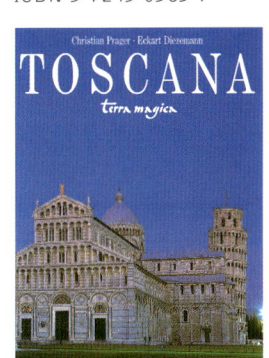

Klaus Beer
ROUTE 66
mit DVD-Film 92 Min.,
144 Seiten mit 130 Farbfotos
ISBN 3-7243-0362-9

Elke und Dieter Losskarn
SÜDAFRIKA
208 Seiten mit 195 Farbfotos,
über 60 doppelseitige Farbtafeln,
farbige Karte
Spektrumformat
ISBN 3-7243-0359-0

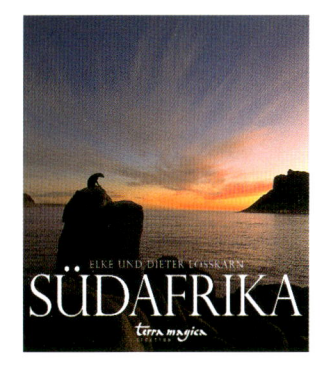

Udo Heß
NORWEGEN
200 Seiten mit 124 Farbfotos, 45 s/w-Abb., Karte,
ISBN 3-7243-0329-7

Eva und Florentine Steffan /
Peter Höh
SPANIEN
192 Seiten mit 152 Farbfotos
davon 38 doppelseitige
Farbtafeln, farbige Karte
ISBN 3-7243-0353-X

Christian Prager /
Kristine Jaath
DEUTSCHLAND
208 Seiten mit 194 Farbfotos,
59 doppelseitige Farbtafeln,
farbige Karte
Spektrumformat
ISBN 3-7243-0358-0

C. Prager / E. Diezemann
SCHOTTLAND mit HEBRIDEN ORKNEY und SHETLAND
200 Seiten mit 175 Farbfotos,
davon 61 doppelseitige Farbtafeln, farbige Karte und
Dudelsack-CD
Spektrumformat
ISBN 3-7243-0366-1

Christian Prager /
H.-P. Stoffel
NEUSEELAND
200 Seiten mit 162 Farbfotos, 37 s/w-Abb., Karte,
ISBN 3-7243-0328-9

Max Schmid / Beate Gorman
AUSTRALIEN
208 Seiten mit über 160 Farbfotos, davon 64 doppelseitige
Farbtafeln, farbige Karte
Spektrumformat
ISBN 3-7243-0360-2

Christian Prager /
Susanne Dockrell
IRLAND
216 Seiten mit 131 Farbfotos
(viele doppelseitige Farbtafeln),
farbige Karte,
Spektrumformat
ISBN 3-7243-0324-6

Dennis Gunton / Janez Skok
HIMALAYA
Tibet, Bhutan, Ladakh, Nepal,
Sikkim, Nordindien, Kaschmir
288 Seiten mit 230 Farbfotos,
11 s/w-Abb., Karten,
ISBN 3-7243-0317-3

**Verlangen Sie ausdrücklich terra magica!
In jeder Buchhandlung.**

Südinsel

Pazifischer Ozean

Südinsel (New Zealand)

- Milford Sound
- Jackson Head
- Fiordland National Park
- Te Anau
- L. Te Anau
- Milford Track
- Mt. Aspiring National Park
- Mt. Aspiring 3027
- Eyre Mts.
- Westland National Park
- Mt. Tasman 3498
- Mt. Cook 3754
- Mt. Cook National Park
- Southern Alps
- Foveaux Strait
- Stewart Island
- Southland Plains
- Invercargill
- Riverton
- Winton
- Gore
- Queenstown
- L. Wakatipu
- Wanaka
- Cromwell
- Alexandra
- Milton
- Kaitangata
- Mosgiel
- Dunedin
- Otago Peninsula
- Waitaki
- Clutha
- Waimate
- Oamaru
- Timaru
- Ashburton
- Canterbury Plains
- Canterbury Bight
- Rakaia
- Lyttelton
- Christchurch
- Pegasus Bay
- Banks Peninsula
- Kaiapoi
- Rangiora
- Nat. Park

Inset map

AUSTRALIEN
- Canberra
- Tasmanien

PAPUA-NEUGUINEA
- Port Moresby
- Bismarck-archipel
- Neu-Irland
- Neu-Britannien
- Bougainville

Melanesien
- SALOMONEN
- Guadalcanal
- Honiara
- Malaita
- VANUATU (Neue Hebriden)
- Port Vila
- Éfaté
- Neukaledonien (Frankreich)
- Grand Terre
- Nouméa
- 7570

NEUSEE-LAND
- Auckland
- Nordinsel
- Wellington
- Palmerston North
- Südinsel
- Stewart
- Bounty Inseln (Neuseeland)
- Chatham-Inseln (Neuseeland)

Polynesien
- Kermadec-Inseln Raoul (Neuseeland)
- FIDSCHI
- Viti Levu
- Suva
- Minerva-Riff
- TONGA
- Nuku'alofa
- Wallis Futuna (Frankr.)
- Ellice-Inseln
- TUVALU
- Tokelau (Neuseel.)
- WEST-SAMOA
- Apia
- Upolu
- Amerik. Samoa
- Niue (Neus.)
- Pukapuka
- Nördl. Cook-Inseln
- Manihiki
- Penrhyn
- Suwarrow
- Palmerston
- Südliche Cook-Inseln (Neuseeland)
- Rarotonga
- Aitutaki
- Atiu
- Mauke
- Mangaia
- Phoenix-Inseln
- Phoenix
- KIRIBATI

- Lord Howe (Australien)
- Norfolk (Australien)
- Großes Barriere-Riff
- Korallensee -4842
- Tasmansee
- -2491
- -10074
- -10882
- Pazifischer Ozean
- Datumsgrenze

0 — 200 km
0 — 1000 km

© KARTOGRAPHIE Peh & Schefcik

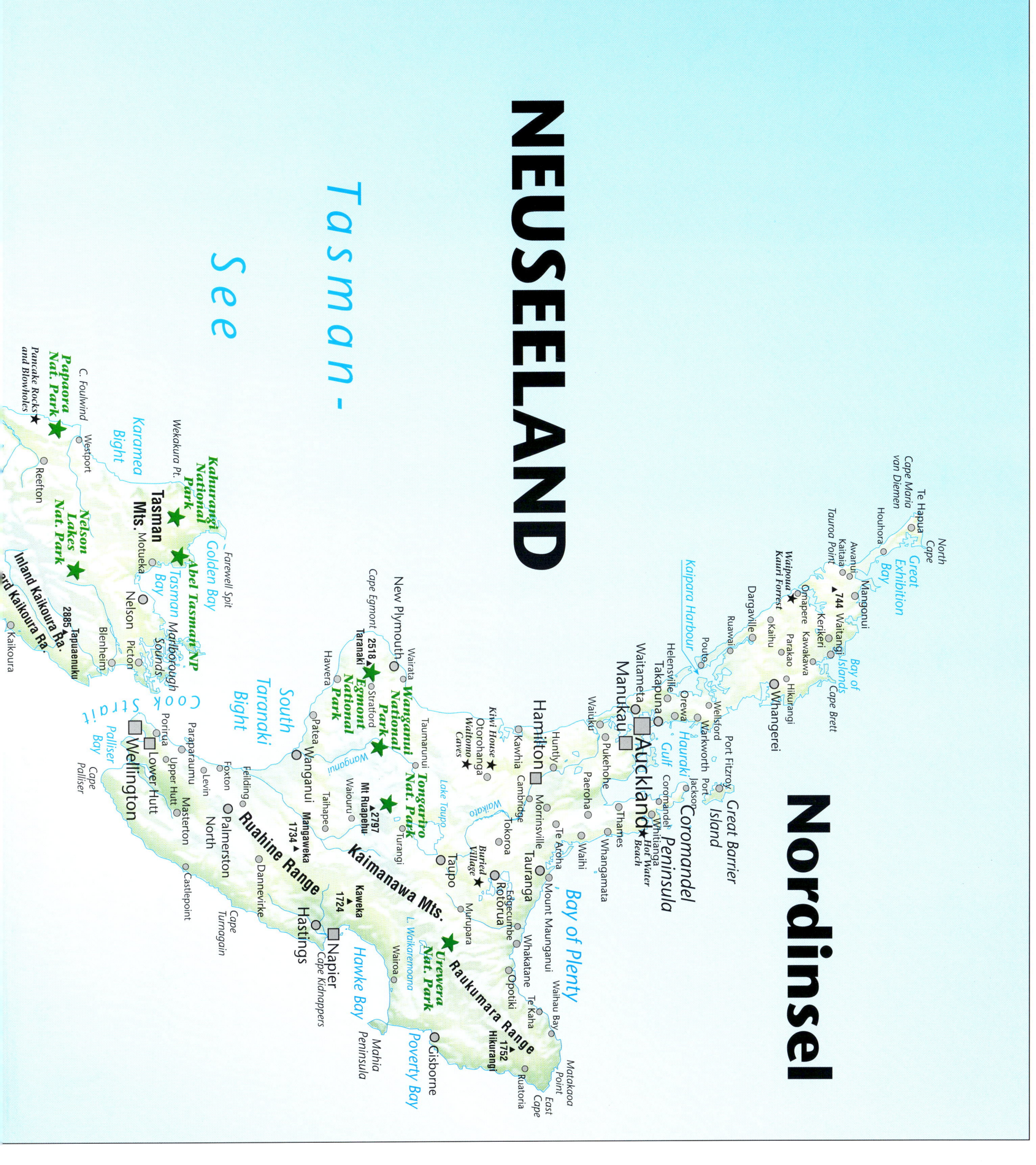

NEUSEELAND

Nordinsel

Tasman-See

Cook Strait

Orte / Cities
- Wellington
- Lower Hutt
- Upper Hutt
- Porirua
- Paraparaumu
- Levin
- Foxton
- Palmerston North
- Feilding
- Masterton
- Dannevirke
- Castlepoint
- Hastings
- Napier
- Wairoa
- Gisborne
- Hawera
- Patea
- Wanganui
- Taihape
- Waiouru
- Turangi
- Taumarunui
- Stratford
- New Plymouth
- Wairata
- Cape Egmont
- Otorohanga
- Kawhia
- Te Kuiti
- Taupo
- Rotorua
- Murupara
- Edgecumbe
- Whakatane
- Opotiki
- Te Kaha
- Hikurangi
- Tokoroa
- Cambridge
- Hamilton
- Morrinsville
- Te Aroha
- Tauranga
- Mount Maunganui
- Waihi
- Whangamata
- Whitianga
- Coromandel
- Thames
- Paeroha
- Huntly
- Pukekohe
- Waiuku
- Manukau
- Auckland
- Takapuna
- Waitamata
- Orewa
- Warkworth
- Wellsford
- Helensville
- Port Jackson
- Port Fitzroy
- Whangarei
- Dargaville
- Ruawai
- Pouto
- Kaihu
- Parakao
- Kerikeri
- Onapere
- Kawakawa
- Waitangi
- Kaitaia
- Awanui
- Houhora
- Te Hapua
- Tauroa Point

Kaps & Punkte
- Cape Maria van Diemen
- North Cape
- Cape Brett
- Cape Kidnappers
- Cape Turnagain
- Cape Palliser
- East Cape
- Matakaoa Point
- Ruatoria

Buchten & Gewässer
- Great Exhibition Bay
- Bay of Islands
- Hauraki Gulf
- Great Barrier Island
- Bay of Plenty
- Poverty Bay
- Hawke Bay
- Mahia Peninsula
- Palliser Bay
- South Taranaki Bight
- Kaipara Harbour
- Coromandel Peninsula
- Waipoua Kauri Forrest

Gebirge & Berge
- Raukumara Range (1752 Hikurangi)
- Urewera Nat. Park
- Kaimanawa Mts. (1724 Kaweka)
- Ruahine Range
- Mangaweka 1734
- Tongariro Nat. Park (Mt Ruapehu 2797)
- Wanganui National Park
- Egmont National Park (Taranaki 2518)
- L. Waikaremoana
- Lake Taupo
- Waikato
- Burried Village
- Kiwi House
- Waitomo Caves
- 744 Mangonui

Südinsel (Ausschnitt)
- Pancake Rocks and Blowholes
- C. Foulwind
- Westport
- Reefton
- Papaora Nat. Park
- Karamea Bight
- Wekakura Pt.
- Kahurangi National Park
- Tasman Mts.
- Motueka
- Nelson Lakes Nat. Park
- Tapuaenuku 2885
- Inland Kaikoura Ra.
- Kaikoura
- Seaward Kaikoura Ra.
- Blenheim
- Picton
- Nelson
- Abel Tasman NP
- Golden Bay
- Farewell Spit
- Tasman Bay
- Marlborough Sounds

Namen- und Ortsregister

Die bei den Stichwörtern fett gedruckten Seitenzahlen nennen jene Seite, auf der die Legende zum entsprechenden Bild gedruckt ist.

Air New Zealand 84, 128
Akaroa 117
Akaroa Harbour **89**
Alpen 7, 8, 10, 12, 13, **80**, **93**, 176, **176**, **190**
Angas, George French 134
Angus, Rita 140
Anson, George 52
Antarktis 7, 8, 33, 56, 190
Antipodes Islands 7, 30, 201
ANZAC-Day 84
ANZUS 84
Aoraki, Mt. 7, 176
Aotearoa 37, 40, 44, 48, 52, 60, 176
Aranui-Höhle **190**
Arndt, Mina 140
Arthur's Pass **80**
Aspiring National Park **62**, **89**, **93**
Aspiring, Mt. **62**, **93**, **111**
Auckland **49**, 61, 62, 89, 92, **93**, **147**, 150, 158
Auckland Islands 7, 201
Australien 6, 8, 35, 60, 61, 66, 110, 128
Ballance, John 80
Bank of New Zealand 84
Banks 52
Banks Peninsula 33, **45**, 117
Baxter, James K. 146
Bay of Islands 56, 60, 158, 164
Bay of Plenty 10, 164
Bismarck-Archipel 37
Blake, Peter 150
Blenheim 12, 117
Bonar-Gletscher **111**
Bougainville 52
Bounty Islands 7, 201
Bowen Falls **10**, **184**
Buller River **23**, **80**
Burns, Robert 190
Busby, James 117
Butler, Samuel 146
Campbell Islands 7, 8, 201
Campion, Jane 148
Canterbury Museum 190
Canterbury Plains 8
Canterbury, 61, 62, 70, 117
Cape Farewell **122**, **196**
Cape Palliser 34
Cape Reinga **88**, 164
Casm, The **128**
Castle Hill **52**, **93**, **128**
Castle Point **49**
Cave Creek 52
Central Otago 10, 13, 22
Champagne Pool **70**, **140**
Charleston **99**
Chatham Islands 7, 196, 200
Christchurch 10, 13, 61, 117, 184, 190, **190**, 200

City of Sails 150
Cleddau Valley 128
Codfish 30
Colenso, William 60, 146
Cook Islands 7, 89
Cook National Park **2**, **23**
Cook Strait 8, 10, 36, 172
Cook, James 22, 23, 44, 52, 56, 111, 134
Cook, Mt. (Aoraki) **2**, 7, **80**, **105**, **122**, **172**, 176
Corinth, Lovis 140
Coromandel Peninsula 164, **164**
Craigieburn Range **128**
Craters of Moon **12**
Cross, Ian 147
Crump, Barry 146
Curio Bay **32**, **134**
Curnow, Allen 146
Darran Mountains **2**
Dart River Valley **89**
Department of Conservation 27, 30
Deutsche Colonisations-Gesellschaft 196
Dieffenbach, Ernst 172
Dobbyn, Dave 149
Douglas, Roger 84
Duff, Alan 148
Dunedin 61, 117, 150, 184, 190, **190**
Dusky Sound 22, 56
Earle, Augustus 134
Egmont National Park **18**
Egmont, Mt. (Taranaki) **18**, **37**, **41**, **150**, 164, 172
Emerald Lakes **158**
Endeavour 52
Farewell Spit 52, **196**
Fjordland 8, 12, 13, **18**, 30, 32, 34, **52**, **105**
Fjordland National Park **2**, 10, **18**, **23**, **52**, **184**
Forster, Georg 22, 56, 140
Forster, Johann Reinhold 56
Foveaux Strait 10, 201
Fox-Gletscher **23**, **134**, **190**
Frame, Janet 146
Franz-Josef-Gletscher **200**
Gallipoli 84
Gee, Maurice 89, 147
Gesellschaftsinseln 37, 40
Gillespies Beach **84**, **176**
Gilseman, Isaac 134
Gisborne 117
Glendhu Bay **23**
Glover, Denis 146
Goblin Forests **18**
Godley, J. R. 62
Golden Bay 52
Goldie, Charles Frederick **49**, 134

Gondwanaland 8, 14, 26, 34, 36
Gopas, Rudolf 140
Grace, Patricia 148
Greymouth **99**
Haast River **117**
Haast River Valley **14**
Haast, Julius von 190
Hahei 164
Hauraki Gulf 117
Hawaiki 37
Hawke's Bay 10, 12, 117
Hawkesworth, John 140
Hazelburn **41**
Heaphy, Charles 134
Hermitage, The **23**
Hillary, Edmund Percival 146
Hodges, William 56, 134
Hodgkins, Frances 134
Hokianga Harbour 35
Hokitika **36**, 116, 184
Hollyford Valley **52**
Hooker Valley **122**
Hotere, Ralph 140
Humboldt Mountains **134**
Hundertwasser, Friedensreich 23
Ihimaera, Witi 148
Industrial Conciliation and Arbitration Act 80
Invercargill **122**
Jackson, Peter 148
Kaikoura 34, **35**
Kaikoura-Orogenese 8
Kanawa, Kiri Te 149
Karekare Beach 158
Kendall, Thomas 146
Kermadec Islands 7, 30
Kororareka 56
Kupe 37
Lake Matheson **190**
Lake Mueller **2**
Lake Pukaki **2**, **45**
Lake Rotoiti 30
Lake Rotoroa **128**
Lake Taupo **49**, 164
Lake Te Anau **111**, **184**
Lake Wanaka **23**, **76**, **84**, 117, **176**
Lange, David 84
Lapita-Kultur 37
Lewis Pass **93**
Lilburn, Douglas 148
Lindauer, Gottfried **49**, 134
Lindis Pass **93**, **122**
Little Barrier 30
Luckner, Admiral Graf 190
Lyttelton Harbour **45**
Mansfield, Katherine 146
Maori Arts and Crafts Institute 134
Maori-Kultur 41, 45, 134, 164

Maori-Kunst 23, 44, **49**
Maori-Mythologie 37, 40, 150
Marlborough 117
Marlborough Sounds 9, 56, 184
Marquesas 37
Marsden, Samuel 60, 117
Marsh, Ngaio 146
Marshall, Owen 146
Maruia Falls 66
Maruia River 117
Masterton 99
Matukituki River **117**
Matukituki Valley **62**, **116**
Maud Island 30
Maui 40
McCahon, Colin 140
McCauley, Sue 147
McKenzie Basin **80**
Meeanee 117
Meybille Bay **134**
Milford Sound **10**, **128**, **184**
Mitre Peak **184**
Moa 28, 29, 40, 41, 48
Moa-Jäger 28
Moeraki Boulders **99**
Moeraki Point 33
Motueka 140
Motuara Island 33
Motukiekie Rocks **2**
Muldoon, Robert 84
Mulgan, John 146
Murchison **105**
Murchison Mountains 30, 32
Murderers' Bay 52
Museum of New Zealand 172
Nairn, James 134
Napier 9, 12
National Orchestra of New Zealand 148
Nelson 12, 35, 61, 62, 117, 128, 190, 196
Nelson Lakes National Park **128**
Nerli, Girolamo 134
Neudorf 196
Neukaledonien 8
Neumann, Carl Gottlieb 56
New Plymouth 34, 61, 62
New Zealand Company 61, 62, 172, 190, 196
New Zealand Symphony Orchestra 149, 172
Ngauruhoe, Mt. **150**, 164, 172
Ninety Mile Beach 150
Niue Islands 7
Norddeutsche Missionsgesellschaft 196
North Taranaki Bay **158**
North Taranaki Bight **56**
Northland 158, 164, **164**
Northland Forest Park 164
Oamaru 33
Olivine Range **62**
Omarama **140**
Opihi **41**
Opononi 35

Orakei Korako **66**
Osterinsel 37
Otago 61, 62, 70, 110, 117, 176, 190
Otago Peninsula 33, 34, 190
Otago School of Art 134
Pakeha 40, 56, 60, 92, 158
Paparoa **14**
Parkinson, Sydney 134
Parlament **149**
Paterson Inlet **201**
Perpendicular Point **99**
Pilch Point **122**
Pohutu **66**, **70**
Pohutu-Geysir 164
Polynesier 37, 40, 88, 92, 110, 147
Porpoise Bay **196**
Punakaiki **176**, **196**
Pyramid Valley **93**
Queen Charlotte Sound 56
Queenstown 140, 184
Rainbow Mountain **56**
Rakaia River 117
Rakiura 201
Rangitata-Landmasse 8
Rangitata-Orogenese 8
Ranzau 196
Ratana Church 60
Red Crater **158**
Regenwald 7, 14, **14**, **23**, **52**, **84**, 184
Ringatu Church 60
Robinson, Peter 140
Ross Dependency 7, 33
Rotorua 7, **9**, 61, 66, 134, 164
Routeburn Flats **134**
Routeburn Track **23**
Royal Society 52
Roys Peninsula **176**
Ruapehu, Mt. 9, **13**, 70, 164, **164**, 172
Ruaumokos Throat **150**
Russell 56
Samoa 37, 89
Sarau 196
Sargeson, Frank 146
Scales, Flora 140
Scott 190
Sealy Tarns **122**
Seddon, Richard 80
Sefton, Mt. **2**, **105**, **176**
Shackleton 190
Shadbolt, Maurice 147
Sheppard, Kate 80
Sieveking, Karl 196, 200
Sky City Tower **49**
Slope Point **80**
Snares Islands 7, 201
Solander 52
Stephens Islands 36
Stewart Island 7, 10, 33, 201, 201
Stoney, Henry Butler 146
Subantarktische Inseln 7, 33, 201
Südafrika 105
Südsee-Fischerei-Companie 56

Taiaroa Head 34
Tamahori, Lee 148
Tane mahuta 48
Tarawera, Mt. **9**, 164
Tarawera-Eruption **111**
Tarr, George 148
Tasman National Park **122**, 184
Tasman, Abel 52, 134
Tasman, Mt. **2**
Tasman-Gletscher **172**, **176**
Tasmanien 52
Tasman-See **2**, 13, 14, **99**, **122**
Taupo 164
Te Anau Downs 134
Te Heuheu Tukino IV. 164
Te Ika 40
Te Kooti 60, 200
Te Pak 150
Te Punga 40
Te Wairoa **111**
Te Waka 40
Terra australis 52, 56
Three Kings Islands 52
Tokelauinseln 7
Tonga 37, 89
Tongaporutu **37**, **41**, **49**
Tongariro National Park **76**, **150**, **158**, 164
Tongariro, Mt. 164, 172
Truman Beach **172**
Trusttum, Philip 140
Tuwhare, Hone 148
UNESCO 201
Upper Moutere 196
Velden, Petrus van der 134
Vertrag von Waitangi 92
Vogel, Julius 70
Waiheke Island 117
Waimangu Valley **150**
Waiotapu **70**, **158**
Waiouru **13**
Waipoua Forest 18
Wairakei **12**
Waitakere Ranges 158
Waitaki River 28
Waitangi 56, 60
Waitano **190**
Wakefield, Edward Gibbon 61
Wakefield, William 172
Wallis 52
Walters, Gordon 140
Wanganui 61, 62
Ward, Vincent 148
Webber, John 134
Wellington 9, 10, 35, 61, 62, 70, 117, 149, **149**, 150, 164, 172
Wendt, Albert 148
Westland National Park **84**, **190**, **200**
Whakarewarewa **66**, **70**
Whangaroa Bay 164
White Cliffs **49**, 56
White Island **70**, **158**, 164
Whitehouse, A. H. 148
Windy City 10, 172
Woollaston, Toss 140